新编21世纪
高等职业教育精品教材
旅游大类

# 酒店管理概论

（第三版）

杨　瑜　邹琳　冯海霞　编　著
朱承强　主　审



中国人民大学出版社
·北京·

图书在版编目（CIP）数据

酒店管理概论 / 杨瑜，邹琳，冯海霞编著. --3 版.
北京：中国人民大学出版社，2025.7. --（新编 21 世纪
高等职业教育精品教材）. --ISBN 978-7-300-34103-3

Ⅰ. F719.2

中国国家版本馆 CIP 数据核字第 20254P8R69 号

新编 21 世纪高等职业教育精品教材 · 旅游大类
酒店管理概论（第三版）
杨 瑜 邹 琳 冯海霞 编 著
朱承强 主 审
Jiudian Guanli Gailun

| | | | |
|---|---|---|---|
| 出版发行 | 中国人民大学出版社 | | |
| 社　　址 | 北京中关村大街 31 号 | 邮政编码 | 100080 |
| 电　　话 | 010－62511242（总编室） | | 010－62511770（质管部） |
| | 010－82501766（邮购部） | | 010－62514148（门市部） |
| | 010－62511173（发行公司） | | 010－62515275（盗版举报） |
| 网　　址 | http://www.crup.com.cn | | |
| 经　　销 | 新华书店 | | |
| 印　　刷 | 北京密兴印刷有限公司 | 版　　次 | 2014 年 9 月第 1 版 |
| 开　　本 | 787 mm×1092 mm　1/16 | | 2025 年 7 月第 3 版 |
| 印　　张 | 16.25 | 印　　次 | 2025 年 7 月第 1 次印刷 |
| 字　　数 | 324 000 | 定　　价 | 45.00 元 |

# 第三版前言

PREFACE OF THE THIRD EDITION

2024 年的国务院政府工作报告中，将“加快发展新质生产力”列为重要任务。酒店业加快发展新质生产力，主要体现在传统产业模式的变革和智能技术的融入上。从产业发展模式来看，中国酒店业从 1.0 岛时代（即销售传统的客房、餐饮等功能性产品，满足顾客最基本的生理需求），上升到 2.0 链时代（即注重营造消费场景、满足顾客深层次的精神需求），又来到 3.0 圈时代（即打造在地文化 IP，吸引社区消费群体）。酒店产业的发展模式正处于不断的更新和迭代中。同时，数字经济在大数据、云计算、移动互联网、人工智能等新一代数字技术的推动下正成为宏观经济发展的新引擎。酒店产业也处于数字化转型的新发展阶段。从用户视角的服务在线化、经营视角的运营数据化，到管理视角的决策智能化，酒店业数字化转型的关键特征是“数据驱动、人机协同、场景感知”，数字技术正成为推动酒店产业复苏、拉动酒店产业经济增长的主要动力。

本教材为“酒店管理”国家级精品课程的配套教材。第三版教材在基本保留原书体例的基础上，顺应现代酒店业的产业模式变革和数字化转型的发展趋势，增加了模块十“酒店业的数字化发展”。第三版教材还对酒店行业相关资料和数据做了更新和补充，力图更好地体现针对性、实用性和先进性的特点，更好地体现高等职业教育教学改革的导向。

本教材的模块一至模块五由日本立教大学国外访问学者、华东师范大学国内访问学者、上海旅游高等专科学校教师杨瑜副教授编写，模块六至模块十由上海杉达学院教师冯海霞博士编写。“酒店管理概论”国家级精品课程负责人朱承强教授为本教材主审。

本教材内容，部分源于国内外酒店管理研究成果，部分源于编者参与酒店管理实践的经验总结。由于编者水平有限，本教材中存在不妥或疏漏之处，诚望国内同仁和广大读者不吝赐教。

**杨　瑜（上海旅游高等专科学校）**

**冯海霞（上海杉达学院管理学院）**

# 目　录

CONTENTS

# 模块一 认知酒店

学习目标

**知识目标**

- 懂得酒店的定义及特性
- 熟悉酒店的分类方法
- 了解中外酒店业的发展历史
- 知晓顾客对酒店的选择偏好

**能力目标**

- 能区分各类不同酒店的产品特点
- 能分析新一代消费者的需求特征
- 能通过互联网或其他途径查找酒店的资料
- 能编制酒店介绍的 PPT 文件，并在课堂上交流分享

**素养目标**

- 通过中国酒店业发展历史的回顾，确立民族自信，提升精神素养

# 项目一 酒店业概述

酒店业是人类最古老的行业之一，其起源可追溯到几千年前。酒店业伴随着人类社会的不断变化而发展变化。现代的酒店就是从驿馆、商队客店、路边旅馆及马车客栈演变而来的。

在过去的一百多年间，随着经济的发展、人们闲暇时间的增多和交通的完善，酒店业也发生了巨大的变化。今天，酒店业已成为全球旅游热中不可缺少的一部分，是商业全球化发展的主力军。酒店业的迅猛发展，也给当地社会的政治、经济、文化等方面的发展带来重要影响，是一个地区整体发展水平的重要标志。

## 一、酒店的基本概念

酒店（Hotel）一词源于法语，原指贵族在乡间招待贵宾的别墅。后来，英、美等国沿用了这一名称来泛指所有商业性的住宿设施。在中文里，表示住宿设施的名称有很多，如“宾馆”“酒店”“旅馆”等。由于我国文化和旅游部将现代宾馆、酒店等统称为旅游酒店，所以本书就选用了“酒店”这一规范的名称。

### （一）酒店的定义

中国国家标准《旅游饭店星级的划分与评定》（GB/T 14308—2023）对酒店的定义是：“以间（套）夜为单位出租客房，以住宿服务为主，并提供商务、会议、休闲、度假等相应服务的住宿设施，按不同习惯可能也被称为宾馆、酒店、旅馆、旅社、宾舍、度假村、俱乐部、大厦、中心等。”

该定义反映了酒店产品具有空间、时间和服务 3 个基本要素：

(1)“住宿设施”表明，客房及其服务是酒店最基本的必备功能要求，也是对酒店建筑空间的一种规定，即客房始终是酒店的主体。

(2)“提供商务、会议、休闲、度假等相应服务”表明，与住宿相配套的其他服务是酒店产品的基本组成因素，也是酒店与单纯物业出租的基本区别。

(3)“以间（套）夜为单位出租”表明，酒店产品在具备间（套）等空间要素的同时，具有包括以预订为界限，以过夜为单位的时间要素。

### （二）酒店的特性

作为综合性服务企业，酒店的经营活动要受到下列几个特性的影响。

1. 高额的经营成本

酒店既是资本密集型企业，又是劳动密集型企业。酒店不仅初期投资大，而且具有很高的固定成本。因此，要达到收支平衡，需要维持较高的客房入住率。

2. 价值的不易保存性

酒店的空房和航班的空座位一样，不能保留。今天的客房没租出去，今天的价值就失去了。酒店产品提供的是使用权利，无法像实物产品那样储存起来。

3. 空间的不可转移性

酒店产品通常是以相应的建筑为依托，这决定了酒店无法作空间上的转移。酒店业先驱埃尔斯沃思·密尔顿·斯塔特勒（Ellsworth Milton Statler）曾经用“酒店经营成功的三大法宝，一是位置，二是位置，第三还是位置”的说法来强调位置对酒店的重要性。

4. 销量的季节波动性

酒店在开业时扔掉大门钥匙是一种传统，意味着酒店开业后永远不会关门。然而酒店业又是极具季节性的行业，不仅一年中有淡季、平季、旺季，甚至一周、一天中都会有销售波动。航空公司可以通过增加或取消一些线路的航班来调节航空座位的数量供应，而酒店不仅有固定的位置，而且有固定的客房供应量，销量的季节波动性十分明显。

### （三）酒店业的作用

酒店的最初功能是为旅途中的人们提供住宿服务。随着人类社会的发展，酒店已成为具有向顾客提供住宿、餐饮、购物、娱乐、健身、商务等诸多功能的综合性服务企业，它与旅行社、旅游交通企业一起被称为旅游业的三大支柱，是旅游供给的基本构成要素。酒店业的作用主要体现在以下 3 个方面：

1. 提供广泛的就业机会

酒店业能为社会创造直接和间接的就业机会。按目前我国酒店的人员配备状况，一家具有 300 间客房的酒店能创造 500～600 个直接就业机会，同时又能为相关行业（如酒店设备、物品生产和供应行业）提供大量的间接就业机会。根据国际统计资料和我国实际经验，高档酒店每增设一个房间，能直接和间接带动 5～7 个就业岗位；中低档酒店每增加一个房间，则可以创造 4～5 个就业机会。

2. 促进消费方式变革

酒店业的发展促进了社会消费方式和消费结构的发展变化。随着体验经济时代的到来，酒店向顾客提供体验活动的场所，无疑会带来当地消费观念变化和消费行为改变，有利于满足民众日益增长的消费需求。

3. 带动相关行业发展

据有关资料统计，一位酒店住客开支中近 60%花费在酒店以外的行业，而且住客在酒店消费的物品大多也是社会其他相关行业提供的。因此，酒店业的发展也促进了相关行业的发展。

## 二、酒店的分类

按照服务对象、规模、等级和计价方式分类，是国际酒店业的4种传统分类方法。根据某些特定标准对酒店进行分类，一是有利于顾客选择，二是有利于酒店的市场营销，三是便于同行业的比较。

### （一）按服务对象分类

根据酒店服务对象的特点，一般把酒店分为商务型酒店、度假型酒店和公寓型酒店3种。

#### 1. 商务型酒店

商务型酒店多位于城市的商业区，接待商务顾客、观光度假顾客及因其他原因作短暂逗留的顾客。这类酒店的顾客，在酒店平均逗留期较短、流动量较大，酒店的服务及设施配备的适应性较广，在酒店业中所占的比例最大。高档酒店还设置“行政楼层”，专门为高级行政人员服务。

#### 2. 度假型酒店

度假型酒店多位于海滨、山区、温泉、海岛、森林等旅游胜地，开设各种娱乐、体育项目，如滑雪、骑马、狩猎、垂钓、划船、潜水、冲浪、高尔夫球、网球等，这是因为度假区的景观及其旅游活动的吸引力是度假型酒店成功的关键。度假型酒店因受淡、旺季节的影响而采取较为灵活的经营方式，如实行淡季价、旺季价，拉大价格差距。不少度假型酒店还增设了会议设施，吸引各种会议顾客。

#### 3. 公寓型酒店

公寓型酒店也称为长住型酒店。此类酒店一般采用公寓式建筑的造型与布局，适合住宿期较长、在当地短期工作或休假的顾客或家庭居住。从发展趋势看，公寓型酒店一是向豪华型发展，服务设施和服务项目日趋完备，如我国不少大城市中出现的高档酒店式公寓；二是分单元向顾客出售产权，成为提供酒店服务的共管式公寓。不少酒店还实行定时分享制，与其他地方的相同类型设施的所有者交换使用。

### （二）按规模分类

酒店的规模可以用很多标准来衡量，而按照酒店拥有客房数量来表示酒店规模，是一种传统且客观的分类标准。

#### 1. 小型酒店

一般把客房数在100间以下的酒店称为小型酒店。在我国酒店业中，小型酒店数约占56%，其客房总数约占27%。在家庭旅馆占主导的欧洲，酒店的平均客房数不足50

间；而在日本，酒店的平均客房数约为70间。在小型酒店中，顾客较易受到家庭式的服务。但是，由于受建筑设施和经济实力等方面的限制，小型酒店在宣传招徕和综合服务等方面的竞争力较弱。

2. 中型酒店

一般把客房数在100～500间的酒店称为中型酒店。中型酒店的设施相对来说较齐全，能够提供舒适、方便的客房、餐厅、酒吧、康乐设施、健身设施等服务，是一般旅游者理想的休闲娱乐场所。在我国酒店业中，中型酒店数约占43%，客房总数约占67%。

3. 大型酒店

一般把客房数在500间以上的酒店称为大型酒店。在我国，大型酒店数量约占1%，客房总数约占6%。大型酒店的设施和服务项目十分齐全，一般都有各种大小规格的会议厅、宴会厅和健身设施、康乐设施、休闲酒吧等。大型酒店在宣传招徕和综合服务等方面具有明显优势，但在经营方面承担的风险很大，必须采用先进的设备和科学的管理手段，具备良好的营销能力。

### （三）按等级分类

酒店有着严格的等级划分。酒店等级划分有两种客观的方法，一种方法是用平均房价来衡量，另一种方法则是世界通用的等级评定标准。

全世界有多种等级评定系统，不同的国家和地区采用的等级标准不同，用以表示级别的标志与名称也不一样。目前，世界上通用的酒店等级制定与表示方法大致有以下几种。

1. 星级制

星级制是指把酒店根据一定标准分成的等级分别用星号（★）表示出来，以区别其等级的制度。比较流行的是五星制，即星越多，等级越高。一般来说，五星级酒店属于豪华酒店；四星级酒店属于高档酒店；三星级、二星级和一星级酒店属于有限服务酒店。五星制在世界上，尤其是在欧洲，采用得最广泛。我国也采用此种分级方法。

2. 字母表示法

许多国家将酒店的等级用英文字母表示，即A、B、C、D、E五级，A为最高级，E为最低级。有的国家虽采取五级制，但用A、B、C、D 4个字母表示，最高级用A1来表示。

3. 数字表示法

用数字表示酒店等级的方法，一般为：最高级用豪华表示，继豪华之后由高到低依次为1、2、3、4，数字越大，档次越低。

### （四）按计价方式分类

根据酒店向顾客收取的房费中是否包含餐费的标准来分类，酒店又可以分为欧式计价酒店、美式计价酒店、修正美式计价酒店、欧陆式计价酒店与百慕大计价酒店5种类型。



1. 欧式计价酒店

欧式计价酒店（EP）是指酒店客房价格仅包括客房住宿费，不含餐食费用。国际上大多数酒店都采用这一形式，我国的酒店一般也都采用欧式计价。在通常情况下，只要酒店未向顾客作特别说明的报价，均为欧式计价。

2. 美式计价酒店

美式计价酒店（AP）是指酒店客房价格包括房租以及一日早、中、晚三餐的费用。美式计价形式曾一度被几乎所有度假型酒店采用。但随着交通的发展，旅客流动性增强，美式计价形式逐渐被淘汰了。目前，一些地处偏远的度假酒店及会议中心仍然使用美式计价形式，却赋予它一个更现代的名称——“全包价方案”。

3. 修正美式计价酒店

修正美式计价酒店（MAP）是一个精明的折中方法，顾客的早餐和晚餐包括在房费中，但不包括午餐。这种计价形式既可以使顾客有较大的安排白天活动的自由，又可以为酒店继续保留提供晚餐所带来的收益。欧洲的“半包餐”计价形式相当于修正美式计价方式，房费中包括早餐，并让顾客在午餐或晚餐中任选一餐，便于顾客灵活安排日程。

4. 欧陆式计价酒店

欧陆式计价酒店（CP）是指房价中包括欧陆式早餐，即早餐包括咖啡、面包及果汁。这种计价形式也称为“床位连早餐”报价，较多地被不设餐厅的家庭旅馆采用。

5. 百慕大计价酒店

百慕大计价酒店（BP）是指酒店房价包括住宿费及一顿丰盛的西式早餐。这种计价形式对商务旅客具有较大的吸引力。

## 三、酒店业态的变革浪潮

酒店业在近几十年发生了重大的变革，传统的分类方法已不足以涵盖今天的酒店业，酒店业正按照新的模式调整自身的结构。其中，经济型酒店、设计型酒店、精品酒店和主题酒店在当代社会迅猛发展。

### （一）经济型酒店

自2000年以来，经济型酒店在欧美地区发展较为迅速。以美国为例，经济型酒店客房数量从40多万间增长至70多万间，增幅超过70%，而同一时期，高档酒店的增长率仅为25%左右。除希尔顿、凯悦和贝斯特韦斯特（Best Western）等少数主要经营高档酒店的联号以外，世界上规模最大的酒店公司在其品牌系列中几乎都包括一个甚至多个经济型酒店品牌。圣达特、巴斯、万豪、雅高等几家世界排名靠前的酒店公司都拥有众多的经济型酒店。

近二十年来，经济型酒店在我国也有了很大的发展。根据中国饭店协会发布的《2025 中国酒店业发展报告》，2024 年国内经济型客房连锁化率由 2023 年的 32.49% 下滑至 29.96%。经济型酒店客房数约为 961.2 万间，占客房总数的 54.48%，仍为市场基本盘。截至 2025 年 3 月 31 日，首旅酒店旗下经济型酒店共 1998 家，共 166 439 间客房。截至 2025 年一季度，锦江酒店旗下经济型酒店 5 212 家，占所有酒店数量的 38.57%。

中商产业研究院发布的 2025 年中国最受消费者喜爱的十大快捷酒店品牌分别为汉庭酒店、如家精选、亚朵酒店、格林豪泰、维也纳国际酒店、全季酒店、7 天酒店、速 8 酒店、锦江之星、尚客优。

### （二）设计型酒店

设计型酒店是指采用专业、系统、创新的设计手法和理念进行前卫设计的酒店，具有独一无二的原创性主题和与众不同的系统识别，且不局限于酒店项目的类型、规模和档次。

设计型酒店的形式始于 20 世纪 80 年代中期，源于世界著名设计师菲利普·斯塔克（Phillippe Starck），他可以将牙刷变成艺术品，将电视变成玩具。1990 年，Ian Schrager 邀请菲利普·斯塔克为纽约的派拉蒙酒店进行全面设计，从大堂的桌椅到房间的床柜再到浴室的牙刷，里里外外，全都出自斯塔克的手笔。顾客住在派拉蒙酒店，就像住在斯塔克的设计产品陈列室一样。斯塔克的名气加上其风格独特的设计使派拉蒙酒店成为世界顶级的经典设计酒店。从此“设计型酒店”成为酒店业的一个前沿概念。

设计型酒店追求时尚、前卫、精致和创造性，这就给设计家们提供了发挥天分的舞台。例如：美国新奥尔良的阁楼 523 酒店体现着著名建筑师弗兰克·劳埃德·赖特（Frank Lloyd Wright）的“有机建筑”的理念；纽约的 Mercer Hotel 具有强烈的波希米亚风格，以吸引 SOHO（Small Office，Home Office）一族的光顾。一些历史悠久的酒店，如建于 1911 年的英国艺术之家酒店（Art House Hotel）也请名家设计，改建成博物馆型的设计型酒店。国际酒店连锁集团也意识到设计型酒店的重要性，纷纷斥巨资请名建筑师设计，如丽思卡顿旗下的巴塞罗那艺术酒店（Hotel Arts Barcelona），主体塔楼由美国建筑师布鲁斯·格雷厄姆（Bruce Graham）设计，而著名建筑师弗兰克·盖里（Frank Gehry）则为酒店打造了标志性的外观元素——一座巨型鱼形雕塑。这座长 56 米、高 35 米的雕塑，以闪亮的金属材质打造，宛如跃动于蔚蓝海岸之上的银色游鱼，与酒店建筑融为一体，不仅为酒店增添了艺术魅力，更成为巴塞罗那海滨一道独特的风景线，完美诠释了艺术与建筑的融合之美。

阅读资料

**福克斯旅馆（Fox Hotel）**

在丹麦首都哥本哈根，有一个被誉为“最具生命力酒店”的地方。它拥有由21名艺术家设计的61间客房，每个房间都是一个个人艺术展，风格从怪诞滑稽到严谨，从街头艺术到日本漫画。来Fox Hotel体验，也是很多人来哥本哈根旅行的目的。近几年，代表着全新生活方式的艺术设计酒店已经成为一种时尚潮流。Fox Hotel无疑是其中最成功的一例。

### （三）精品酒店

精品酒店源于法语的“Boutique”一词，原指专卖时髦服饰的小店。这类酒店在装饰环境上强调小而精致。它的客房数量不多，但其内部装修极其豪华，别具特色。在服务方面，精品酒店采用管家式服务，服务人员与客房的比例是3∶1甚至4∶1，而在星级酒店，这个数字通常是1∶1，最多是2∶1。这类酒店面向的客户群体是高收入、高品位的极少部分人群。

在精品酒店里，顾客能得到特别的关注。顾客的名字无人不知，酒店的员工了解顾客的口味和偏好，真正做到了“了解顾客之需，了解顾客需要的时机，了解顾客需要的程度”。

精品酒店自诞生以来，以其良好的市场表现和消费发展趋势，赢得了众多投资者和管理者的青睐。喜达屋集团和万豪集团都创立了自己的精品酒店品牌。

阅读资料

**上海璞邸酒店**

2007年6月开业的上海璞邸酒店位于首批上海风貌保护区——卢湾区。酒店坐落在雁荡路步行街与南昌路交界的街角，闹中取静，地理位置相当优越。其毗邻有着近百年历史的法国园林式公园——复兴公园，距离PARK97等新潮酒吧、繁华的淮海中路商业街、上海新天地等仅5～10分钟的步行路程。酒店所在的整个街区笼罩着悠然自在的气氛和老上海生活的影子，既是讲求生活品质，期待感受到老上海情调，同时又不愿放弃新上海活力的人们，尤其是高级知识分子如科学家、教授、学者以及广告、设计、创意工作者等人士商旅居停的不二之选，也是对私密性有极高要求的人们满意的居所。

酒店共有8层楼，52间欧式客房。其入口隐秘，不设大堂，一切皆从保护顾客的隐私、让客户不受到任何打扰的角度考虑。非酒店顾客禁止进入酒店，每个酒店会员配备一份访客名单以便接待。酒店的服务宗旨是对入住的顾客提供管家式服务，这一极富原创性的服务特色，有一个温馨的别名，叫“心语馨苑”，意思是经过专门培训的酒店人员，会用自豪感和热情，为顾客提供灵动、周全、温馨，融汇了东西方待客之道的殷勤服务。

酒店客房的设计和装饰都极具品位和东方意蕴。酒店独家将SPA理念引入客房沐浴中，为客户提供“沐浴管家”服务。特别定制的按摩浴缸、芳香疗法沐浴露，让顾客能够在自己的房间内一洗旅途和工作的疲累，使身心得到全方位的放松。

酒店针对高端商务人士旅途办公对私密的需求，在每一个房间都设有独立的办公区域，各类文具井然有序，细致到连三角尺都备齐，不管是扫描打印等工作，还是通信传真的外联沟通，都可以在房间内完成。酒店的92平方米的璞邸套房与八楼会员廊，也是适合少数人举办会议或机密商务会谈的地方。无论是在房间还是在会员廊，上网都是免费的。

在璞邸酒店，每位入住的顾客都会得到入室登记的礼遇。房间里有诸多舒适的设施，如人体工学的办公椅，靠窗的贵妃榻，随心选择的睡枕“菜单”，入浴前的沐浴芳香配方，240支棉的特制浴袍……多数服务费用已经包含在房费里。

优雅的艺术感也是酒店的特色之一，每间客房内有6～7件可出售的由中国当代青年画家绘制的原创作品。另外，酒店会安排携带宠物的顾客入住宠物客房。

海外商务客或精英旅行者通常对酒店的服务设施与入住体验都有很高的舒适度要求，所以上海璞邸酒店在设施与服务上也对细节有很高的追求。

### （四）主题酒店

主题酒店是把某一特定的元素或风格，融入酒店的建筑、形象、服务和文化中，形成酒店的主题。这个主题既可以是人文的，也可以是自然的，只要特色鲜明，就可以归入主题酒店。独特性、新颖性、文化性是主题酒店生存与发展的基础。主题酒店是市场竞争的产物，最早出现在美国。1958年，加利福尼亚州的Madonna Inn首先推出了12个主题房间，随后发展到109间，成为早期的主题酒店，如以“美国丽人”为主题的美国丽人玫瑰房，就赢得了不少女性的青睐。主题酒店可分为：

1. 人文景观主题酒店

这类酒店通常以历史悠久、具有浓郁地方特色的城市为蓝本，截取极具代表性的局部，用微缩仿造的方法再现城市风采。

2. 自然景观主题酒店

这类酒店依托独有的自然景观，用放大、夸张的手法，让人在慨叹自然界的伟大之余，留下难以磨灭的记忆；或把富有特色的自然景观搬进酒店，营造身临其境的感觉。

3. 历史文化主题酒店

设计者在这类酒店中建造了一个古代世界，以时光倒流般的心理感受作为吸引游客的主要卖点。游客一走进酒店，就能切身感受到历史文化的浓郁氛围。

4. 名人文化主题酒店

以人们熟悉的政治或文艺界名人的经历为主题是名人文化主题酒店的主要特色，这些酒店很多是由名人工作生活过的地方改造的。

5. 艺术特色主题酒店

凡属艺术领域的音乐、电影、美术、建筑特色等都可成为这类酒店的主题。

6. 移植主题酒店

这类酒店本身缺乏自然景观，又没有合适的人文卖点再现，于是就根据市场需求，创造、培育、移植一个主题，如海南三亚的“仙人掌酒店”，以仙人掌为主题。

阅读资料

**拉斯维加斯的主题酒店**

目前，全世界主题酒店最集中的城市应数拉斯维加斯，这里林林总总的酒店，都分别有自己的主题，每个酒店都在演绎一个独特的故事，吸引着万千游客。

威尼斯人大酒店是全球知名的大型酒店之一，拥有 4 000 余间客房。该酒店以威尼斯为背景建造，内部设有人造小河，河里有船工在摇贡多拉。那些船工不但长得像意大利人，而且还会唱咏叹调或意大利民歌，水准很高。

# 项目二 中外酒店业发展历史

酒店是伴随着人类旅行活动的开展而出现在人类社会中的。酒店最初的基本功能是为旅途中的人们提供过夜的住宿服务。随着人类社会的发展，酒店的服务功能及服务范围大大拓展，设施设备及服务手段也日趋现代化、专业化。由各种不同等级、类型、规模、经营方式的众多酒店所组成的酒店业，已成为现代社会中一个令人瞩目、具有发展潜力的新型产业。

## 一、西方酒店业的发展历史

西方酒店业大体经历了客栈时期、大酒店时期、商业酒店时期和酒店联号时期 4 个发展阶段。

### （一）客栈时期

在西方，客栈时期一般是指 12 世纪到 18 世纪之间的这段时期。客栈是指乡间或路边的小客栈、小旅店，供过往旅行者寄宿之用。早期的客栈规模小、设备简陋，除提供食宿之外，无其他服务。客栈的房舍是家庭住宅的一部分，家庭就是客栈的拥有者和经营者。

到了 15 世纪，客栈开始盛行。有些客栈已拥有 20～30 间客房，条件好的客栈设有酒窖、食品室和厨房。到了 18 世纪，客栈盛行，英国等地的客栈除了为过往旅客提供食宿，还是人们聚会和交流信息的场所。当时的客栈往往坐落在乡镇人群活动的中心区域或公共马车车站旁，成为当地社会政治与商业活动的中心。

### （二）大酒店时期

18 世纪后期，随着欧美等国进入工业化时代，世界酒店业也进入大酒店时期。大酒店时期一般是指 19 世纪初到 20 世纪初的这段时期。当时欧洲的许多大城市大兴土木，争相建造豪华酒店，具有代表性的酒店有法国的巴黎大酒店和卢浮宫酒店、德国的恺撒酒店、英国的萨伏依大酒店等。大酒店一般都建在繁华的大都市，建筑规模宏大、装饰华丽、服务一流、讲究礼仪。酒店投资者、经营者的根本兴趣是取悦社会上流人士，求得社会声誉，往往不太注重经营成本。

大酒店时期，服务有了创新。作为本时期酒店经营者的代表人物，美国人坦利·凯悦提出了“顾客永远是对的”这一著名的酒店经营格言。大酒店时期的许多经营、服务理念，至今仍被世界酒店业坚守。

### （三）商业酒店时期

商业酒店时期是指从 20 世纪初到 20 世纪 50 年代的这段历史时期。埃尔斯沃思·密尔顿·斯塔特勒（Ellsworth Milton Statler）被公认为西方商业酒店的创始人。斯塔特勒凭自己多年从事酒店经营的经验及对市场需求的了解，立志要建造一种“在一般公众能负担的价格之内提供必要的舒适与方便、优质服务与清洁卫生”的酒店，打出了“平民化、大众化”的旗号。1908 年，他在美国纽约州水牛城建造了第一家由他亲自设计并用自己名字命名的斯塔特勒酒店，一间带卫生间的客房房价仅为 1 美元 50 美分。斯塔特勒不仅强调了“位置”是酒店经营成功的根本要素，还提出了“酒店所销售的唯一商品是服务”等至理名言。

斯塔特勒所创建的酒店被誉为现代商业酒店的里程碑。商业酒店的特点是：服务对象主要是商务旅行者；服务设施讲求舒适、方便、清洁、安全与实用，而不是刻意追求豪华与奢侈；价格合理，使顾客感到物有所值；经营管理上讲究经营艺术，注重质量标准化，通过降低成本以获取最大利润。

商业酒店时期是西方酒店业发展史上最重要的阶段之一，也是西方酒店业最活跃的时期，奠定了现代酒店业的基础。

### （四）酒店联号时期

酒店联号时期也称为酒店连锁经营时期，从20世纪50年代开始至今。20世纪50年代，随着第二次世界大战后的经济复苏，欧美国家的人们在国内、国际的旅游活动日益频繁，空中交通及高速公路日益普及。在大中城市里，大型高层的酒店数量倍增，公路两旁的汽车旅馆更是星罗棋布。一些有实力的酒店公司，以签订管理合同、受让特许经营权等形式，进行国内甚至跨国的连锁经营，逐渐形成了一大批使用统一名称、统一标志，在酒店建造、设备设施、服务程序、物资采购与人才培训等方面统一标准的酒店集团。进入21世纪，国际性连锁经营的酒店集团数量日渐增多，规模日益扩大，实力不断增强，在国际旅游市场中占有的客源份额越来越大（见表1-1）。

**表1-1　全球前十名酒店集团（2024年）**

| 排名 | 酒店集团名称 | 总部所在地 | 酒店数 | 客房数 |
|---|---|---|---|---|
| 1 | 万豪国际集团 | 美国 | 9 131 | 1 667 331 |
| 2 | 锦江国际集团 | 中国 | 14 322 | 1 454 335 |
| 3 | 希尔顿酒店集团 | 美国 | 8 447 | 1 268 206 |
| 4 | 洲际酒店集团 | 美国 | 11 147 | 1 088 218 |
| 5 | 华住酒店集团 | 中国 | 6 629 | 987 125 |
| 6 | 温德姆国际酒店集团 | 美国 | 9 286 | 902 987 |
| 7 | 雅高酒店集团 | 法国 | 5 682 | 850 285 |
| 8 | 精选国际酒店集团 | 美国 | 7 586 | 653 701 |
| 9 | 首旅如家酒店集团 | 中国 | 7 002 | 518 517 |
| 10 | 贝斯特韦斯特国际酒店集团 | 美国 | 3 615 | 350 655 |

现代酒店连锁经营的优势主要体现在：

1. 管理优势

酒店集团一般多具有较为先进、完善的管理系统，因而能为所属的连锁酒店制定统一的经营管理方法和程序，为酒店的建筑设计、内部装饰和硬件设施规定严格的标准，为酒店的服务制定统一的操作规程。这些标准和规范被编写成经营手册分发给各所属酒店，以使各连锁酒店的经营管理达到所要求的水平；同时根据经营环境的变化，及时改进酒店的经营管理方法和操作程序，以确保酒店集团经营管理的先进性。

酒店集团定期派遣巡视人员到所属酒店中去检查，及时对酒店经营与服务中的问题提出建议和指导。酒店集团内部还设有培训部门，负责拟订培训计划并提供酒店经营专家，如工程技术、内部装饰、财务会计、市场营销、电脑等方面的专业人员，对所属酒店员工进行在职培训。

2. 技术优势

酒店集团有能力向所属酒店提供各种技术上的服务和帮助，这些服务和帮助通常是根据所属酒店的需要有偿提供的。例如：集团性经营的酒店公司能为所属酒店提供集中采购服务。由于酒店集团要求所属酒店实现设备、设施和经营用品标准化、规格化，因此一些大酒店集团专门设立负责酒店物资供应的分公司或总部采购部，向各酒店提供统一规格的、标准化的设备和用品，从而形成比较完善的集团物资供应系统。而集中大批量购买又能获得较大的价格折扣，使酒店经营成本降低。

酒店集团化经营也为生产和技术的专业化、部门化提供了条件。例如：在生产上，对食品生产加工、设备维修改造、棉织品洗涤等方面进行集中管理，以达到降低酒店经营成本的目的；在技术上，提供酒店开发阶段或更新改造时所需的可行性研究等服务。

3. 财务优势

一般来说，独立的酒店企业不易得到金融机构的信任，在筹措资金时有可能遇到困难。加入酒店集团则可使金融机构对其经营成功的信任度增加，从而愿意提供贷款，因为酒店集团以其庞大的规模、雄厚的资本和可靠的信誉提高了下属酒店的可信度。同时，酒店集团还能为下属酒店提供金融机构的信息并帮助推荐贷款机构。

4. 营销优势

酒店集团一般规模较大，经营较为成功，因此在国际上享有较高的声誉，给公众留下了深刻的印象。加入酒店集团就可以使用集团的名称和店标，这对宣传广告极为有利。特别是在拓展国际市场时，一个为公众所熟悉的国际酒店集团名称，往往更容易获得宾客的信赖，更能吸引宾客。

单一经营的酒店通常缺乏足够的资金进行广告宣传，尤其是进行国际性推广。而酒店集团则可以集合各酒店的资金在世界范围内大规模投放广告，有能力每年派代表到世界各地参加旅游交易会、展览会，并与旅游经营商直接交易，推销旗下酒店的产品。这种联合广告可使集团中酒店的知名度大大提高。

同时，酒店集团往往有较先进的客房预订系统，配备高效率的电脑中心和直通订房电话，为集团成员酒店处理客房预订业务，并在各酒店间互荐客源。酒店集团在各地区的销售队伍，不仅向各酒店及时提供市场信息，而且还在各大市场为各酒店招徕团队和会议业务，有利于酒店开发国际市场。

在酒店连锁经营时期，酒店业发达的地区并不局限于欧美，而是遍布全世界。值得一提的是，亚洲地区的酒店业从 20 世纪 60 年代起步发展到如今，其规模、等级、服务水准、管理水平等方面毫不逊色于欧美的酒店业。在美国《机构投资者》（*Institutional Investor*）杂志每年组织的颇具权威性的“世界最佳酒店”评选中，亚洲地区的酒店表现突出。在亚洲地区的酒店业中，已涌现出较大规模的酒店集团公司，如日本的大仓酒店集团、日本的新大谷酒店集团、中国香港的文华东方酒店集团、新加坡的香格里拉酒店集团等。这些酒店集团不仅在亚洲地区投资或管理酒店，还扩展到欧美地区。近几年，中国酒店集团得到迅猛发展，锦江国际集团、华住酒店集团和首旅如家酒店集团都位于全球排名前十的酒店集团中，特别是锦江国际集团2024年位列全球酒店集团排名第二，仅次于万豪国际集团。

阅读资料

**雅高酒店集团**

雅高酒店集团（后简称雅高）总部设在巴黎，成立于1967年，是欧洲最大的酒店集团之一。截至2019年，雅高业务涉及约140个国家和地区，是欧洲酒店、餐饮行业的领导企业，也是世界最大的酒店和服务集团之一。雅高在世界范围内约有5 000家酒店，提供从经济型到豪华型全系列不同档次的酒店服务，满足不同需求层次顾客的需要。

1. 雅高的成就

雅高从一个只有62间客房的诺富特酒店起步，在短短数年内，成为法国乃至欧洲中档和经济型等领域酒店业的领导企业。自1967年雅高公司创立、成立了第一家诺富特酒店以来，在之后的10年内，雅高实现了从1家酒店到146家酒店的飞跃。雅高酒店数超过200家，只用了13年。到2024年底，雅高集团已经拥有了5 682家酒店。

2. 雅高的借鉴

（1）雅高创业期正是法国酒店业发展的高速成长期，这使雅高具备了能快速成长的外部环境。同样，法国为了推动酒店业发展，在20世纪50年代成立了酒店业信贷署，成为雅高快速发展的金融动力。

（2）早期的诺富特是三星级酒店，相较四星级及以上档次的酒店市场，这一细分领域不仅拥有更大的市场容量，而且在成长型市场中属于品位与档次较高的类别，为雅高快速发展提供了充足的市场空间。

（3）连锁发展是雅高在创业前就制定的战略目标。雅高学习的标杆企业是假日酒店，它吸取了假日酒店成功的精髓——酒店产业化、标准化，通过标准化实施酒店的特许经营和连锁发展。

（4）雅高酒店建设时，从选址到酒店容量设计、建筑成本的控制和运营管理都有一套标准化体系，具有强大的可复制性，这是推动雅高酒店业务快速发展的内在动力。

（5）雅高适时推出了宜必思、一级方程式等酒店品牌，形成了一个从低档到高档酒店的品牌系列，并在地域上组成了一个不同档次的酒店群落，具备很强的竞争优势。

3. 雅高的成功经验

雅高的成功给其他国际酒店管理集团的冲击和影响较为深远，其成功的经验如下：

（1）抓住一个战略机遇。从一个区域的某个行业发展的角度来看，任何一个行业都会出现一个高速增长期，如何在这个增长期获得快速增长，不同的投资者具有不同的看法和认识。由于市场容量快速扩张，为满足顾客的需求，诺富特通过100%的浴室设置，获得了一定市场的成功。而随着市场容量的逐渐饱和，在竞争中获得成功的难度要远远大于市场快速扩张期。酒店业的空白市场、缺乏有效的竞争，是雅高发展的战略机遇期。

（2）学习一个标杆企业。假日酒店在美国市场的成功，使得雅高有了一个学习的标杆企业。它通过复制假日酒店的扩张模式，在法国获得了成功。同样，在国际化拓展过程中，雅高在巴西创立了“巴特农（parthenon）”品牌，出租公寓并提供与酒店类似的服务。该创意一经推出，雅高在两年内推出了近50家巴特农公寓。但是，该创意被竞争对手提前复制，并应用到了欧洲市场，从此雅高也失去了将该公寓扩张到欧洲的机会。一个标杆企业的成功模式，将影响后续者的经营模式。

（3）建造一个连锁酒店。雅高的发展战略的独特之处在于“品牌连锁”的最终目标。在确定了以诺富特品牌在三星级市场进行扩张的战略后，雅高实施了在法国乃至欧洲的地域拓展。雅高在发展过程中始终坚定地执行“规模制胜”的竞争原则，迅速扩大规模，占领行业性战略资源（地段和客源），以压迫竞争者的生存空间。

（4）构建一个竞争优势。雅高通过获得酒店行业的战略性资源，如地段和客源，构建了一个竞争优势。地段与交通、客源、景点等资源密切相关。雅高在发展过程中选择了一些具有发展潜力的地段，随着法国城市化进程的发展，许多地段成为交通便利的地点。另外，在选址上，雅高选择高速公路出口一侧，也带来了很多便利。在获得一定知名度后，雅高又用较廉价的方法，既获得了新的较佳地段，又获得了税收等方面的优惠。

如果用一句话来总结雅高的成长过程，就是雅高抓住了行业兴旺的成长机会，利用借贷、连锁、合同管理等多种方式扩大酒店规模，利用规模优势提升企业竞争力。

## 二、我国酒店业的发展历史

在我国，酒店业是一个古老而又新兴的行业。在我国，酒店业已有3 000多年的历史，经历了驿站、客栈时期。19世纪末，又出现了一大批大型西式酒店。中华人民共和国成立后，特别是改革开放以后，我国酒店业进入迅速发展的现代酒店时期。

### （一）我国古代酒店业

在我国，最早的酒店设施可追溯到春秋战国或更远古的时期。唐、宋、明、清被认为是酒店业发展较快的时期。在古代，住宿设施大体可分为官办设施和民间旅店两类。

古代，官方开办的住宿设施主要有驿站和迎宾馆两种。驿站是我国历史上最古老的官办住宿设施之一，专门接待往来信使和公差人员。我国最早的驿站出现在商代。到了唐代，驿站广泛接待过往官员及文人雅士。元代时，驿站除接待信使、公差外，还接待过往商旅及达官贵人。迎宾馆是古代官方用来款待外国使者、外民族代表及商客的住宿设施。迎宾馆作为一种官办接待设施，适应了我国古代民族交往和中外往来的需要，对我国古代的政治、经济和文化交流起到了重要的作用。

古代的民间旅店在周代就出现了。它的产生和发展与商贸活动的兴衰及交通运输条件密切相关。秦汉两代是我国古代商业较为兴旺发达的时期，民间旅店业也因此有了发展。在唐代，经济繁荣、社会安定，旅店业也得到了很大发展，民间旅店进入商业都市，遍布繁华街道。明清时期，由于科举制度的进一步发展，在各省城和京城出现了许多赴试学习者，民间旅店业更加兴旺。

### （二）我国近代酒店业

我国近代的酒店业除了传统的旅馆，还出现了西式酒店和中西式酒店。

西式酒店是对19世纪初在我国境内由外国资本建造，并由外国人经营的酒店的统称。这类酒店在建筑式样、设施设备、内部装修、服务对象及经营方式等方面都与我国传统的旅馆不同。西式酒店规模宏大，装饰华丽，设备先进；经营人员皆来自英、法、德等西方国家，接待对象以来华外国人为主。西式酒店的出现也对我国近代酒店业的发展起到了一定的促进作用。当时，西式酒店经营者中有不少人受过酒店经营的专业教育和训练，他们把西式酒店的服务方式、经营管理的理念和方法带到了中国。

中西式酒店是在西式酒店带动下，由我国的民族资本投资兴建的一大批中西风格结合的新式酒店。这类酒店在建筑式样、店内设备、服务项目和经营方式上都受到西式酒店的影响，而且在经营体制方面也仿效西式酒店的模式，实行酒店与银行、交通等行业联营。至20世纪30年代，中西式酒店的发展达到鼎盛。中西式酒店将欧美酒店业经营观念和方法与我国酒店经营环境的实际相融合，成为我国近代酒店业中引人注目的部分，为我国酒店业进入现代酒店业时期奠定了良好的基础。

### （三）我国现代酒店业

我国现代酒店业的发展历史不长，但发展速度惊人。我国自1978年改革开放以来，大力发展旅游业，为现代酒店业的兴起和发展创造了前所未有的良好条件。从1978年至今，我国现代酒店业大体经历了4个发展阶段：

第一阶段（1978—1983年），是我国现代酒店业的初创阶段。这一时期的酒店，很大部分是从以前的高级招待所转变而来的，处于从原来的接待型事业单位向经营型企业单位转型的时期。

第二阶段（1984—1987年），是我国现代酒店业的稳步发展阶段。这一时期，酒店业基本完成了由事业单位向企业的转变，迅速走上了科学管理的轨道。它的标志是1984

年在全行业推广北京建国酒店的经验。建国酒店是北京第一家中外合资酒店，也是全国第一家聘请海外酒店管理集团管理的酒店。1984 年 3 月，中央和国务院领导批示国有酒店也应按照北京建国酒店的科学方法进行管理，并在全国 102 家酒店进行了试点。通过推行这套管理方法，酒店业在管理、经营、服务等方面都发生了深刻的变化，迈上了科学管理之路。

第三阶段（1988—1993 年），是我国现代酒店业推行星级评定制度，与国际酒店业接轨的阶段。1988 年，我国酒店业已拥有旅游涉外酒店 1 496 家，客房 22 万间。为使我国迅速发展的酒店业能规范、有序地发展，1988 年，国家旅游局颁布了《旅游涉外饭店星级的划分及评定》，开始对旅游涉外酒店进行星级评定。我国的酒店星级标准，是在世界旅游组织的专家指导下，参照国际通行标准并结合我国实际情况制定的。我国酒店业实行星级制度，可以促使酒店的服务和管理符合国际惯例。

第四阶段（1994 年至今），是我国现代酒店业进入专业化、集团化经营管理的新阶段。20 世纪 80 年代以来，国际上许多知名酒店管理集团纷纷进入我国酒店市场，向我国酒店业界展示了专业化、集团化管理的优越性。我国酒店业通过资产重组和体制创新，也逐步向专业化、集团化经营管理迈进。

目前，全世界已有 40 多个国际酒店管理集团的 60 多个酒店品牌进入我国，管理着 500 多家酒店。世界排名前十的国际酒店管理集团均已进入我国。由于我国经济的高速发展，我国在国际上的影响力日益增加，在世界经济中所处的地位日益增强，在未来，国际酒店管理集团管理的酒店数量还将迅速增加，洲际、丽思卡尔顿、瑞吉、丽晶、柏悦、四季等国际酒店集团的顶级品牌将全面进入。

## 三、我国现代酒店业的发展趋势

在 21 世纪，我国酒店业面临新的经营环境：在市场方面，消费者的需求不断增加并日益个性化；在行业内部，企业间的竞争更加激烈，并向深层次发展；在技术环境方面，网络科技的应用正对消费市场和企业产生深刻的影响。

### （一）我国酒店业的发展环境

我国酒店业的发展，与其依存的社会经济环境、经营制度环境和科学技术环境密切相关。

#### 1. 社会经济环境

经济的持续发展、居民可支配收入的提高、闲暇时间的增多，以及社会的稳定、人民的安居乐业，推动着旅游消费需求高速增长。而作为旅游链条中相当重要的一环，酒店业也伴随着旅游发展而快速成长起来。全球一体化、全国工业化、全面城市化和全方位的市场化趋势为我国酒店业的发展奠定了坚实基础。以前，酒店主要建在城市中心和度假地，随着商业和工业从城市中心向郊区、农村地区转移，投资者开始在这些新兴地区开发酒店。城镇化进程的加快、交通基础设施的大力建设、投资融资环境的极大改善，都有效地促进了我国酒店业的发展。

人口数量的增长和人口结构的变动，也是推动住宿业发展和业态创新的重要动力。随着国家经济的发展、人均收入的提高，旅游休闲度假活动开始成为人们生活中的一部分，从而推动我国酒店业的繁荣发展，酒店新业态层出不穷。随着我国进入老龄化时期，医疗养生和休闲度假等类型的酒店潜力逐渐显露。

加入世界贸易组织对我国酒店业发展也起到了催化剂的作用。大量的国际商务顾客蜂拥而至，也带动了国内的商务活动，形成了两个方面的拉动作用和两个层次的带动现象。商务会展业尽管是近年来发展起来的新兴行业，但已显现出蓬勃的增长潜力。

如今，以国民需求为主的市场环境为酒店业的发展提供了内生性需求，国内旅游已成为推动我国酒店业发展的重要力量。

2. 经营制度环境

在我国酒店业高速发展的几十年里，政府出台了很多扶持行业发展的政策措施。如为解决酒店建设的资金来源，国务院在 1986 年发布了《国务院关于使用国际商业贷款自建旅游饭店有关问题的通知》；为扶持我国酒店管理公司的发展，国务院办公厅于 1988 年转发了国家旅游局《关于建立饭店管理公司及有关政策问题请示》的通知；为了调控酒店建设投资，国务院发布了《楼堂馆所建设管理暂行条例》；为规范和引导酒店产业的发展，我国从 1988 年起实施旅游酒店星级评定制度；全国人大又于 2013 年正式通过了《中华人民共和国旅游法》，对促进中国酒店产业进一步发展，起到了极为重要的作用。

3. 科学技术环境

近年来，新技术被不断引入酒店行业。互联网技术、移动通信技术等为酒店业所积极采用。酒店业已经开始了博客营销和内网知识管理，不仅可以提高运营效率，还可以节约开支。

低碳经济时代来临，酒店业开始采用太阳能系统、生态能源装置、绿色能源以及生态加热系统和热水循环系统。这些技术设备将减少酒店能源消耗，减少由二氧化碳产生的残留物，改善空气质量。

### （二）我国酒店业的发展态势

在酒店业的运行过程中，逐渐形成了集群化、集团化和低碳化的发展态势。

1. 集群化发展态势

酒店的集群化发展目前大致有 3 种趋势：首先，是在城市商业区的酒店集群化发展。如北京的国贸 CBD、上海的陆家嘴金融区、广州的天河商业区等，酒店密度很大，逐渐形成了规模庞大的酒店群。其次，是在著名的旅游目的地聚集大量酒店。如三亚度假酒店已经初具规模，形成亚龙湾、大东海、三亚湾三个度假群落，海棠湾正在大规模建设，将会形成一个高端度假酒店群落；丽江的酒店也在一定区域内大量集聚。最后，是旅游综合体内的酒店集群。如万达集团在长白山开发的旅游综合体和西溪湿地的酒店集群。

2. 集团化发展态势

我国目前已经出现一批以酒店经营为核心业务的大型国有酒店集团，如锦江集团、首旅集团、岭南集团、金陵饭店集团和华天酒店集团等。一批新兴的酒店集团也正在成长。在国有资本领域，部分地方旅游集团不断拓展酒店业务，如四川旅游集团整合省内资源，在酒店板块持续发力。在民营资本领域，一批实力强劲的酒店集团快速崛起，如浙江开元酒店集团、城市名人酒店集团、南苑酒店集团、君澜酒店集团、大连万达酒店建设有限公司等。同时，也出现了一批经营经济型酒店的连锁酒店集团，如如家、七天、汉庭、格林豪泰、莫泰等。这些酒店集团资产规模庞大，实力较为雄厚，管理也越来越规范，在酒店业内或某一领域具有较大的影响力，对行业发展趋势具有一定的导向性。

3. 低碳化发展态势

随着人们对全球气候的广泛关注，低碳经济的发展必将对世界各个产业发展产生重要影响。酒店业近些年来十分注重环保节能和绿色化，已经走在了低碳经济时代的前列。旅游行业标准《绿色旅游饭店》（LB/T 007—2015）对全国酒店业关注环保节能问题起到了极大的促进作用。《旅游饭店星级的划分与评定》（GB/T 14308—2023）也强化了对酒店绿色化的要求。国务院《关于加快发展旅游业的意见》明确提出，要推进节能环保，支持酒店积极利用新能源、新材料，广泛运用节能节水减排技术，实行合同能源管理，实施高效照明改造，减少温室气体排放，积极发展循环经济，创建绿色环保企业。可以预期，低碳化发展将成为未来一段时间中国酒店业的主旋律。

# 项目三 消费需求的变化趋势

## 一、消费需求的变化

当今，以 80 后、90 后为代表的新消费群体的崛起成为推动酒店变革的重要力量。这些新消费群体的偏好正向时尚化、个性化以及自我彰显的方向发展。他们更看重住宿产品的形象价值、文化价值、品位价值和消费属性价值，希望能够通过使用来体现自我价值和归属感。

### （一）关注酒店的网评分

消费者在选择酒店时，首先会关注网评分。网评分在 4.5 分以上的酒店普遍为消费者的首选；网评分 4.0 分为消费者的心理分界线，网评分低于 4.0 分的酒店基本上不会被消费者选择。图 1－1 显示了网评分对消费者选择的影响度。

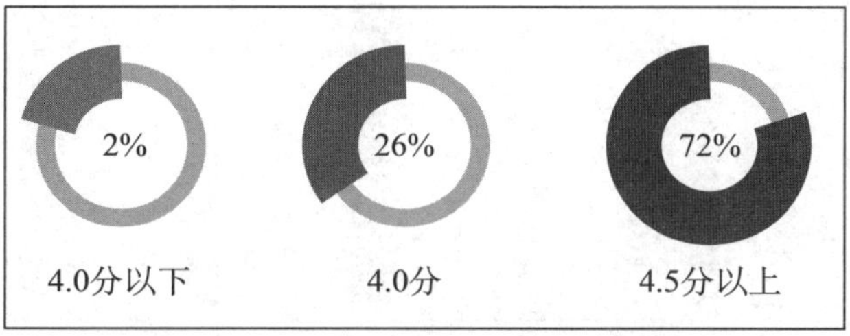


**图 1－1　网评分对消费者选择的影响度**

### （二）价格的敏感度在下降

消费者对价格的敏感度在下降。据一项调查数据，1990—1994 年出生的客户平均消费金额为 445 元/间夜；1995—1998 年出生的客户平均消费金额为 680 元/间夜，对中高档次酒店尤为偏爱。消费者对酒店特色、酒店品牌、房型/早餐表现出了前所未有的关注度。

### （三）偏爱“时尚”和“科技”

“时尚”和“科技”被认为是体验时代消费者渴望的两大内核。有追求的酒店经营者围绕这两大核心，丰富酒店产品的内涵和外延，把握吸引消费者关注度的大方向。

随着消费升级，消费者更注重场景体验，喜欢与众不同、参与性强的产品，并为这些产品的不菲价格买单。酒店需要从以传统商业功能为核心的思维，转变到以现代商业场景氛围为主导的思维。在酒店搭建的消费场景里，每一位消费者不仅要住得舒适，而且要玩得尽兴。

## 二、顾客选择酒店的偏好

分析顾客对酒店的选择偏好，有助于酒店经营者更好地满足顾客的需求，提升酒店的竞争力。

### （一）高端型酒店顾客的选择偏好

1. 高端型酒店顾客最关心的维度

如图 1－2 所示，高端型酒店顾客最关心的维度是酒店的位置和设施，对酒店是否提供餐饮不太注重，对酒店的价格也不那么敏感。

2. 高端型酒店顾客最不满意的细节

如图 1－3 所示，高端型酒店顾客最不满意的细节是卫生间设施、电器、空调及走廊的问题。

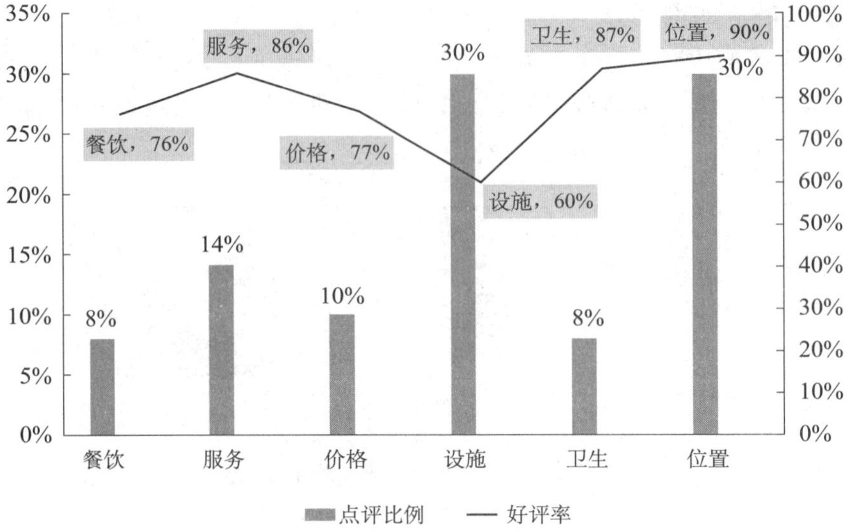


**图 1－2　高端型酒店顾客最关心的维度**

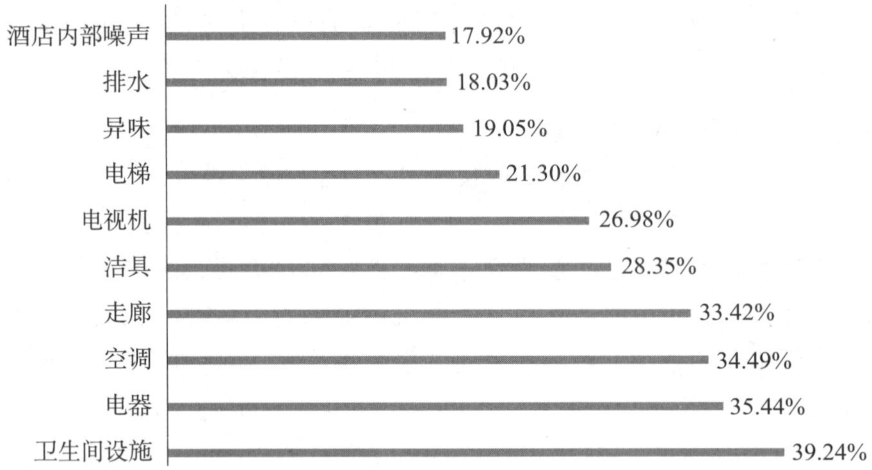


**图 1－3　高端型酒店顾客最不满意的细节**

## （二）舒适型酒店顾客的选择偏好

1. 舒适型酒店顾客最关心的维度

如图 1－4 所示，舒适型酒店顾客最关心的维度是酒店的设施和位置，对酒店是否提供餐饮并不注重，对酒店的价格也不那么敏感。

2. 舒适型酒店顾客最不满意的细节

如图 1－5 所示，舒适型酒店顾客最不满意的细节是电器、卫生间环境、走廊及卫生间设施的问题。

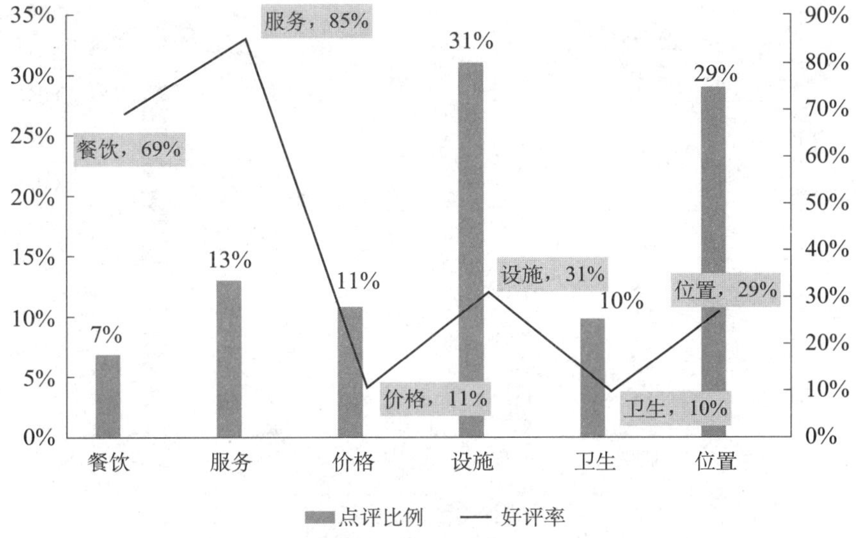


**图 1-4　舒适型酒店顾客最关心的维度**

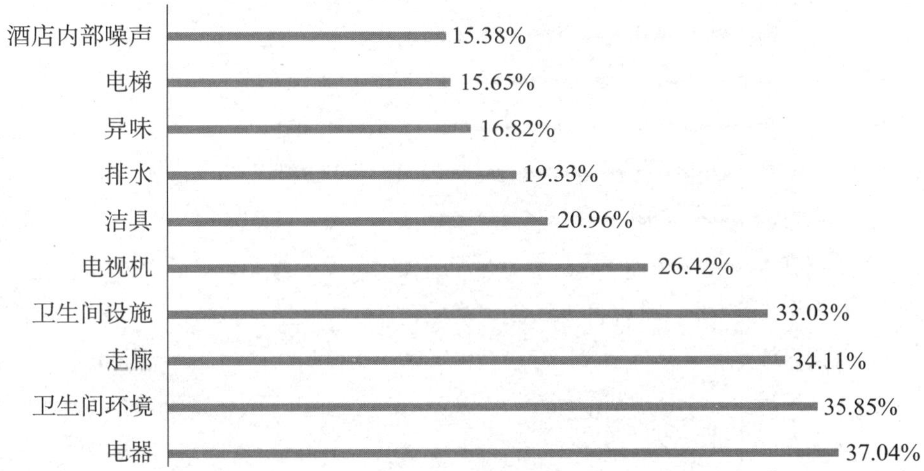


**图 1-5　舒适型酒店顾客最不满意的细节**

## （三）经济型酒店顾客的选择偏好

1. 经济型酒店顾客最关心的维度

如图 1-6 所示，经济型酒店顾客最关心的维度是酒店的设施和位置，对酒店是否提供餐饮几乎不关注，对酒店的价格也不那么敏感。

2. 经济型酒店顾客最不满意的细节

如图 1-7 所示，经济型酒店顾客最不满意的细节是卫生间环境、客用品、卫生间设施、洗漱用品和排水的问题。

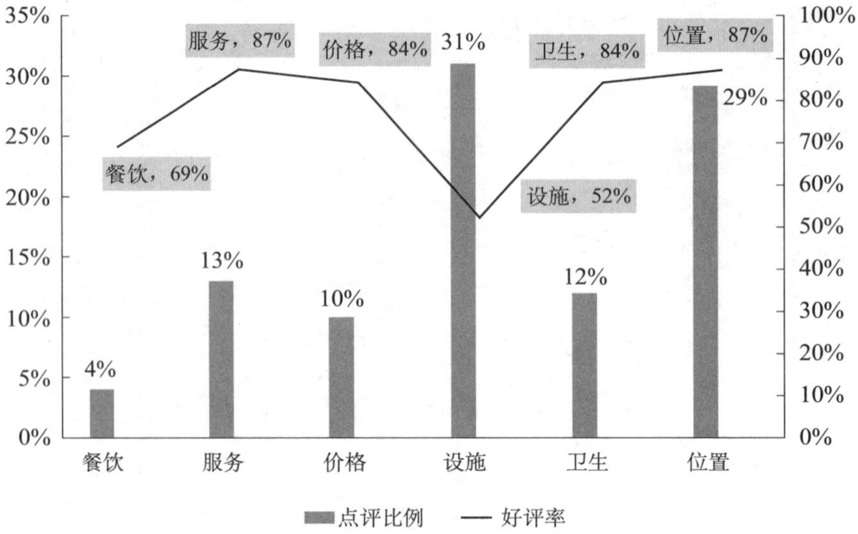


**图 1－6　经济型酒店顾客最关心的维度**

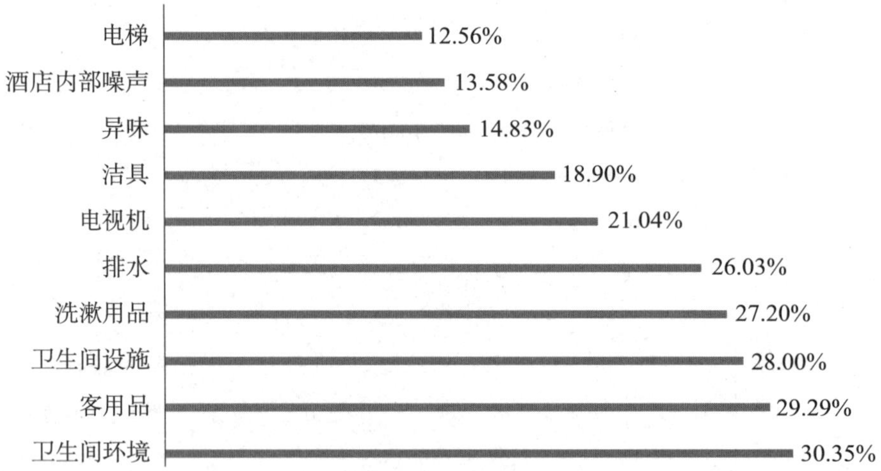


**图 1－7　经济型酒店顾客最不满意的细节**

## 模块小结

现代酒店是以间（套）夜为时间单位出租客房，以住宿服务为主，并提供商务、会议、休闲、度假等相应服务的住宿设施。对酒店定义的分析、酒店分类方法的了解以及现代酒店业态变化的研究，有助于我们对现代酒店进行全面了解。

随着社会的发展，酒店的服务功能及范围大大拓展，其设施设备的水平及服务手段也日趋现代化、专业化，酒店业已成为现代社会中极具发展潜力的产业。对中外酒店业发展历史的回顾及发展趋势的展望，有助于我们把握 21 世纪酒店业变化的新动向。

酒店依赖于顾客而存在。分析顾客选择酒店的偏好，研究影响顾客选择酒店的主要因素，有利于酒店企业更好地提供适应顾客需求的产品，有利于提升顾客的满意度，也有利于提高酒店企业的经营效益。

## 同步练习

### 一、问题思考

1. 酒店的定义包括哪些要素？
2. 传统的酒店分类方法有哪几种？其分类的依据分别是什么？
3. 现代酒店的业态有哪些新变化？
4. 西方酒店业经历了哪几个发展阶段？
5. 我国现代酒店业经历了哪几个发展阶段？
6. 影响顾客选择酒店的主要因素有哪些？

### 二、课堂交流

以 3～4 人的小组为研究单位，通过互联网或实地考察酒店查找资料，进行以下问题的研究，做出调研报告，制作 PPT 文件，在课堂上交流分享。

1. 登录一家酒店的网站，列出该酒店提供的服务。
2. 提供一个有关酒店类型（如商务型、度假型、经济型等）的案例。

## 实例参考

### 新大谷酒店的启示

新大谷酒店是日本酒店业的后起之秀，它是 1964 年 9 月为解决在东京召开的国际奥林匹克运动会顾客的食宿问题而建成的。目前，新大谷酒店的总建筑面积为 191 049 平方米，共有客房 2 057 间。新大谷酒店是日本历史悠久的大型酒店之一，也是日本经营管理较好的酒店之一。在日本国内，新大谷酒店已能同有悠久历史的帝国酒店和大仓酒店相媲美，被称为日本酒店业的“三雄”之一。

新大谷酒店的成功同它能提供高质量的服务密切相关。新大谷酒店的高质量服务不仅表现在先进的服务设施和齐备的服务项目上，更表现在酒店工作人员的服务质量上。新大谷酒店的服务宗旨是：顾客是第一位的。他们的服务使顾客感到方便、周到、舒适。酒店的一切服务工作都从顾客出发，以顾客为主。他们强调服务工作的每一个环节，哪怕是看起来很琐碎的事情，都必须高质量地完成。他们认为，服务员没有办法把不合口味的饭菜变得香甜可口，却有可能把香甜可口的饭菜变得无滋无味。不管厨师的饭菜做得多么好，餐具多么高级，如果服务不好，顾客是不会满意的。

顾客一到新大谷酒店，立刻就会感到不同寻常的优质服务。在门前，他会受到门童的热烈欢迎。顾客如果是坐车来的，门童要将车辆引到顾客容易下车的地方，待车停稳后，躬身向顾客致意："欢迎您来到新大谷酒店！"打开车门时，门童要用手遮住车门的上沿，以免顾客下车时碰到；对老人和儿童要搀扶下车，并提醒顾客带好贵重物品。顾客离开酒店时，门童要将车辆引到便于顾客上车和装行李的地方，与服务员协作，将行李装上车，并请顾客核对件数，待顾客坐好后，再轻轻关上车门，并躬身向顾客致谢。送客时，门童要站在车辆的斜前方，离一两步远，使顾客能清楚地看到。乘电梯时，如果里面有人，服务员就请顾客先进；如果没人，服务员先进去按住门，选好楼层，再请顾客进去。服务员在电梯内站在操作盘前，帮助同乘电梯的其他顾客选楼层，到达该楼层时，让顾客先下。为保证顾客安全，服务员在电梯内不谈论顾客姓名和房号，与顾客交谈适度，不主动搭讪。

顾客住进新大谷酒店，将会更进一步体会到酒店一流的服务。

（1）房间干干净净。房间的清扫都有固定的顺序。清扫完毕，家具一定是光亮、清洁、无水点、无手印的；床铺整齐、合乎规格，各种物品摆放合乎标准，就连窗帘也会拉得适度。

（2）酒店绝对安全。为了保证顾客的安全，客房钥匙的保管很细致、很严格。每三层楼配备万能钥匙一把，每个房间配备钥匙 3 把，其中一把为备用钥匙，清扫房间使用，另两把由财务处保管。曾经有一次万能钥匙丢失，为了安全，酒店就把三层楼的锁全部换掉了。

（3）服务员礼貌待客。服务员的值班姿势都很有讲究：双脚稍微叉开，双手轻握于身前，保持自然的姿势，不能倚靠墙壁，懒懒散散，也不必僵直不动。服务员在同顾客讲话时，不准背着手，更不准用手叉着腰。服务员在工作时，不准三五成群在一起聊天，不准办私事、打私人电话，如有急事需要打电话，要向领班请示。当有事来到顾客房间时，服务员先按两遍谐音铃，待顾客答应后，才能开门进去，同时说"打扰您了"。不管顾客走到哪里，服务员都会向其点头示意问好。

（4）问询工作周到、迅速。问询处分为电话问询和柜台问询两部分，主要为顾客传送留言、信件，找人，转递包裹、贵重物品。外面来人（或电话）与在酒店的顾客约会，值班人员要填写电话记录单一式三联，一联放在房间号码格里，同时按一下电钮，顾客房间里电话机指示灯就会闪亮，如果顾客看到指示灯拨一下指定号码，问询处就可以把约会信息转告给顾客。如果顾客没有注意到指示灯，值班人员会每隔一小时将第二联集中起来由总服务人员往客房分送一次。第三联则作为存根，以便万一后来发生纠纷时核对。

新大谷酒店正是凭借优质的服务在竞争激烈的酒店业中赢得了一席之地。

# 模块二 酒店的经营理念

学习目标

**知识目标**

- 了解现代酒店经营理念变革与发展的历程
- 理解CI、CS、CL和ES的基本含义

**能力目标**

- 能解释CI和CS的差异
- 能说明CL和ES在酒店实践中的意义
- 能运用让客价值理论、消费者非常满意理论和内部营销理论的相关概念剖析酒店经营的实例

**素养目标**

- 通过消费者满意理论的学习，培养认识和理解顾客情感的能力

# 项目一 从 CI 到 CS 的演变

现代酒店企业销售的最基本要素是什么？不是那些看得见的产品，而是那些看不见的企业经营者的理念和思想。观念决定思路，思路决定出路。在世界酒店业发展史上，正是希尔顿的“七大信条”、丽思卡尔顿的“黄金标准”、万豪的“经营哲学”、喜来登的“十诫”等全新的经营思想和理念，引导这些企业进入世界著名酒店的行列。

## 一、从注重企业形象到关注顾客的满意度

现代酒店企业的经营者经常会思考这样一些问题：谁是我们的顾客？我们了解顾客的需求吗？顾客为什么会表现出满意或不满意？顾客满意或不满意对企业意味着什么？如何才能使顾客满意？

今天，几乎所有酒店企业经营者都认识到，只有使顾客满意，企业才能生存和发展。但这种顾客满意的理念，是在企业生存发展环境、社会消费习惯、产品概念以及企业经营战略等发生深刻变化的背景下逐步形成的。

### （一）从 CI 到 CS

CI（Corporate Identity，即企业形象）是一种以塑造和传播企业形象为宗旨的经营战略（理念）。CI 战略成型于 20 世纪 50 年代，70 年代风靡全球，80 年代中后期被导入我国企业界，并为国内酒店业所接受。CI 战略通过对企业形象的设计，有计划地将本企业的各种鲜明特征向社会公众展示和传播，从而在市场环境中形成本企业标准化、差异化的形象。

**案例分析**

**上海宾馆的 CI 战略**

CI 战略风靡全球，国际著名的酒店集团都不同程度地应用了 CI 战略，受益匪浅。上海宾馆也制定了 CI 战略，并取得了成功。上海宾馆建于 20 世纪 80 年代，但在其周围相继建成了一批现代化的大酒店，使得上海宾馆呈“鸡立鹤群”之势。

为重振上海宾馆的形象，决策层借宾馆 1995 年硬件改造之机，果断导入 CI 战略，

以重塑形象，增加宾馆的市场竞争力。

上海宾馆设立了服务（Service）、诚恳（Sincerity）、满意（Satisfaction）三大理念要素，以诚恳的态度和顾客满意度来保证宾馆的服务品质。

上海宾馆以三大理念要素的英文首字母“S”为创意原点，塑造图形标志“S”，首尾相连，不可分割，既蕴含其服务理念，又象征上海、上海人、上海宾馆的特定意义，并采用统一的“上宾红”暖色调，非常醒目。

上海宾馆的具体做法是采用系统分支法，将宾馆内部分成十大系统，赋予各系统独特的装饰个性，使其既相对独立又严格统一于CI之中。如巧妙地利用标志的外形变异，构成分支系统的装饰纹样；利用标准“上宾红”的色彩，搭配成分支上的独立色彩。另外，采用辅助色彩，作为各系统的分隔，让各具特点的部门展现独特风格，如餐厅、咖啡厅均具有饮食特征，前者设计注重中国文化氛围，后者则凸显西洋风格。

实践证明，CI战略对酒店企业加强市场营销及维护公共关系发挥了非常直接的作用。但随着市场竞争日益激烈和人们对市场经济规律认识的深化，CI战略也逐渐暴露出它的局限性。因为CI战略的整个运作过程是按照企业的意志加以自我设计（包装），通过无数次重复性地向社会公众展示，“强迫”顾客去识别并接受企业的形象，所以CI战略依旧停留在“企业生产什么，顾客接受什么”的传统经营理念上。

随着市场从推销时代进入营销时代，在CI战略的基础上产生了CS（Customer Satisfaction，即顾客满意）战略。CS战略是指企业为了不断满足顾客的要求，通过客观地、系统地测量顾客满意程度，了解顾客的需求和期望，一体化地改进产品和服务质量，从而实现持续改进业绩的一种企业经营战略。

CS战略在20世纪80年代末超越CI战略，开始在世界范围内盛行。尽管构成顾客满意的主要思想和观念方法很早就有企业实践过，但其作为一种潮流，则出现于20世纪90年代。CS战略关注的焦点是顾客，核心是顾客满意。其主要方法是通过顾客满意度指数的测定来推进产品和服务，满足顾客的需求；目标是赢得顾客，从而赢得市场，赢得利润；实现了从“企业生产什么，顾客接受什么”转向“顾客需要什么，企业生产什么”的变革。

### （二）CI与CS的比较

CS战略比CI战略具有更多优势，主要体现在以下几个方面：

1. 企业理念方面

CI战略的目标是通过建立独特的企业识别系统来塑造和传播良好的企业形象，进而获取更多的利润，并未跳出以企业为中心的理念范畴；CS战略则通过建立完善的顾客满意系统来更好地为顾客服务，获得顾客的满意度，体现了以顾客为中心的更高层次的企业理念。

2. 操作实施方面

CI战略是围绕着“识别”和“形象”来进行的，CS战略则是以“服务”和“满意”

为宗旨运作的。

3. 价值层次方面

CI 战略所提出的“识别”与“形象”概念，着眼点在现有顾客和潜在顾客，它所突出的是企业的自身价值；CS 战略所提出的“服务”与“满意”概念，将“社会满意度”作为最高目标，将“顾客满意”扩大到社会和全体公众的层面，更加突出企业的社会价值，它要求企业经营活动要有助于维护社会稳定、推动道德进步和保持生态平衡。

4. 评价标准方面

CS 战略引入顾客满意度指标，与 CI 战略的企业形象评估方法相比，可使企业更加具体而准确地把握顾客的需要与追求。

5. 市场关系方面

CI 理念体现了企业由生产导向转变为市场导向的需要与水平，CS 理念则标志着企业由市场导向转变为顾客导向的需要和水平。

### (三) 顾客满意的内涵

在 CS 理念中，顾客满意具有某种特定的意义。

1. 横向层面

在横向层面上，顾客满意包括 5 个方面：

(1) 理念满意，即企业经营理念带给顾客的满足状态，包括经营宗旨满意、经营哲学满意和经营价值观满意等。

(2) 行为满意，即企业全部的运行状况带给顾客的满足状态，包括行为机制满意、行为规则满意和行为模式满意等。

(3) 视听满意，即企业以其具有可视性和可听性的外在形象带给顾客的满足状态，包括企业标志（名称和图案）满意、标准字满意、标准色满意以及上述 3 个基本要素的应用系统满意等。

(4) 产品满意，即企业产品带给顾客的满足状态，包括产品质量满意、产品功能满意、产品设计满意、产品包装满意、产品品位满意和产品价格满意等。

(5) 服务满意，即企业服务带给顾客的满足状态，包括绩效满意、保证体系满意、服务的完整性和方便性满意以及情绪和环境满意等。

2. 纵向层面

在纵向层面上，顾客满意包括 3 个逐次递进的满意层次：

(1) 物质满意层次，即顾客对企业产品的核心层，如产品的功能、质量、设计和品种等所产生的满意。

(2) 精神满意层次，即顾客对企业产品的形式层和外延层，如产品的外观、色彩、装潢、品位和服务等所产生的满意。

（3）社会满意层次，主要指顾客整体（全体公众）的社会满意程度。它要求企业在产品提供和顾客消费的过程中，维护符合社会整体利益的道德、政治和生态价值观。

## 案例分析

### 微笑永远是属于顾客的阳光
#### ——希尔顿酒店的经营信条

希尔顿酒店的成功除了依靠希尔顿本人敏锐的经营眼光，更有赖于他独特的服务艺术。希尔顿酒店的服务是世界上任何酒店都无法比拟的。“微笑”是这种举世无双的服务的核心体现。

1919 年，希尔顿用他借来的 5 000 美元创办了第一家希尔顿酒店。至 1976 年，他在世界五大洲的各大都市拥有用希尔顿命名的酒店约 50 家。

1930 年，美国经济危机全面爆发，全美国的酒店几乎倒闭了 80%，希尔顿的酒店也受到了极大的冲击，一度负债高达 50 万美元。但是，希尔顿仍告诫员工千万不可把愁云摆在脸上，而要让微笑永远属于顾客。他巡视他的每一家酒店，叮嘱员工：“目前正值酒店亏空、靠借债度日的时期，我决心强渡难关。我请各位记住：千万不可把愁云摆在脸上！无论酒店的困难如何大，希尔顿酒店服务员的微笑永远是属于顾客的阳光。”正是这始终如一、时时迎向顾客的微笑，使希尔顿酒店度过了经济萧条时期，率先进入了新的繁荣期，跨入了经营的黄金时代。

“你今天对顾客微笑了没有?”成为希尔顿经营酒店的秘诀。希尔顿每天至少要与一家希尔顿酒店的服务人员接触，经常从一个洲飞往另一个洲，从一个国家飞到另一个国家，视察他在那儿开设的希尔顿酒店，了解情况，解决问题。但是他对各级服务人员问得最多的还是这句：“你今天对顾客微笑了没有?”

希尔顿的母亲曾在希尔顿开创酒店时告诫他：“除了对顾客诚实，还要想办法使每一个住过希尔顿酒店的人还想来住，你要想出一种简单、容易、不花本钱而行之有效的办法去吸引顾客，这样你的酒店才有前途。”希尔顿酒店服务人员的微笑正是那种“简单、容易、不花本钱而行之有效”的吸引顾客的办法，它使希尔顿酒店前途辉煌。

有一次，希尔顿在飞往日本东京的飞机上遇到一位记者。这位记者问希尔顿：“希尔顿先生，您取得了辉煌的成就，您的经营技巧是什么？我和所有人都想知道。”希尔顿听后笑了笑没有正面回答，他对记者说：“你到了东京之后，住进我的酒店，临走时把你不满意的地方告诉我，当你下次来住时，我们不会再犯同样的错误。这也许就是我的技巧吧。”希尔顿告诉记者的“技巧”极富哲理地揭示了“希尔顿微笑”的实质：顾客的意见总是对的。这不仅要求酒店服务人员有真诚的微笑，而且需要使顾客满意的行动！这就是“希尔顿的微笑”。

## 二、CS在酒店中的运用

CS理念强调从顾客视角出发来开展企业的一切经营活动，以实现顾客满意和企业目标为目的。那么，现代酒店企业如何吸引顾客呢？

### （一）让客价值理论的提出

菲利普·科特勒提出了“让客价值”（Customer Delivered Value，CDV）的新概念。它的主要含义是：顾客购买一种商品或服务，要付出的是一笔“顾客总成本”，而获得的是一笔“顾客总价值”。“顾客总价值”与“顾客总成本”的差值，就是“让客价值”（见图2-1）。用公式表示为：

让客价值＝顾客总价值－顾客总成本

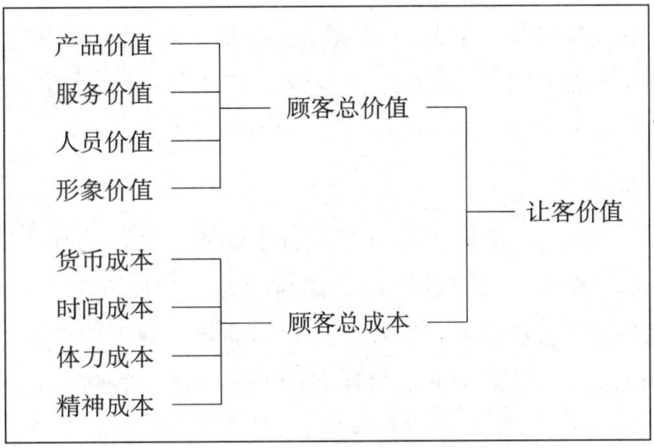


**图2-1 让客价值的构成要素**

顾客总价值是指顾客购买和消费产品或服务时所获得的一组利益，它主要由产品价值、服务价值、人员价值和形象价值构成。顾客总成本是指顾客购买和消费产品或服务时所耗费的时间、精神、体力以及所支付的货币等，它包括货币成本、时间成本、体力成本和精神成本。

### （二）提高让客价值的途径

酒店要在竞争中战胜对手，吸引更多的顾客，就必须向顾客提供比竞争对手具有更多让客价值的产品。只有这样才能使自己的产品进入消费者的“选择组合”之中，最后使顾客购买本企业的产品。

1. 降低顾客总成本

企业经常忘了顾客在交易过程中同样有成本。酒店对降低自己的交易成本有一整套方法与规程，却很少考虑如何降低顾客总成本。酒店要吸引顾客，首先要评估顾客的关键要求，然后设法降低顾客总成本，提高让客价值。分析和控制成本不能只站在酒店的立场上，还要从顾客的角度进行全面、系统、综合的评价。为此，酒店应鼓励从事顾客服务工作的员工，树立顾客总成本的概念和意识，不要把眼光只盯在酒店的成本上。

2. 理顺服务流程

酒店要提高顾客总价值、降低顾客总成本而实现更多的让客价值，就必须对酒店的组织和业务流程进行重新设计。必须以顾客需求为出发点，认真分析酒店的业务流程，并对其进行重新规划和整理，加强内部协作，建立一个让顾客满意的企业经营团队，让顾客获得更多的让客价值。

3. 重视内部顾客

顾客的购买行为是一个在消费中寻求尊重的过程，而员工对客服务的积极性很大程度上影响顾客满意度。据研究，当企业内部顾客满意度提高到85%时，企业外部顾客满意度高达95%。开放式交流、充分授权以及对员工的教育和培训是提高企业内部顾客满意度的好办法。为使顾客满意，企业应当赋予一线员工在现场采取行动的决策权，让中层管理人员由原来的政策控制者和执行者变成政策执行的疏通者，使一线的行动更加便捷。

4. 改进绩效考核

成功的酒店都把顾客满意度作为最重要的竞争要素，经营的唯一宗旨是让顾客满意。因此，他们评价各部门和人员的绩效指标，都与顾客满意度有关。以顾客满意度作为考核的绩效指标，使酒店和顾客的关系发生了微妙的变化。双方的共同点在于“满意”，利益的一致使双方变得亲近，员工服务也更发自内心，酒店的销售量自然会不断提升。

# 项目二 从CS到CL的拓展

随着商品经济的不断发展完善，市场竞争逐渐升级，酒店企业的经营理念和管理理论也随之变化和升华。

## 一、从顾客满意到顾客忠诚的延伸

20世纪90年代末，CS又开始向更高的境界延伸，这就是CL（Customer Loyalty，即顾客忠诚）。企业开始从追求市场份额的数量转向追求市场份额的质量。

### (一)培育忠诚顾客的意义

忠诚的顾客是成功企业最宝贵的财富。某商业研究报告指出：多次光顾的顾客比初次登门者可为企业多带来20%～85%的利润；固定客户数目每增长5%，企业的利润将增加25%。对酒店企业来讲，培育忠诚顾客的意义如下：

1. 有利于降低市场开发费用

任何企业的产品和服务都必须为市场所接受，否则这个企业就不可能生存下去，而进行市场开发的费用一般是很高昂的。由于酒店产品与服务的相对固定性，建立顾客忠诚更有特殊意义。如果能实现引导顾客多次购买，就可大大降低市场开发费用。据美国管理协会（AMA）估计，获取新顾客的成本是维护老顾客的5～25倍，而且老顾客由于对企业的忠诚、对该企业产品与服务高度的信任和崇尚，还会吸引和带来更多的新顾客。企业在推广新产品时，由于忠诚顾客的存在，可以很快打入市场、打开销路，从而节省新产品的市场开发费用。

2. 有利于增加酒店经营利润

越来越多的酒店企业认识到，忠诚顾客是企业的依靠力量和宝贵财富。多次光顾的顾客比初次登门者可多为企业带来利润；随着企业忠诚顾客的增加，企业利润也随之大幅增加。

3. 有利于增强酒店竞争力

酒店企业之间的竞争，主要在于争夺顾客。实施CL战略，不仅可以有效防止原有顾客转移，而且有助于酒店赢取正面口碑，树立良好形象。借助忠诚顾客的影响，还有助于化解不满意顾客的抱怨，扩大忠诚顾客队伍，使酒店企业走上良性循环发展之路。

### (二)顾客忠诚度的衡量标准

1. 顾客重复购买的次数

在一定时期内，顾客对某一品牌产品重复购买的次数越多，说明顾客对这一品牌的忠诚度越高；反之，则越低。由于酒店企业产品的特性等因素会影响顾客重复购买的次数，因此在确定这一指标的合理界限时，需要根据不同产品的性质区别对待，不可一概而论。

2. 顾客挑选时间的长短

消费心理研究者认为，顾客购买商品都要经过挑选这一过程。但由于依赖程度的差异，顾客在购买不同产品时，挑选时间长短也不尽相同。因此，从挑选时间长短上，也可以鉴别顾客对某一品牌的忠诚度。一般来说，顾客挑选时间越短，说明他对某一品牌的忠诚度越高；反之，则说明他对这一品牌的忠诚度越低。

3. 顾客对价格的敏感程度

顾客对企业的产品价格都非常重视，但这并不意味着顾客对各种产品价格的敏感程度都相同。事实表明，对于喜爱和信赖的产品，顾客对其价格变动的承受能力较强，即敏感度较低；而对于不喜爱和不信赖的产品，顾客对其价格变动的承受能力较弱，即敏感度较高。所以，我们可以根据这一标准来衡量顾客对某一品牌的忠诚度。

4. 顾客对竞争产品的态度

人们对某一品牌的态度变化，在大多数情况下是通过与竞争产品的比较而产生的，所以根据顾客对竞争产品的态度，能够从反面判断其对某一品牌的忠诚度。如果顾客对某一品牌的竞争产品有好感、兴趣浓，那么说明顾客对某一品牌的忠诚度低；如果顾客对某一品牌的竞争产品没有好感、兴趣不大，则说明其对某一品牌的忠诚度高，购买指向比较稳定。

5. 顾客对产品质量问题的承受能力

任何一种产品都可能因某种原因出现质量问题，即使是品牌产品也很难避免。若顾客对某一品牌的忠诚度高，则对其出现的质量问题会以宽容和同情的态度对待，不会因此而拒绝购买这一产品。若顾客对某一品牌的忠诚度不高，当产品出现质量问题（即使是偶然的质量问题）时，顾客会非常反感，很有可能从此不再购买该产品。

6. 购买周期

我们用购买周期来描述两次购买产品间隔的时间。购买周期是一个非常关键的因素，因为如果购买周期较长，顾客就可能淡忘原有的消费经历，竞争对手就会乘虚而入。企业可以通过有效的方式来保持与老顾客的联系。

### （三）CS 与 CL 的关系

CL 理念侧重企业的长远利益，注重将近期利益与长远利益相结合，着眼于营造一批忠诚顾客，并通过这个基本消费群去带动和影响更多的潜在消费者接受企业的产品与服务。以顾客忠诚度为标志的市场份额的质量取代了市场份额的规模，成为企业的首要目标。“顾客永远是对的”这一哲学被“顾客不全是忠诚的”思想取代。

需要说明的是，企业经营理念的几次跨越是一种包容而非排斥的关系，前者是后者的基础，即顾客满意需要良好的企业形象，顾客忠诚必须建立在顾客满意的基础之上，二者缺一不可。图 2－2 描绘了酒店经营理念变革轨迹。

**图 2－2　酒店经营理念变革轨迹**

从 CI 到 CS，从 CS 到 CL，这是人类经济发展和社会进步的一种反映，是市场经济发展规律的体现。每一家酒店企业都需要遵循这个规律，不断提高顾客满意度，培育忠诚顾客。

## 二、CL 理念在酒店中的运用

CL 理念侧重企业的长远利益，注重培养忠诚顾客，强调企业以满足顾客的需求和期望为目标，有效地消除和预防顾客的抱怨和投诉，不断提高顾客满意度，在企业与顾客之间建立起一种相互信任、相互依赖的“质量价值链”。那么，现代酒店经营者应如何营造忠诚顾客队伍呢？

### （一）消费者非常满意理论的提出

菲利普·科特勒提出了“消费者非常满意”（Customer Delight）的理论。该理论认为：顾客在购买一家企业的产品以后是否会再次购买，取决于顾客对所购产品消费结果是否满意。如果产品提供的实际利益低于顾客的期望，顾客就会不满意，就会不再购买这一产品；如果产品提供的实际利益等于顾客的期望，顾客就会感到满意，但是否继续购买这一产品，仍然具有很大的不确定性；如果产品提供的实际利益超出了顾客的期望，顾客就会非常满意，进而产生继续购买的行为（见图 2-3）。因此，顾客的购后行为取决于他的购买评价，而购买评价又源于购买结果。企业要创造出重复购买企业产品的忠诚顾客，就要使顾客感到非常满意。

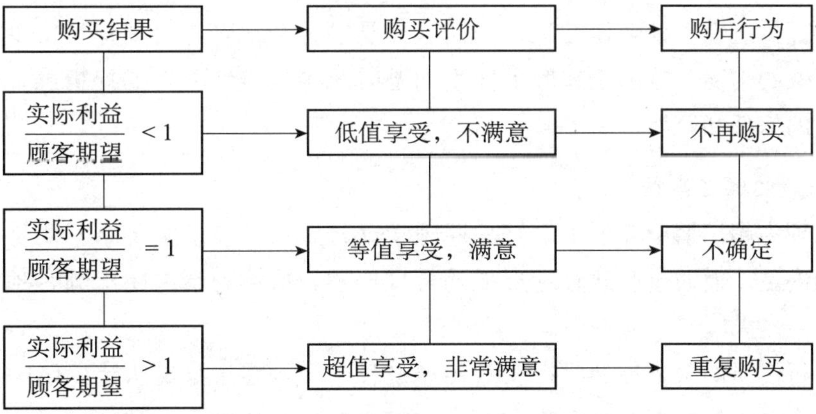


**图 2-3　购买结果与购后行为的关系**

一般来说，顾客对产品的期望来源于他过去的购买经历、朋友和同事的介绍以及企业的广告承诺等。因此，要超越顾客的期望值，酒店企业首先要将顾客的期望值调节到适当的水平，在调节好顾客期望值的同时，设法超越顾客期望值，给顾客带来意外的惊喜。

1. 做好顾客期望管理

酒店可以通过可靠地执行所承诺的服务，并与顾客进行有效的沟通，来对顾客期望进行有效的管理。

（1）保证承诺反映现实。明确的服务承诺和暗示的服务承诺这两项都处在酒店的控制中，对这些承诺进行管理是一种直接、有效的管理顾客期望的方法。通过切实可行的努力以确保对顾客所做的承诺能够反映真实的服务情况，将使酒店从中获益。而过分地进行承诺，将会损害顾客的信任，破坏顾客的容忍度。

## 案例分析

### 顾客为什么不满意?

顾客到酒店等候就餐，服务员许诺说一刻钟可以送上饭菜。可是到了一刻钟顾客却不见饭菜，也不见服务员来解释。直到半个小时后，服务员才送来饭菜，饭菜质量和数量达到了顾客的期望，但顾客却不满意。在这个事件中，尽管酒店并没有节省什么，给顾客提供的饭菜和人工服务量没有减少，但顾客却不满意，因为酒店没有按承诺时间兑现服务，顾客这方面的期望没有被满足。很显然，这种顾客服务对这家酒店来说是一种损失，损失是由不恰当的顾客期望管理造成的。

（2）与顾客沟通。经常与顾客沟通（理解他们的期望和所关心的事情，对他们所接受的服务进行说明，或者只简单地对顾客表示感激），会增强顾客的容忍度，是一种管理顾客期望的有效方式。酒店通过与顾客进行经常的对话，加强与他们的联系，就可以在问题发生时处于一个有利的地位。酒店积极地发起沟通，以及对顾客发起的沟通迅速地表示关心，都传达了一种合作的感情，而这又是顾客经常希望得到却又很少得到的。与顾客进行有效的沟通，有助于在服务发生问题时减少或避免顾客的挫折感，从而使顾客树立对企业的信任和容忍。

2. 设法超越顾客期望

期望管理为超出期望铺平了道路。期望管理若失败，一个主要原因便是难以实现对顾客的超额满足；而通过有效管理形成的合理期望，恰恰为最终超出顾客预期奠定了坚实基础。

（1）进行优质的服务传递。在服务传递过程中，顾客亲身经历了提供的服务技能和服务态度，有助于保持更低的期望和更大的容忍，从而使超出这些期望成为可能。每一次与顾客的接触都是一次潜在的机会，可使顾客感到他得到了比期望更好的服务。而那些只是机械地执行服务，对顾客十分冷淡的员工就会浪费这些机会。

（2）利用服务重现。服务重现工作是一个绝好的超出顾客期望的机会。在处理这些服务问题时，过程尤其重要。虽然在服务重现期间，顾客对结果和过程方面的期望都会比平时更高一些，但过程方面提供了更大的超出期望的机会。同样，顾客在服务重现期间将比在日常服务期间更加关注服务的传递过程。企业可利用服务重现，使顾客感到惊喜，并通过特别的服务超出顾客的期望。

案例分析

**房价涨了，为什么顾客还选择丽景酒店?**

香港丽景酒店的某任总经理与作家皮特·波维什曾经一起进餐，发现皮特喜欢饮用胡萝卜汁。以后，无论皮特何时入住丽景酒店，总会有鲜美的胡萝卜汁在等着他。皮特深有感触："尽管10年间房间价格涨了3倍，我还是会一直住丽景酒店。"

### (二) 顾客关系管理的推行

在现代市场竞争中，酒店企业的生存不再是靠一成不变的产品来维持，而是靠为顾客创造全新服务、全新价值，换取长期的顾客忠诚，形成竞争者难以取代的竞争力。在当今竞争激烈的市场环境中，越来越多的酒店企业开始通过"顾客关系管理"(Customer Relationship Management，CRM) 来赢得更多的顾客，并且提高顾客忠诚度。

顾客关系管理是一项通过详细掌握顾客有关资料，对酒店企业与顾客之间关系实施有效控制并不断加以改进，以实现顾客价值最大化的协调活动。

1. 收集资料

酒店企业可以利用新技术与多种渠道，将收集到的顾客个人情况、消费偏好、交易历史资料等储存到顾客资料库中，并且将不同部门的顾客资料库整合到单一顾客资料库内。将各部门的顾客资料库整合，有助于将不同部门产品销售给顾客，也就是进行交叉销售。这样不但可以扩大企业利润，减少重复行动和营销成本，还可以巩固与顾客的长期关系。

2. 对顾客进行分类

酒店企业可以凭借分析工具与程序，将顾客按消费特征进行分类，这样可以预测在各种营销活动情况下各类顾客的反应。例如：哪些顾客对哪一类促销活动有所偏好，哪些潜在顾客已经不存在了。这些前期工作能够有效地帮助酒店企业找到适当的营销目标，降低营销活动成本，提高营销效率。

3. 规划与设计营销活动

酒店企业可以根据对顾客的分类，为各类顾客设计相应的服务与促销活动方式。传统上，企业对于顾客通常是一视同仁的，而且定期与顾客进行互动，但在顾客关系管理实务中，这是不经济的。好钢要用在刀刃上，以产生更大的效益。

4. 管理例行活动

酒店企业与顾客之间建立并保持着长期关系，双方越是相互了解和信任，交易越容易实现，并可节约交易成本和时间，由过去逐次、逐项的谈判交易发展成例行的程序化交易。这样，酒店企业与顾客间的交易活动便成为例行活动。酒店企业要利用过去营销活动资料的分析结果，结合电话与网络服务中心的服务，及时进行活动调整。例如：在执行一项营销活动后，通过对打进来的电话频率、网站访问人次的统计，营销部门可以随时调整人力和资源的配置，以免引发顾客抱怨和造成资源浪费。

5. 建立标准化分析与评价模型

通过对顾客资料的综合分析，建立一套标准化的模型，对经营状况和绩效进行分析和评价。目前顾客关系管理的技术，已经可以对顾客关系的每一项活动或过程做出评价。而在出差错时，标准化模型可自动、实时地显示问题发生在哪个部门、哪个人员、哪个环节，以便酒店企业迅速采取措施加以解决。

以上各个环节环环相扣，形成一个不断循环的运作流程，从而以最适当的途径，在正确的时点上，传递最适当的产品和服务给真正有需求的顾客，创造酒店企业与顾客双赢的局面。

阅读资料

**赢得顾客忠诚的十种方法**

1. 保持与老顾客经常联系
2. 特别为顾客举办促销活动
3. 通常酌收服务费的项目，免费提供给老顾客
4. 赠送其他非竞争性企业所提供的赠品券给顾客
5. 不预先通知地向顾客赠送免费的礼品
6. 让顾客得到想要的东西
7. 当顾客需要时，必须随时为他服务
8. 额外服务使企业与众不同
9. 记住顾客的名字
10. 设立顾客俱乐部

# 项目三 从 CS 到 ES 的升华

20 世纪末，随着“服务利润链”理论研究的深入，企业的经营理念又开始向更深的

层次演变，这就是 ES（Employee Satisfaction，即员工满意）战略的实施。

## 一、从强调顾客满意到关注员工满意

赢得顾客，最终赢得企业利润，是现代企业的经营目标。但越来越多的研究表明，员工满意与顾客满意有着不可分割的联系，满意的顾客源于满意的员工，企业只有赢得员工满意，才能赢得顾客满意。因此，企业经营战略又从 CS 理念向 ES 理念升华。

### （一）ES 理念的含义

ES 理念的基本含义是：现代企业只有赢得员工满意，才会赢得顾客满意。因为面向服务的员工是联系企业与顾客的纽带，他们的行为及行为结果是顾客评估服务质量的直接依据。服务企业必须有效地选择、培训和激励与顾客接触的员工，在他们满意的同时营造顾客满意。

ES 战略注重企业文化建设和员工忠诚感的培育，把人力资源管理作为企业竞争优势的最初源泉，把员工满意作为达到顾客满意这一企业目标的出发点。图 2－4 体现了 CI、CS、CL 与 ES 之间的联系。

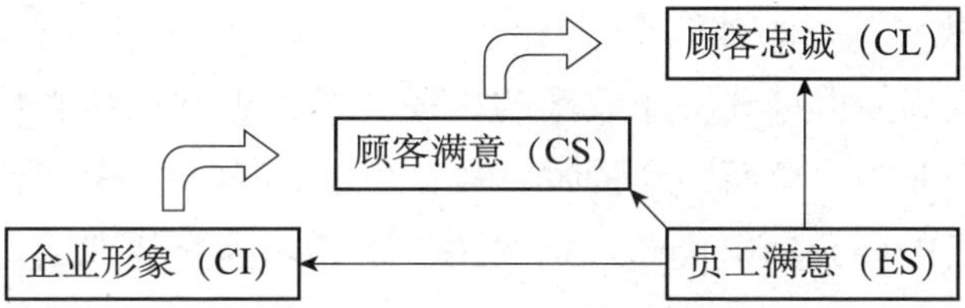


**图 2－4　CI、CS、CL 与 ES 的关系**

### （二）员工满意的意义

ES 理念的强化，源于“服务利润链”理论研究的结果。“服务利润链”构成要素如图 2－5 所示。

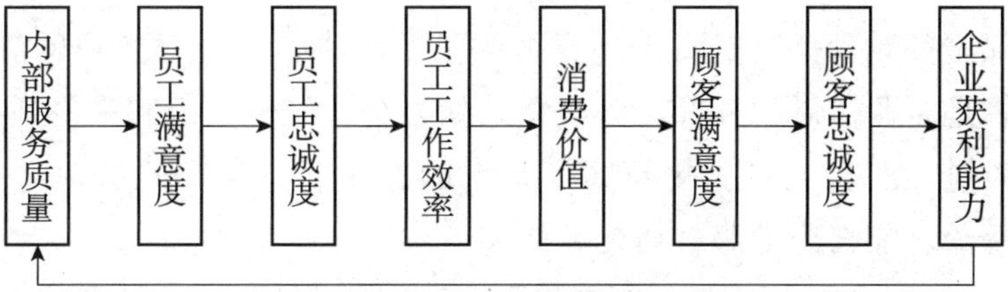


**图 2－5　“服务利润链”构成要素**

1. 顾客忠诚度决定企业获利能力

顾客忠诚度的提高能促进企业获利能力的增强。忠诚顾客所提供的销售收入和利润往往在企业的销售总额和利润总额中占有很大的比重。这些收入不仅是企业利润的主要来源，而且弥补了企业在与非忠诚顾客交易时所发生的损失。因此，忠诚顾客的多少在很大程度上决定了市场份额的质量，这比用实际顾客的多少来衡量市场份额的规模更有意义。

2. 顾客满意度决定顾客忠诚度

顾客忠诚度是由顾客满意度决定的。顾客之所以对某企业的产品或服务表现出忠诚，视其为最佳和唯一的选择，首先是因为他对于企业提供的产品和服务满意。在经历了几次满意的购买和使用后，顾客忠诚度就会提高。

3. 消费价值决定顾客满意度

顾客满意度由其所获得的价值大小决定。顾客在购买商品时，总希望成本尽可能低，利益尽可能大，以使自己的需要得到最大限度的满足。因此，顾客所获得的价值越大，其满意度越高。

4. 员工工作效率决定消费价值

高价值源于企业员工的高效率。企业员工的工作是价值产生的必然途径，员工的工作效率直接决定了其创造价值的高低。事实证明，顾客因员工的高效率而获得更高的价值。

5. 员工忠诚度决定员工工作效率

员工忠诚度的提高能促进其工作效率的提高。员工忠诚意味着员工对企业的未来发展有信心，为成为企业的一员而感到骄傲，关心企业的经营发展状况，并愿意为之效力。因此，忠诚度高的员工会自觉担负起一定的工作责任，为企业努力工作，工作效率自然提高。

6. 员工满意度决定员工忠诚度

正如顾客忠诚度取决于顾客对企业产品和服务的满意度一样，员工忠诚程度同样取决于员工对企业的满意程度。

7. 内部服务质量决定员工满意度

企业的内部服务质量是决定员工满意度的重要因素。员工对企业的满意度主要取决于两个方面：一是企业提供的外部服务质量，如薪金、红包、福利和舒适的工作环境等；二是内部服务质量，即员工对工作及同事持有的态度和感情，若员工对工作本身满意，同事之间关系融洽，那么内部服务质量就较高。

“服务利润链”所揭示的一系列因素相互之间的关系表明，一个企业想要获得顾客满意，首先必须赢得员工满意。

## 二、ES 理念在酒店中的运用

ES 理念注重员工忠诚感的培育，把员工满意作为达到顾客满意目标的出发点。那么，现代酒店经营者应如何提高员工满意度呢？



### （一）内部营销理论的提出

内部营销（Internal Marketing）是指成功地选择、培训和尽可能激励员工很好地为顾客服务的管理工作。它包括两个要点：一是服务企业的员工是内部顾客，企业的部门是内部供应商。当企业员工在内部受到最好服务而向外部提供最好服务时，企业的运行可以达到最优。二是所有员工一致认同企业的任务、战略和目标，并在对顾客的服务中成为企业的忠实代理人。

内部营销是一项管理战略，其核心是增强员工是内部顾客的意识，在把产品和服务通过营销活动推向外部市场之前，应首先对内部员工进行营销。任何一家企业都应认识到，企业中存在一个内部员工市场，内部营销作为一种管理过程，能以两种方式将企业的各种功能结合起来。首先，内部营销能保证企业所有级别的员工，理解并体验企业的业务及各种活动；其次，它能保证所有员工得到足够的激励并准备以服务导向的方式进行工作。内部营销理论强调的是企业在成功实现与外部市场有关的目标之前，必须有效地完成组织与其员工之间的内部交换过程。

从管理角度看，内部营销的目标是：争取到自发又具有顾客意识的员工。从策略层次看，内部营销的目标是：创造一种内部环境，以促使员工之间维持顾客意识和销售关心度。从战术层次看，内部营销的目标是：向员工推销服务，宣传并激励营销工作。

案例分析

#### 万豪酒店的内部营销观念

万豪酒店集团第二任掌门人比尔·马里奥特认为，连锁酒店要使顾客、员工和股东都满意。如果员工热爱酒店的工作和有自豪感，他们就会很好地为顾客服务。经常被满足的顾客会反过来满足万豪酒店。如此循环，其结果将会满足万豪股东对利润的要求。比尔·马里奥特还说，顾客是最终取得利润的关键。他和其他人认为，典型的组织结构图——总经理在顶端，管理人员在中间，最前线的人员（销售和服务人员、电话接线员、招待员）在底端的金字塔形已经过时。精通营销的公司更加明白，它们把组织结构图颠倒过来：在结构顶端的是顾客；其次重要的是最前线的人员，因为他们会见顾客、服务顾客和满足顾客；在他们之下的是中层管理人员，他们的工作是支持最前线的人员，使他们能更好地服务顾客；最底端的是高级管理人员，他们的工作是支持中层管理人员，使中层管理人员能支持最前线的人员。另外，公司所有的经理都会亲自会见顾客并了解顾客。

### （二）企业文化的培育

现代酒店的ES战略注重企业文化建设。企业文化是指企业员工在长期的生产经营活动中培育形成并共同遵守的最高目标、价值标准、基本信念和行为规范。主要包括企业的最高目标和宗旨，共同的价值观，作风及传统习惯，行为规范和规章制度，企业环境和公共关系，企业形象识别系统，杰出的团队英雄人物。

1. 企业文化的内涵

（1）企业文化是一种经济文化。企业是通过一定的资源投入获得产出的基本经济单位，因此企业文化必然反映企业的最高经营目标、经营思想、经营哲学、发展战略和有关制度等。

（2）企业文化是一种管理文化。管理是通过有效配置企业的资源，以达到组织目标的过程。人是管理中最核心、最复杂的要素，只有人才能调动、利用其他资源，只有人的创造性的活动才能使企业的管理有条不紊。因此，管理中的核心内容就是如何发挥人的主动性、积极性和创造性，并与其他资源有机结合起来，提高资源的配置效率，从而为实现企业目标服务。

（3）企业文化是一种组织文化。为了实现既定的企业目标，经由分工与合作以及不同的权力层次和责任制度构成的组织，必须设置一定的组织原则、组织结构、组织过程和规章制度作为保障，这是组织的外层保障体系。内层的约束逻辑则是企业文化，通过它可以形成共同的群体意识及行为标准，使组织内部权力、责任明确，利益均衡，团结互助气氛浓厚。双层的约束机制可以有效保证组织目标的实现。

2. 企业文化的功能

（1）引导功能。企业文化以各种方式暗示企业中提倡什么、崇尚什么、员工应追求什么，以此来引导员工为实现企业目标而自觉努力。一方面是直接引导员工的性格、心理、思维和行为，这是浅层次的导向功能；另一方面是通过整体价值观的认同，引导员工进行自我约束，调整公私之间的平衡，这是深层次的导向功能。

（2）整合功能。在社会系统中，凝聚个体的主要力量来自心理的作用。企业文化以微妙的方式沟通企业与员工的感情，在无形中将群体的不同信念、理想、作风和情操融合在一起，形成群体的认同感。员工通过亲身感受，产生对企业的归属感，从而自觉地把自己的思维、感情和行为方式与企业的目标联系起来，形成使命感，以最大限度地发挥自身的能动性。

（3）激励作用。企业文化通过创造人文主义氛围，使员工感受到企业对他们的尊重，从而激发员工极大的创造热情。另外，企业文化通过塑造一种和谐、宽松的氛围，为员工创造自由发挥的空间，使他们把自我实现的心理需求与企业的崇高目标有机结合起来，从而产生极大的激励作用。

（4）约束功能。企业要正常运转，需要约束机制将具有不同个性员工的思想和行为统一起来，企业文化在这方面发挥着巨大的作用。酒店中有店规店纪、奖惩制度、文件命令等文字形式的管理制度，这是企业文化的表层约束机制。企业文化更注重深层次的约束，即通过社会文化亲和力来实现约束功能。

（5）辐射功能。在企业发展的初始阶段，企业文化的影响力较小，仅限于组织内部。当企业实力逐渐增强之后，企业与外界交往日渐增多，强势企业文化开始向外扩展，通过公共关系、业务关系、企业形象等渠道，将丰富的文化内涵展现在公众面前，这种辐射作用会传递到周围区域，使某些社区带上企业文化的烙印。

（6）稳定功能。企业文化是一代人甚至几代人努力的结果，其精神内容会逐渐渗透到企业的各个层面，一旦确立就很难在短期内改变，其作用的发挥将持续较长时间，甚至当外界环境发生变化时也不会轻易改变。稳定功能可以使企业文化中的精华长久地保存下去，促进企业健康发展。

### 3. 企业文化的建设

现代酒店企业文化建设是一项长期的任务，需要广泛而持久的行动计划。其做法包括：

（1）确立服务导向战略。根据市场竞争的需要确立服务导向战略，主要反映在服务理念、工作宗旨、人际关系和用人哲学上，由此引导企业文化的建立。

（2）优化组织结构模式。组织结构设计必须同经营和服务相配合。组织结构越复杂、传递的环节越多，遇到的问题也会越多，不利于酒店企业快捷服务和灵活决策。通过组织的扁平化减少管理层次，实现人力资源结构的合理配置，充实直接面向顾客的服务队伍，保证服务组织的有效性，同时进行运作体系、日常规程和工作流程的改进。

（3）提高领导能力。建立服务导向的领导体系，可以促进良好服务的实现。领导的作用主要体现在训导、沟通和组织方面。酒店企业的服务宗旨、制度的实现，需要领导以身作则。领导要与员工沟通，关心员工，形成融洽的工作氛围，使企业文化成为所有员工的共同愿景。

（4）引导服务培训。自上而下的培训是形成企业文化的重要手段。如果期望高层管理者、中层管理者及相关工作人员都以服务导向为动机去思考和行动，就必须对员工进行知识和态度的培训，统一观念与行动，以促进优质服务的实现。

## 模块小结

观念是先导。现代酒店经营者要达到预期的经营目标，首先要有正确的经营理念。现代酒店企业从 CI 理念转变为 CS 理念，实现了酒店企业从“企业生产什么，顾客接受什么”转向“顾客需要什么，企业生产什么”的变革，体现了酒店企业由市场导向转变为顾客导向的需要和水平。随着商品经济的不断发展完善，市场竞争逐渐加剧升级。以顾客忠诚度为标志的市场份额的质量取代了市场份额的规模，成为企业的首要目标。现代酒店企业的经营理念从 CS 理念向 CL 理念发展，“顾客永远是对的”这一哲学被“顾客不全是忠诚的”思想取代。“服务利润链”理论揭示了企业利润、顾客满意度和员工满意度之间的内在联系，酒店企业的经营理念又逐渐从 CS 理念向 ES 理念升华，注重员工忠诚感的培育和企业文化的建设，把员工满意作为达到顾客满意这一企业目标的出发点。

从CI到CS，从CS到CL，从CL到ES，是经济发展和社会进步的反映，也是现代酒店企业适应市场经济发展规律的需要。这几次理念的跨越，是一种包容而非排斥的关系。前者是后者的基础，即顾客满意需要良好的企业形象，顾客忠诚必须建立在顾客满意基础之上，而顾客的满意与忠诚离不开员工的满意。

随着当代可持续发展理念的提出，酒店业带上了浓厚的社会责任色彩。可持续发展理念最先是在1972年斯德哥尔摩举行的联合国人类环境研讨会上正式提出的，讨论人类在缔造一个健康和富有生机的环境时所享有的权利。可持续发展就是建立在社会、经济、人口、资源、环境相互协调和共同发展基础上的一种发展，其宗旨是既能相对满足当代人的需求，又不能对后代人的发展构成危害。因此，强调酒店企业的社会责任，节约能源，减少消耗，保护环境，将逐渐成为酒店企业的核心价值观。

## 同步练习

**一、问题思考**

1. CI理念与CS理念有什么不同？
2. 什么是让客价值？顾客总价值与顾客总成本由哪些要素构成？
3. 什么是CL？CL的衡量标准有哪些？
4. “服务利润链”理论揭示了哪几种关系？
5. 消费者非常满意理论的主要概念是什么？
6. 什么是企业文化？它有何特点与功能？

**二、课堂交流**

以3～4人的小组为研究单位，通过互联网或实地考察酒店查找资料，进行以下问题的研究，做出调研报告，编制PPT文件，在课堂上交流分享。

1. 列举若干家酒店的经营理念、服务宗旨或企业口号。
2. 研究下列实例参考，解读其中所体现的企业经营理念。

## 实例参考

### 建立以人为本的企业文化

——丽思卡尔顿酒店的文化管理法

无论是什么企业，都要在管理中充分体现以人为本的企业文化，这是因为人是决定一切的主要因素，失去了作为服务主体的人，企业就无法立足。

丽思卡尔顿酒店从18世纪仅有20张床的小酒店起家，到如今已成为全球酒店中极少数的顶级品牌之一，这与企业文化建设有着直接的关系。21世纪的企业管理，将从制度约束和绩效考核所形成的对员工的手脚管理，逐步转向手脚管理与头脑管理并重的文化管理，其以人为本的企业文化应该是酒店管理在新世纪学习的楷模。

酒店总经理的工作是努力使每位员工心情愉快，这是总经理最主要的工作，也是最值得去做的事。

员工就职后的导向性培训，必须由总经理主持。若总经理没有时间，宁可延后，这是雷打不动的原则。它体现了总经理对培训工作的重视和对员工的尊重。培训中，总经理一定要与员工共进一次午餐。

招聘员工由各部门最基层负责人进行，逐级面试，最后选中的人员再由人力资源部面试，最后由总经理面试。总经理绝对尊重下属的决定，从不越俎代庖去做出“YES”或“NO”的决定，充其量只是提出具体放在哪个岗位上更为合适的建议。

从不惩罚员工，也没必要惩罚员工。丽思卡尔顿酒店以企业价值观和服务理念作为凝聚员工的纽带。如果价值观不合，员工可以辞职，酒店也可以辞退，完全没有必要争执；若理念一致，但工作中出现差错，则让他们自己反思，找原因，反复多次，总能找出原因和改进的办法，没有必要由总经理去训斥他们。酒店基层员工自身能控制的错误在15%之内，而85%的错误出自管理系统。从管理上找服务差错的原因是不变的金科玉律。

# 模块三 酒店的建筑设计

学习目标

**知识目标**

- 知晓酒店建筑与环境设计的要求
- 熟悉酒店服务区域的功能划分和设计标准
- 了解酒店设备与设施规划的基本内容

**能力目标**

- 能根据《旅游饭店星级的划分与评定》国家标准，对酒店前厅、客房和餐饮三大服务区域进行设计合理性的剖析

**素养目标**

- 通过对酒店建筑设计知识的学习，提高生态和绿色环境的素养
- 通过对酒店环保建筑材料的认知，培育坚守职业道德的个人素养

# 项目一 酒店功能与环境设计

酒店的建筑设计是一门综合性的学科，需要根据酒店经营、管理和服务的特点，按照《旅游饭店星级的划分与评定》国家标准和国家民用建筑设计的相关准则，结合酒店行业的发展趋势，对酒店的功能布局、面积分配、项目组合、装修风格、产品舒适度、设施设备配置等环节进行全面规划。

## 一、酒店面积的分配

酒店面积分配规划是指按照酒店等级、类型、管理服务的运作要求以及顾客的消费活动规律，对酒店内外建筑设施进行科学、合理的空间分割。

### （一）面积

面积是酒店规划设计空间概念的实际体现，是容纳酒店功能设施设备的载体，是顾客在酒店内活动的环境条件，是现代酒店管理运作的基础。酒店各部门规划的面积是反映酒店类型、等级、规模、服务项目设置数量的基本数据。

### （二）容积率

容积率又称建筑面积系数，是指单位用地面积内建筑面积的总量（地下建筑面积不计）。其计算公式为：

$$容积率=\frac{地上建筑总面积（m^2）}{规划建设净用地面积（m^2）}$$

酒店容积率基本标准如表 3－1 所示。

**表 3－1　酒店容积率基本标准**

| 位置 | 特大/大型城市中心区域 | 特大/大型城市一般区域 | 中/小城市中心区域 | 旅游景区 |
|---|---|---|---|---|
| 容积率 | 5～8 | 4～5 | 3～4 | 2～3 |

### （三）综合面积

综合面积又称平均每间客房的建筑面积。其计算公式为：

$$综合面积=\frac{总建筑面积（m^2）}{客房数（间）}$$

### （四）分项面积

分项面积又称每个功能区域的每间分项面积，是指酒店各功能区域，如客房、餐饮、公共区域、附属设施等所占面积与客房间数之比。其计算公式为：

$$分项面积=\frac{酒店各功能区域占用面积（m^2）}{客房数（间）}$$

各种类型酒店面积参数指标如表 3－2 所示。

**表 3－2　各种类型酒店面积参数指标**　　单位：平方米

| 项目 | | 类型 | | | |
| --- | --- | --- | --- | --- | --- |
| | | 高档商务型酒店 | 商务型酒店 | 度假型酒店 | 经济型酒店 |
| 综合面积 | | 120～150 | 100～120 | 100～120 | 80 以下 |
| 客房部分 | | 83～103 | 70～84 | 74～88 | 66 |
| 公共部分 | 大堂 | 2～2.5 | 1.2～1.4 | 1.4～1.7 | 0.9 |
| | 餐饮 | 3～3.8 | 4～5 | 4.1～5 | 3.4 |
| | 会议/宴会/多功能厅 | 9.8～12 | 6.5～8 | 3.7～4.4 | 0 |
| 行政部分 | | 2～2.4 | 2.4～3 | 2.2～2.6 | 0.6 |
| 服务部分 | | 13～16 | 13～16 | 13～15 | 8.2 |

注：行政部分包括总台工作区域、办公室、财务室等，服务部分包括厨房、储藏室、员工室、洗衣房、工程区域等。

各种类型酒店面积组成百分比如表 3－3 所示。

**表 3－3　各种类型酒店面积组成百分比（%）**

| 项目 | | 类型 | | | |
| --- | --- | --- | --- | --- | --- |
| | | 高档商务型酒店 | 商务型酒店 | 度假型酒店 | 经济型酒店 |
| 客房部分 | | 69 | 69.8 | 73.6 | 82.4 |
| 公共部分 | 大堂 | 1.7 | 1.2 | 1.4 | 1.1 |
| | 餐饮 | 2.5 | 4 | 4 | 4.3 |
| | 会议/宴会/多功能厅 | 8.2 | 6.5 | 3.7 | 0 |
| | 其他 | 6.2 | 3.1 | 2.3 | 0.8 |
| 行政部分 | | 1.6 | 2.4 | 2.2 | 1.1 |
| 服务部分 | | 10.8 | 13.0 | 12.8 | 10.3 |

注：行政部分包括总台工作区域、办公室、财务室等，服务部分包括厨房、储藏室、员工室、洗衣房、工程区域等。

### （五）有收益面积比

有收益面积比是指有收益面积在总建筑面积中所占的比例。有收益面积是指酒店直接产生经济效益项目所占用的建筑面积，如客房、餐厅、宴会厅、娱乐项目、大堂吧、商务中心等服务设施。而前厅、厨房、员工辅助设施、公共卫生间等所占用的空间属于无收益面积。

有收益面积比的计算公式是：

$$有收益面积比=\frac{有收益面积（m^2）}{总建筑面积（m^2）}$$

原则上，四、五星级酒店有收益面积比控制在40%～50%，三星级以下酒店有收益面积比控制在60%以上。

## 二、酒店公共区域的设计

酒店公共区域的设计主要考虑顾客进入、通行、安全保障等需要，是酒店得以正常运行的重要部分。

### （一）停车场与回车线的设计

车位面积规定：停放车辆的横向净距离一般不能小于0.8米。因此，小车车位的面积为2.5米×5.0米，大车车位的面积为3米×12米。

由于受顾客交通方式的影响，景区酒店停车场面积应是城市酒店停车场面积的一半。

地下停车场由于多为小车停放，其净空间高度不小于2.2米。

回车线的宽度为：单车道不小于4米，双车道不小于7米，入口车道的坡度为1∶8～1∶12。

《旅游饭店星级的划分与评定》（GB/T 14308—2023）中，停车场面积的评分标准如表3-4所示。

**表3-4 停车场面积的评分标准**

| 项目编号 | 设施设备名称 | 各分项总分 | 各次分项总分 | 计分 |
|---|---|---|---|---|
| 1.2 | 停车场（包括地下停车场、停车楼、立体停车） | 6 | | |
| 1.2.1 | 停车位数量 | | 3 | |
| | 自备停车场，车位不少于40%客房数 | | | 3 |
| | 自备停车场，车位不少于15%客房数 | | | 2 |
| | 自备停车场，车位不少于8%客房数 | | | 1 |
| | 有进出方便的回车路线 | | | 0.5 |
| 1.2.2 | 合理利用空间，有地下停车场（停车楼或立体停车） | | 1 | 1 |

### （二）楼梯与走廊的设计

酒店楼梯与走廊既是酒店内部各功能区域间的连接通道，又是酒店消防疏散通道。酒店消防疏散通道的设计应严格按照《建筑设计防火规范》[GB 50016—2014（2018年版）]执行。客房门至疏散口或楼梯间的最大距离如表3-5所示。

表 3-5　客房门至疏散口或楼梯间的最大距离

| 位于两个疏散口之间的客房 | 位于袋形走道两侧或尽端的客房 |
| --- | --- |
| 30 米 | 15 米 |

多功能厅、餐厅、宴会厅、会议厅等内的任何位置，到最近的疏散口的直线距离不宜超过 30 米。

为保证紧急情况下疏散人员的效率，各楼层走道宽度按每 100 人不小于 1 米计算；对于有固定座位的厅室，其内部走道宽度不小于每 100 人 0.8 米；边走道净宽度不小于 0.8 米，其他走道净宽度不小于 1 米。

每层楼梯的宽度按通过人数每 100 人不小于 1 米计算。若各楼层人数不等，宽度可分段设计，但下层楼梯的宽度应按其以上楼层人数最多的一层计算。原则上，楼梯最小净宽度不小于 1.2 米。

楼梯间及走道应设有疏散指示标志。疏散指示标志的间距不超过 20 米，高度为 0.2～0.3 米，指示箭头应与疏散方向保持一致。

### （三）烟感器、温感器、红外探测器的安装

不同探测器的保护面积不同，一般烟感器为 60～80 平方米，温感器为 20～30 平方米，市面上常见的红外火焰探测器只能检测 30 米以内 0.1 平方米的火焰；且安装高度对探测器的效能也会产生影响。因此，酒店应根据自身情况选择合适的探测器。

空间高度对探测器选择的影响如表 3-6 所示。

表 3-6　空间高度对探测器选择的影响

| 空间高度 $h$（米） | 烟感器 | 温感器 | | | 感光探测器 |
| --- | --- | --- | --- | --- | --- |
| | | 一级 | 二级 | 三级 | |
| $12<h\leqslant 20$ | 不适合 | 不适合 | 不适合 | 不适合 | 适合 |
| $8<h\leqslant 12$ | 适合 | 不适合 | 不适合 | 不适合 | 适合 |
| $6<h\leqslant 8$ | 适合 | 适合 | 不适合 | 不适合 | 适合 |
| $4<h\leqslant 6$ | 适合 | 适合 | 适合 | 不适合 | 适合 |
| $h\leqslant 4$ | 适合 | 适合 | 适合 | 适合 | 适合 |

烟感器的安装间距不应超过 15 米，温感器不超过 10 米；当在宽度小于 3 米的走道安装探测器时，宜居中布置；探测器到墙壁、横梁间的水平距离不小于 0.5 米，至空调送风口不小于 1.5 米。

### （四）消防应急广播的安装

消防应急广播应安装在走道、大堂、餐厅等公共区域，扬声器的额定功率不小于 3 瓦，数量按每个消防区内的任何部位到最近扬声器的距离不大于 25 米设置，走道内最后一个扬声器到走道末端的距离不超过 12.5 米。

歌舞厅、娱乐场所等环境噪声大于 60 分贝的场所，扬声器的播放声压级应高于噪声

15 分贝，客房扬声器的功率不小于 1 瓦。

### （五）喷淋设施的安装

喷淋设施应设置在前厅、多功能厅、会议厅、电梯厅、厨房、客房、歌舞厅、走道等场所，标准喷头适用于室内环境温度为 4℃～70℃的空间。

喷淋安装方式参考指标如表 3－7 所示。

**表 3－7 喷淋安装方式参考指标**

| 安装方式 | 喷水强度（L/min·$m^2$） | 每个喷头保护面积（$m^2$） | 喷头间距（m） |
|---|---|---|---|
| 标准安装 | 10.0～15.0 | 5.4～8.0 | 2.3～2.8 |
| 边墙型 | 10.0～15.0 | 8.0 | 3.6 |

### （六）安全探头的安装

安全探头原则上设置在酒店出入口、前厅、总服务台、贵重物品保险室、电梯、客房楼层走道、停车场及店内所有收银处。

室内探头安装高度为 2～2.5 米，室外为 3.5～10 米。电梯内的探头置于电梯轿厢顶部，与电梯操作面板成对角，与电梯两壁及天花板成 45°，应不留死角、不逆光、不侵害顾客隐私，且具有一定的隐秘性。

## 三、酒店环境的设计

酒店环境的设计是指按照酒店的特性和美学、人体工程学、心理学等基本原理对酒店色彩、灯光、音控、温度、空气质量等环节所进行的规划与管理。酒店环境的设计要有助于酒店产品舒适度的提升，有利于酒店氛围整体性的形成，有利丁酒店管理与服务的提供，有利于顾客的感知与享受，有利于酒店经营成本的控制，有利于环境保护和可持续发展，具有艺术性、文化性。

### （一）色彩的设计

色彩是酒店装饰设计中的一个十分重要的要素，必须高度重视色彩对人的视觉感受及心理感受的影响。设计中应关注以下环节：色彩的感情因素，色彩的象征因素，色彩的年龄性因素，色彩的区域性因素。

1. 前厅

一般主色调采用浅暖色调，以较深的近似色的艺术品和家具点缀，形成高雅、明亮、宽敞、富丽且温馨、舒畅的气氛。前厅色彩不宜过于零碎和多样，也不宜采用过多的金属色。

2. 客房

色彩应以浅暖色调或中性色调为主，局部使用反差明显的装饰品点缀，形成宁静、温馨、舒适且充满生机的氛围。客房墙面应选用不带金属色的墙纸。

3. 餐厅

中餐厅应以明亮的浅暖色调为主，家具采用较深的红色近似色调，形成喜庆洋溢的氛围；西餐厅多用中性色，营造宁静、平和、明朗的气氛。

## （二）照明的设计

酒店照明已从单纯的照明功能发展为一种创造舒适、优美环境的艺术形式。酒店各功能区有不同的照度要求（见表 3-8），同时需符合《建筑照明设计标准》（GB 50034—2004）的规定。

**表 3-8　酒店各功能区照度参考**

| 类别 | | 照度标准值（Lx） |
|---|---|---|
| 客房 | 起居区域 | 75 |
| | 床头 | 150 |
| | 写字台、梳妆台 | 300 |
| | 卫生间 | 150 |
| 前厅 | | 500 |
| 总服务台 | | 750～1 000 |
| 门厅、休息厅 | | 200 |
| 主餐厅、咖啡厅 | | 200 |
| 西餐厅、酒吧区、舞厅 | | 50 |
| 大宴会厅、主餐厅柜台 | | 300 |
| 会议室 | | 300 |
| 厨房、洗衣房等 | | 200 |
| 公共区走廊、厕所 | | 100 |
| 公共区卫生间洗面台 | | 50 |
| 楼梯间 | | 50 |
| 电梯间 | | 75 |
| 理发室 | | 200 |
| 美容室 | | 500 |
| 健身房、形体室、桑拿房、游泳池 | | 75 |

酒店的总服务台、导向系统及指示标牌、艺术品及挂画、床头、浴缸与淋浴间、恭桶、云石台、橱柜等区位，必须设计专用目的物照明光源。

## （三）温度的控制

空气环境是指空气的温度、湿度、纯度和流动。营造良好的空气环境直接关系到顾客的健康和酒店产品的舒适性。原则上，室内外温差不宜超过 10℃。

酒店空气调节设计与管理基本标准如表 3－9 所示。

**表 3－9 酒店空气调节设计与管理基本标准**

| 区域 | 夏季 | | | 冬季 | | | 新风量（m³/h·p） |
|---|---|---|---|---|---|---|---|
| | 温度（℃） | 相对湿度（%） | 风速（m/s） | 温度（℃） | 相对湿度（%） | 风速（m/s） | |
| 前厅 | 24 | ≤65 | ≤0.30 | 21～23 | ≥30 | ≤0.30 | ≥10 |
| 客房 | 23 | ≤55 | ≤0.25 | 22 | ≥50 | ≤0.15 | ≥50 |
| 餐饮区域 | 23～24 | ≤65 | ≤0.25 | 22～23 | ≥40 | ≤0.15 | ≥30 |

### （四）噪声的控制

酒店噪声源于店外环境、客房层走道、管道、空调送风口、冰箱、卫生间排风扇等，以及音量过高的背景音乐，对酒店产品舒适度构成极大的影响。外环境嘈杂的酒店，建造时必须考虑使用双层门、双层窗等方式，尽量减少外部噪声传入店内。

客房层走道应铺设地毯，客房门应加设隔音胶条，客房间的隔墙应使用隔音材料，相邻客房间的橱柜应加设隔音材料，相邻客房间的管线口应做隔音处理，选用低噪声冰箱，加强设施设备的维护保养，以减少噪声的产生。

# 项目二 酒店服务区域设计

## 一、前厅功能设计

前厅是酒店三大核心区域之一，是酒店的门面、酒店文化的展示窗口、顾客进出酒店的集散地，也是酒店业务活动的枢纽。

### （一）前厅功能项目构成

前厅功能项目由以下 4 项构成：

（1）接待服务，包括总服务台、前厅办公室、大堂副理台、礼宾服务台、行李房、贵重物品保险室等。

（2）公共设施，包括顾客休息区、公共卫生间、公用电话、电梯间等。

（3）经营设施，包括商务中心、大堂吧、小商场、旅行社等。

（4）服务设施，包括PA工作间、大堂吧操作间、员工通道等。

### （二）前厅区域空间组成

前厅区域由流动空间和静止空间组成。流动空间是顾客通往酒店各功能区域的通道和空间位置。设计时应注意减少障碍，保持通畅，强化导向功能。

静止空间由总服务台、大堂副理台及顾客休息区组成。设计时应注意处于显著位置，规避流线，留下足够的活动面积。大堂副理台的位置应有利于对整个前厅和酒店大门外的情况进行观察。

大门、总服务台、电梯构成前厅最基本的布局结构，设计时应尽量避免三者间连线与前厅中轴线的交叉。

### （三）前厅面积设计应注意的问题

前厅面积取决于酒店类型、等级和规模，应以客房间数为基本单位确定。设计时应注意：酒店星级越高，前厅单项综合面积要求越高；酒店规模越大，前厅总面积要求越大；前厅面积与顾客类型关系密切。

前厅面积应因地制宜，合理设置。面积过大，影响经营收益，延长顾客行走距离，造成方向不明确性；面积过小，使用效果不佳，也影响酒店的氛围。

### （四）前厅功能项目面积分配比例

商务型酒店前厅面积分配比例如表3-10所示。

**表3-10　商务型酒店前厅面积分配比例范表**

| 功能项目 | 面积占比 | 备注 |
| --- | --- | --- |
| 总服务台 | 7.8%～8.8% | |
| 顾客活动、流动、休息区 | 46%～48% | 包括电梯间、入口 |
| 大堂吧 | 9.6%～12.7% | |
| 商场 | 5.8%～6.5% | |
| 行李房、贵重物品保管室、礼宾服务台 | 4.8%～5% | |
| 公共卫生间 | 21%～24% | |
| 服务用房等 | 上述面积之和的20%～25% | 包括员工电梯、通道、楼梯、消防监控室、储藏室等 |

## 二、客房功能设计

客房是酒店的主体，是酒店三大核心区域的重中之重，是衡量酒店档次和服务质量的标志。营造安静而不受干扰的休息、工作、学习空间，是客房设计与建设的基本要求。

### (一) 客房面积基本概念

1. 开间

开间是指客房的宽度，即客房两面墙中线到中线的距离。净开间是指客房实际宽度，不含墙体及墙面装饰厚度。

2. 进深

进深是指客房的长度，及客房前、后墙中线到中线的距离。净进深是指客房实际长度，不含墙体及墙面装饰厚度。

3. 客房单元面积

客房单元面积是指客房开间与进深之积，是客房内的所有面积，包括客房小过道、卫生间、壁橱、管道井和客房面积。

4. 客房净面积

客房净面积是指客房净开间与净进深之积减去客房小过道、卫生间、壁橱、管道井的面积。

5. 客房层面积

客房层面积是指客房每个楼层的总面积，包括一层中交通占用面积、服务工作区面积、客房外走道和休息厅面积等。

6. 每间客房的客房部分面积

每间客房的客房部分面积是指每间客房所分摊的客房层面积，是客房层面积与楼层客房间数之比。

7. 客房层平面效率

客房层平面效率是指客房单元面积之和占客房层面积的百分比。

### (二) 客房面积指标

客房面积以“标准客房”为基本单位进行空间划分。《旅游饭店星级的划分与评定》要求四星级酒店 70%的客房（不包括卫生间）和五星级酒店 70%的客房（不包括卫生间和门廊）面积在 20 平方米以上，并制定了如表 3-11 所示的评分标准。

**表 3-11　客房面积的评分标准**

| 项目编号 | 设施设备名称 | 各次分项总分 | 计分 |
|---|---|---|---|
| 4.1.1 | 70%客房的净面积（不包括卫生间和门廊） | 22 | |
| | 不小于 $40m^2$ | | 22 |
| | 不小于 $36m^2$ | | 16 |
| | 不小于 $30m^2$ | | 12 |
| | 不小于 $24m^2$ | | 8 |

续表

| 项目编号 | 设施设备名称 | 各次分项总分 | 计分 |
|---|---|---|---|
| | 不小于 $20m^2$ | | 6 |
| | 不小于 $16m^2$ | | 4 |
| | 不小于 $14m^2$ | | 2 |

为保证客房空间的舒适感，达到最经济的布局，设计时应注意：客房起居间的净开间在 3.8～4.1 米，净进深在 4.3～4.9 米。

客房楼层的走廊宽度以保证客房清洁车停靠时不影响顾客通过为原则。一般而言，走廊两侧布置客房时，走廊净宽度应保证在 1.5～1.8 米，最小不得低于 1.4 米；单侧布置客房时，走廊净宽度一般为 1.4～1.6 米，最小不得低于 1.3 米；走廊净高度不得低于 2.2 米；电梯间到走廊端客房的距离应控制在 50 米之内。

楼层客房设置比例：应根据用地情况和平面使用效率确定建筑的方式。不同形式楼层最佳客房数和利用率如表 3-12 所示。

**表 3-12　不同形式楼层最佳客房数和利用率**

| 指标 | 平面类型 | | | | | 围合式 |
|---|---|---|---|---|---|---|
| | 板式 | | 塔式 | | | |
| | 单侧排列 | 双侧排列 | 三角形 | 方形 | 圆形 | |
| 每层客房间数 | ＞12 | ＞24 | 24～30 | 15～24 | 15～24 | ＞24 |
| 平面效率（%） | 65 | ＞70 | ＜65 | 65 | 65 | ＜65 |

结合客房数与楼层服务员工人数、劳动定额等因素，建议楼层客房间数以 12～14 的倍数进行设置，每层 36～42 间最为经济、实用。客房楼层均应设置布草间、杯具消毒间、员工专用厕位。布草间面积不小于 8～10 平方米。“星评标准”中卫生间的评分标准如表 3-13 所示。

**表 3-13　卫生间的评分标准**

| 项目编号 | 设施设备名称 | 各次分项总分 | 计分 |
|---|---|---|---|
| 4.9 | 客房卫生间 | | |
| 4.9.1 | 70%的客房卫生间面积 | 10 | |
| | 不小于 $10m^2$ | | 10 |
| | 不小于 $8m^2$ | | 8 |
| | 不小于 $6m^2$ | | 6 |
| | 不小于 $5m^2$ | | 4 |
| | 不小于 $4m^2$ | | 2 |
| | 小于 $4m^2$ | | 1 |

城市酒店客房平均面积为36平方米，中档商务型酒店为33平方米，低档酒店为22平方米，度假型酒店为40平方米。

### （三）客房类型规划

不同类型的客房数量，与酒店的类型、档次、市场需求有着密切的关系。客房类型的合理分配，关系到酒店经营效益的实现程度。《旅游饭店星级的划分与评定》中，客房类型的评分标准如表3-14所示。

**表3-14 客房类型的评分标准**

| 项目编号 | 设施设备名称 | 各分项总分 | 各次分项总分 | 各小项总分 | 计分 |
|---|---|---|---|---|---|
| 4.10 | 套房 | 12 | | | |
| 4.10.1 | 至少有三种规格的套房 | | 3 | | 3 |
| 4.10.2 | 大套房要求 | | 5 | | |
| | 至少有卧室2间，会客室、餐厅、书房各1间，卫生间3间 | | | | 5 |
| | 至少有卧室2间，会客室、餐厅或书房各1间，卫生间3间 | | | | 4 |
| | 卧室、会客室、餐厅或书房各1间，卫生间2间 | | | | 3 |
| 4.10.3 | 卫生间 | | 4 | | |
| 4.10.3.1 | 布局 | | | 2 | |
| | 有供主人和来访宾客分别使用的卫生间 | | | | 2 |
| | 有由卧室和客厅分别进入的卫生间（双门卫生间） | | | | 1 |
| 4.10.3.2 | 有音响装置 | | | 1 | 1 |
| 4.10.3.3 | 有电视机 | | | 1 | 1 |

## 三、餐饮区域功能设计

餐饮区域既是酒店三大核心区域之一，也是酒店重要的创收空间。由于餐饮区域涉及因素复杂繁多，其设计与建设更应注重专业性。

### （一）餐饮区域的组成

酒店餐饮区域由中餐厅、西餐厅、饮料厅、宴会厅或多功能厅、辅助设施、厨房等部分组成。

### （二）餐饮区域功能项目面积分配比例

餐饮区域功能项目面积分配比例参考指标如表3-15所示。

表 3-15 餐饮区域功能项目面积分配比例参考指标

| 功能项目 | 占餐饮区域的面积（%） |
| --- | --- |
| 餐厅 | 5.0 |
| 客用设施（卫生间、过道等） | 7.5 |
| 厨房 | 2.1 |
| 清洗空间 | 7.5 |
| 库房 | 8 |
| 员工设施 | 4 |
| 办公室 | 2 |

## （三）餐厅面积

餐厅面积与酒店规模、等级、类型及所在地餐饮市场发展情况成正比。酒店客房数与主餐厅面积的关系如表 3-16 所示。

表 3-16 酒店客房数与主餐厅面积的关系

| 类型 | 客房数 | | | | | |
| --- | --- | --- | --- | --- | --- | --- |
| | 100 间 | 200 间 | 300 间 | 400 间 | 500 间 | 600 间 |
| 商务型酒店主餐厅面积 | 150$m^2$ | 260$m^2$ | 350$m^2$ | 450$m^2$ | 500$m^2$ | 650$m^2$ |
| 度假型酒店主餐厅面积 | 250$m^2$ | 400$m^2$ | 500$m^2$ | 600$m^2$ | 650$m^2$ | 700$m^2$ |

## （四）客房数与餐座数的关系

酒店客房数与餐座数之间的关系为：一般情况下，商务型酒店按每间客房 0.5～1 的比例配备餐座。若所在地餐饮市场发展良好，则按每间客房 1.2～1.5 的比例配备餐座。度假型酒店按每间客房 1.5～2 的比例配备餐座；以接待会议顾客为主的酒店按每间客房 1～1.5 的比例配备餐座。酒吧、咖啡厅按每间客房 0.25～0.5 的比例配备餐座。

餐座面积指标以“平方米/座”为单位，是指每个餐座以及平摊餐桌面积部分的投影面积加上其所占用的流动面积（包括顾客通道、服务通道、表演空间等）。其计算公式为：

$$\text{餐座面积指标}=\text{每个餐座投影面积}+\frac{\text{每个餐桌面积}}{\text{每桌餐座数}}+\text{平均每个餐座的流通面积}$$

## （五）宴会厅、多功能厅的设计

大型宴会厅、多功能厅的净高应保持在 4～5 米，小型宴会厅、多功能厅的净高为 2.7～3.5 米。宴会厅、多功能厅的序厅面积应按照总面积的 1/6～1/3，或者按每人 0.2～0.3 平方米计算。宴会厅、多功能厅衣帽间应设在门厅入口处，衣帽间面积按 0.04 平方米/人计算。

宴会厅、多功能厅公共卫生间配置标准如表 3-17 所示。其中，小便器占用面积每个为 0.07 米（深）×0.08 米（宽），恭桶或蹲位为（1.00～1.20）米×（0.85～1.20）米；公共卫生间内过道宽度为 1.2～1.5 米，工具间面积为 1～2 平方米。

**表 3-17 宴会厅、多功能厅公共卫生间配置标准**

| 性别 | 恭桶 | 小便器 | 洗手盆 |
|---|---|---|---|
| 男 | 1 个/100 人 | 1 个/40 人 | 1 个/150 人 |
| 女 | 1 个/50 人 | | 1 个/150 人 |

宴会厅、多功能厅应配有贵宾休息室和专门的厨房；附近应设有适当的家具储藏室，存放不用或暂时闲置的家具；另应设有服务间，提供茶水服务、杯具清理等。出入门的净宽度不小于 1.4 米，严禁使用推拉门、卷帘门、转门和折叠门。

日本酒店宴会厅、多功能厅面积指标如表 3-18 所示。

**表 3-18 日本酒店宴会厅、多功能厅面积指标**

| 多功能厅规模（$m^2$） | | 正餐宴会（$m^2$/人） | 冷餐宴会（$m^2$/人） |
|---|---|---|---|
| 小型 | 50 | 2.0～2.5 | 1.2～1.6 |
| | 100 | 1.8～2.0 | 1.2～1.5 |
| 中型 | 200 | 1.5～1.7 | 1.0～1.3 |
| 大型 | 500 | 1.2～1.5 | 0.9～1.2 |
| | 1000 | 1.0～1.5 | 0.8～1.0 |

## （六）厨房的设计

厨房的空间指标：厨房的面积影响餐厅的经营效益，确定面积是厨房规划与设计的第一步。影响厨房面积大小的因素包括餐厅类型、规模，设备的先进程度，主厨的操作方式等。厨房面积的确定除参考餐饮区域各功能项目面积分配比例指标外，还应考虑与不同类型餐厅的餐座之间的对应关系（见表 3-19）。

**表 3-19 不同类型餐厅餐座与厨房面积的对应关系**

| 餐厅类型 | 厨房面积（$m^2$）/餐座数（座） |
|---|---|
| 自助餐厅 | 0.5～0.7 |
| 咖啡厅 | 0.4～0.6 |
| 正餐厅 | 0.5～0.8 |

厨房内各加工区的面积分配与餐座的关系如表 3-20 所示。

**表 3-20 厨房内各加工区的面积分配与餐座的关系**

| 加工区 | 餐座数 | | | | | |
|---|---|---|---|---|---|---|
| | 100 座 | 200 座 | 300 座 | 400 座 | 500 座 | 600 座 |
| 主食制作间（$m^2$） | 18 | 36 | 54 | 72 | 90 | 126 |
| 主食热加工间（$m^2$） | 30 | 54 | 84 | 108 | 140 | 180 |
| 副食粗加工间（$m^2$） | 12 | 18 | 30 | 42 | 54 | 72 |
| 副食细加工间（$m^2$） | 24 | 36 | 60 | 72 | 96 | 130 |

续表

| 加工区 | 餐座数 | | | | | |
|---|---|---|---|---|---|---|
| | 100座 | 200座 | 300座 | 400座 | 500座 | 600座 |
| 副食烹调间（$m^2$） | 36 | 60 | 96 | 120 | 156 | 200 |
| 副食特殊加工间（$m^2$） | 12 | 24 | 36 | 48 | 60 | 84 |
| 凉菜间（$m^2$） | 18 | 30 | 48 | 60 | 78 | 100 |
| 备餐间（$m^2$） | 18 | 36 | 54 | 74 | 100 | 140 |
| 洗涤、消毒、存放区（$m^2$） | 12 | 24 | 42 | 48 | 66 | 84 |
| 辅助部分（$m^2$） | 45 | 80 | 120 | 160 | 200 | 288 |
| 厨房净高度（$m^2$） | 3.2～3.8m | | | | | |

要处理好厨房与餐厅的关系，原则上厨房与餐厅应处于同一层面，中间通道应无阶梯，备餐间到最远餐桌的距离控制在40米之内。餐厅与厨房之间应采取有效的隔音、隔味、隔烟措施。过厅门应使用双扇双向弹簧门，既可利用通道、备餐间和过厅门之间的建筑隔墙形成自然转折，也可采用风幕墙的办法形成良好的“三隔”效果。

## 四、会议功能设计

提供会议设施是高星级酒店重要的服务功能。会议设施的规划必须根据酒店的星级和类型，结合酒店总体功能布局，合理设计流线、规模和完善相关配套设备。

### （一）会议空间要求

原则上，四星级酒店应设置适宜的会议场所，小会议室不得少于2个。四星级以上酒店应配备专业会议厅，小会议室不得少于4个。

### （二）专业会议厅的面积

四星级酒店专业会议厅的面积不小于240平方米，或以客房床位数为基准，按照0.9～1.0平方米/人的比例设置。五星级酒店专业会议厅的面积不小于400平方米，或以客房床位数为基准，按照0.9～1.0平方米/人的比例设置。

### （三）会议中心位置

会议中心应设在低楼层，便于人流疏散。会议中心应有美观、清晰的导向系统和图文标志，方便参会者寻找。400人以上的会议厅应配置位置合理、数量充足的公共卫生间。会议中心公共卫生间配备标准如表3-21所示。

**表3-21 会议中心公共卫生间配备标准**

| 性别 | 恭桶 | 小便器 | 洗手盆 |
|---|---|---|---|
| 男 | 1个/50人 | 1个/25人 | 1个/150人 |
| 女 | 1个/50人 | | 1个/150人 |

### （四）专业会议厅设计要求

专业会议厅应具有足够的照度，灯光要分区控制，亮度可调节；具有良好的隔音、遮光效果；配有贵宾休息室，且靠近主席台，专用门与主席台连接；装修豪华，照明充足，具有浓郁的文化特色；配有专用卫生间。

应设置两道出入门，出入门的净宽度不小于 1.4 米，严禁使用推拉门、卷帘门、转门和折叠门。附近应设计相对独立的顾客休息空间，用于顾客会间休息及提供茶歇服务。应考虑吸烟区域的分隔。

# 项目三　酒店设备与设施规划

## 一、酒店工程设备的规划

酒店工程设备种类繁多，包括供水、排水、供电、空调系统、电梯系统、智能管理系统等。工程设备是酒店的“心脏”，为酒店的运行提供动力，对其进行科学规划十分重要。

### （一）智能管理系统的设计

1. 智能化系统

智能化系统是指综合运用现代计算机技术、现代控制技术、现代通信技术和现代图形显示技术，采用先进的分布式信息与控制理论设计的集散型系统。它需要在酒店内建立一个综合计算机网络系统，将酒店的设备自控系统、通信系统、商业管理系统、办公自动化系统、智能卡系统和多媒体音像系统集成为一体化的综合计算机管理系统，从而实现对酒店建筑整体的全面管理、监视和控制。智能化系统包括：

（1）设备方面：空调、供热、给排水、变配电、照明、电梯、消防、卫星电视、闭路电视监控、防盗报警、出入口控制、巡更管理。

（2）经营方面：酒店管理、财务结算、停车场收费、咨询、购物引导。

（3）通信方面：内部通信、语音通信、数据通信、图形图像通信。

（4）办公自动化方面：计算机终端、打印机、复印机、传真机等。

2. 酒店经营管理系统

酒店经营管理系统包括前台系统、后台系统及扩充系统。前台系统的主要功能有：

预订、房态显示、入住登记、账单汇总、客账结算、留言指示、客史档案等。后台系统的主要功能有：酒店管理系统、人事管理系统、办公自动化、财务管理、库房管理等。扩充系统的主要功能有：电话自动收费、智能化客房控制系统、工程设备控制系统、收银系统、互联网预订系统等。

3. 通信系统

通信系统是指电话通信系统和互联网通信系统。电话通信系统由交换设备、传输系统和电话机、传真机、语音信箱等终端设备组成。酒店交换设备的容量按总客房数的2～3倍计算，中继线对数一般为交换设备容量的10%～20%。酒店交换设备应配备能与计算机连接的PMS接口，实现系统查询、电话费结算、客房分机锁定、服务员通过房间电话修改房态、客房酒水记账等功能。互联网通信系统通过先进的组网技术，提供酒店区域或客房区域的网络连接服务。

4. 消防控制系统

先进的消防控制系统包括以下设备：集中火灾报警控制装置，建筑内消火栓系统的控制装置，自动喷水灭火系统的控制装置，卤代烷、二氧化碳及泡沫灭火系统控制装置，水幕系统，防火门、防火阀、防火卷帘门控制装置，空调、防排烟设备控制装置，电梯控制装置，火灾事故广播及消防通信设备控制装置，电子计算机记录数据库控制装置。安全保卫监视系统包括：完备的全酒店电视监控系统、主要部位的防盗报警系统、门禁管理系统、巡更系统、周界防范系统、内部对讲及监听系统。

### （二）酒店供配电系统的设计

酒店必须具备可靠的、大功率的电力供应系统，负荷等级依照国家相关规定。通常情况下，四星级酒店最低应采用双回路电源配备或采用稳定供电回路，另配备发电机组供电的“双电源”方案。五星级酒店应采用双回路电源，另配备发电机组供电的“三电源”方案。《旅游饭店星级的划分与评定》中，应急供电系统的评分标准如表 3－22 所示。

**表 3－22 应急供电系统的评分标准**

| 项目编号 | 设施设备名称 | 各分项总分 | 计分 |
| --- | --- | --- | --- |
| 2.8 | 应急供电 | 5 | |
| 2.8.1 | 应急供电系统（指两路以上供电） | | 2 |
| 2.8.2 | 自备发电设备 | | 2 |
| 2.8.3 | 应急照明设施 | | 1 |

酒店应采用10千伏高压供电，使用电压一般为220伏/380伏，即变压器副边电压为0.4千伏/0.23千伏，自备发电机组配出电压也应为0.4千伏/0.23千伏。两路高压电源应采用同一电压。

“三电源”方案中，供电方案和变配电设备应按100%的备用来考虑。变压器容量应留有余地，有效负载率不得低于50%。自备发电机组的容量为变压器总容量的10%～20%，市电断电后，发电机组应在10秒内完成切换，30秒内达到额定电压。市电复原后，应继续运行3～5分钟，待确认市电正常后才能停机。

为减少昼夜供电电压波动和负荷高峰所引起的电压波动，应考虑采用有载调压器对照明和电梯类设备进行供电。用电负荷的分类为：照明类，占酒店用电设备容量的25%～30%，年用电量的40%～50%；制冷及空调类，占酒店用电设备容量的40%～50%，年用电量的25%；动力类，占酒店用电设备容量的20%～25%；弱电类，负荷不高，但可靠性要求高，其中计算机房、电话总机应采用UPS（不间断电源）供电方式，电话总机应配备蓄电池组作为备用，蓄电池容量应能保证总机连续工作7～8小时。

### （三）空调系统的设计

《旅游饭店星级的划分与评定》中，空调系统的评分标准如表3-23所示。

**表3-23　空调系统的评分标准**

| 项目编号 | 设施设备名称 | 各分项总分 | 各次分项总分 | 计分 |
|---|---|---|---|---|
| 2.7 | 空调系统 | 9 | | |
| 2.7.1 | 类型 | | 5 | |
| | 四管制中央空调系统 | | | 5 |
| | 两管制中央空调系统 | | | 3 |
| | 无中央空调系统，但客房、餐厅及公共区域采用窗式、分体式或柜式空调 | | | 1 |

中央空调主机功率的测算可参考以下方式。餐厅、大厅：单位面积制冷负荷约155瓦/平方米（180瓦×0.86）；娱乐区域：单位面积制冷负荷约215瓦/平方米（250瓦×0.86）；客房、包间：单位面积制冷负荷约103瓦/平方米（120瓦×0.86）。

计算时，将酒店各区域实际面积分别乘以对应区域的单位制冷负荷，相加后就能得出中央空调主机的估算功率。

### （四）酒店给排水工程的设计

酒店生活给水方式通常分为高位水箱供水、水泵气压罐供水和变频水泵供水三大类，酒店应根据自身实际情况选择给水方式。

一般情况下，客房用水标准应不低于如表3-24所示的标准。

**表3-24　客房用水标准**

| 项目 | 二、三星级酒店 | 四星级酒店 | 五星级酒店 |
|---|---|---|---|
| 用水标准（L/床·日） | 250～300 | 300～350 | 350～400 |

对于建筑面积超过20 000平方米的酒店，一般应设置中水处理系统，即将洗澡、洗脸、洗衣后的废水集中到废水箱，经处理用作便池、恭桶冲洗用水。

酒店热水供应系统由热源、加热设备和热水管网组成，一般分为间断热水供应、连续热水供应两种形式。三星级以上酒店应采用连续热水供应的形式。为保证用水时段的热水温度与到位速度，高星级酒店的热水供应系统应设计为循环系统，热水循环系统应为同程式。三星级以下及五层建筑以下的酒店可采用总管循环、支管不循环的热水供应系统。

酒店大型热水供应系统中，为控制热水温度，应增加自动调温装置。自动调温装置分为直接作用式和间接作用式两种。间接作用式工作可靠，大小规模的酒店均适用。酒店在用热水量均匀的地方，如室内游泳池、热水采暖等的加热装置，可采用快速式热交换器。

### （五）员工设施的设计

《旅游饭店星级的划分与评定》中，员工设施的评分标准如表 3－25 所示。

**表 3－25　员工设施的评分标准**

| 项目编号 | 设施设备名称 | 各大项总分 | 各分项总分 | 计分 |
|---|---|---|---|---|
| 8 | 员工设施 | 7 | | |
| 8.1 | 员工食堂 | | 2 | |
| | 有独立的员工食堂，氛围良好，菜品丰富 | | | 2 |
| | 有独立的员工食堂 | | | 1 |
| 8.2 | 有独立的更衣间 | | 1 | 1 |
| 8.3 | 有员工浴室 | | 1 | 1 |
| 8.4 | 有倒班宿舍 | | 1 | 1 |
| 8.5 | 有员工专用培训教室，配置必要的教学设施和设备 | | 1 | 1 |
| 8.6 | 有员工活动室 | | 1 | 1 |

员工食堂的面积计算公式为：

员工食堂面积（$m^2$）＝0.9$m^2$/餐座×员工总人数×70%/周转率（次）

通常，周转率按 3 次计。

员工更衣间面积按照 0.7 平方米/人计算。每个员工应配备一个带锁更衣柜，尺寸为宽 0.25 米、深 0.30 米、高 1.2～1.4 米。与更衣间相连应设淋浴间、卫生间、盥洗台等，面积为更衣间面积的 20%～30%。

员工设施应相对集中，靠近酒店员工进出口通道。员工区域应装修整洁、明亮，管理有序，清洁卫生。四星级以上酒店应设置员工专用电梯。员工区域应成为酒店企业文化的建设平台。

## 二、酒店主要设施档次的界定

### （一）石材档次的界定

界定石材档次通常依据两个因素：一是品种，二是加工和铺设技术。

优质大理石或花岗石是指品种稀少、色泽独特、华丽富贵、材质硬度高、加工技术优良、规格尺寸大于600毫米×600毫米的大理石或花岗石。安装后整体平整、光洁，对缝整齐均匀，色彩统一。

普通石材品种较多见，色彩普通，材质一般，加工技术平常，规格尺寸较小，一般在600毫米×600毫米以内，光洁度较差，对缝较粗，有一定色差。

### （二）木地板档次的界定

优质木地板通常是指经脱水、脱脂、烘干处理过的木地板，品种一般包括硬度较高的木材，如柏木、榉木、橡木、胡桃木等。

### （三）墙纸档次的界定

高档墙纸一般是指墙纸表面图案、肌理或材质富贵华丽，有艺术品位，适宜营造所需要的特定艺术氛围的墙纸。

### （四）灯具档次的界定

灯具档次分为豪华灯具、高级灯具和普通灯具。

豪华灯具是指设计师为酒店前厅专门设计的装饰灯具，新颖、具有时代感，采用一些贵重材料（如镀金、贴金、水晶等），制作工艺精良，造型美观，现场组装，有较强的装饰效果。

高级灯具是指设计师根据酒店前厅需要，在市场上众多较好灯具中选择一些用料考究、加工精细、装饰性较强的灯具并做些局部修改，使其具有一定豪华装饰效果的灯具。

普通灯具是指市场批量生产的，在一定时期内普遍流行的时尚装饰灯具。

### （五）客房家具档次的界定

目前，酒店的家具已很少采用全实木制作，通常以人造板作基层，如写字台、电视柜、行李柜、床头柜、茶几等平整的台板和立面部分，而使用实木作收边和脚、腿等支撑或独立部分。客房家具档次通常分为优质家具、中档家具和普通家具。

优质家具是指选用经脱脂、高温烘干处理过的树榴木、红影木、白影木、胡桃木、柚木、花梨木等优质实木和夹板为主，基材以台面合成实心厚度达到28～30毫米的细木工板或高密度板制作的家具。

中档家具选用山毛榉、白松、橡木、白木、水曲柳等实木，以普通木工板、纤维板及紧密型刨花板为基材，台面合成厚度为28～30毫米。

普通家具所用基材为普通刨花板或内衬木架，而拉手、软包面料也均为普通提花布或化纤面料。

### （六）面盆档次的界定

实际容量大于 10 升，釉面光泽度好的陶瓷花边面盆、玻璃面盆等为高级面盆。容量低于 10 升的面盆为普通面盆。

### （七）浴缸档次的界定

浴缸档次分为高级、普通两档。

高级浴缸所用材料多为铸铁搪瓷缸，为带裙边或用好的石材装砌而成，尺寸在1 700 毫米×700 毫米以上，水容量大于 200 升。

普通浴缸多数采用钢板搪瓷、树脂纤维复合板作材料，为无裙边缸或用普通瓷砖装砌，尺寸在 1 700 毫米×700 毫米以下，水容量大于 200 升。

### （八）恭桶档次的界定

酒店应使用低噪声恭桶，即冲洗出水噪声不超过 55 分贝，峰值不超过 65 分贝，除正常水流声外，抽水时无特别的声音。通常为连体式，必须是节水型产品。

高级恭桶规格为加长型、连体、喷射虹吸式恭桶，出水噪声小于 55 分贝。普通型恭桶为分体式或常规造型，一般水箱出水噪声大于 55 分贝。

### （九）地毯档次的界定

优质地毯耐磨、抗压、易清洗，抗静电，耐火，图案、色彩均佳，以长纤尼龙、尼龙与其他纤维混纺类地毯为主。

普通地毯是指耐磨、抗压、易清洁，抗静电、耐火等特性明显低于优质地毯，且价格中低，安装辅料及工艺一般的地毯。

地毯纤维性能比较如表 3－26 所示。

**表 3－26　地毯纤维性能比较表**

| 纤维 | 尼龙 | 羊毛 | 丙纶 | 涤纶 | 腈纶 |
|---|---|---|---|---|---|
| 耐磨性 | 优 | 差 | 良 | 中 | 中 |
| 回弹性 | 优 | 优 | 差 | 差 | 差 |
| 可清洁性 | 良 | 差 | 差 | 良 | 中 |
| 耐尘性 | 优 | 良 | 差 | 良 | 中 |
| 耐污性 | 优 | 中 | 优 | 优 | 中 |
| 抗静电性 | 良 | 良 | 良 | 良 | 良 |
| 阻燃性 | 良 | 良 | 差 | 差 | 差 |
| 防霉蛀性 | 优 | 良 | 优 | 优 | 优 |
| 图案可选性 | 优 | 良 | 中 | 中 | 中 |

### （十）对设施的环保要求

酒店的家具、石材、木材和装修材料等必须使用环保材质，以减少污染，形成良好的空间环境。

### （十一）窗帘安装要求

酒店应配备外窗帘和里窗帘双层窗帘。

外窗帘的作用是防止阳光暴晒并起到一定的遮挡作用，面料一般为薄型和半透明织物，有针织和机织两大类，花型色调基本以白色为主，也可以采用淡蓝、淡绿、奶白、浅咖、浅蓝、浅米黄、浅湖绿等。

里窗帘要求不透明，有隔热、遮光、吸音等性能，一般以中厚织物为主，所使用的原料有棉、麻及各种纤维混纺，质地及图案讲究，悬垂性好。

窗幔、窗帘附料和附件应配套完善。窗幔是装饰窗帘必不可少的部分，一般与里窗帘用同一面料制作，要求线条柔和流畅，配有精美的窗帘杆，两端应设计为精致豪华的艺术造型。窗帘附料有窗圈、帘襟带、帘襟衬布、饰带、饰穗和配重物（圆形金属重物或铅粒绳）。窗帘附件有各种挂钩、掀帘用的挽带、帘栓和掀帘饰纽、拉帘用的张力装置和拉帘手柄等。窗帘的安装应达到密闭、平整、灵活、便于开闭的要求。

## 模块小结

酒店的建筑设计是一门综合性的学科，需要根据酒店经营、管理和服务的特点，按照《旅游饭店星级的划分与评定》和《民用建筑设计统一标准》的相关准则，结合酒店行业的发展趋势，对酒店的功能布局进行全面的规划。

酒店面积分配规划是指按照酒店等级、类型、管理服务的运作要求以及顾客的消费活动规律，对酒店内外建筑设施进行科学、合理的空间分割。酒店环境设计是指按照酒店的特性和美学、人体工学、心理学等基本原理对酒店色彩、灯光、音控、温度、空气质量等环节所进行的规划与管理。

前厅、客房和餐饮区域是酒店的三大核心服务区域，对它们的功能布局、面积分配、项目组合、装修风格、产品舒适度、设施设备配置等环节进行专业的设计，有利于满足顾客不断提升的消费需求，有利于提升酒店的竞争力。

## 同步练习

### 一、问题思考

1. 什么是酒店的有收益面积比？
2. 酒店公共区域设计需要考虑哪些功能？
3. 酒店环境设计需要考虑哪些方面的内容？
4. 酒店前厅设计需要考虑哪些功能？
5. 酒店客房设计需要考虑哪些功能？

6. 酒店餐饮区域设计需要考虑哪些功能？

**二、课堂交流**

以3～4人的小组为研究单位，通过实地考察酒店，进行以下问题的研究，做出调研报告，编制PPT文件，在课堂上交流分享。

1. 选取本地某一家酒店，进行酒店前厅功能设计的评析。

2. 选取本地某一家酒店，进行酒店客房室内设计的评析。

## 实例参考

### 中国五星级旅游饭店必备项目检查

中国五星级旅游饭店必备项目检查如表3-27所示。

**表3-27　中国五星级旅游饭店必备项目检查表**

| 序号 | 项　目 | 是否达标 |
|---|---|---|
| 1 | 总体要求 | |
| 1.1 | 应符合本文件第5章、第6章、第7章、第8章、第9章的相关要求 | |
| 1.2 | 建筑物外观和结构应具有高品质，饭店功能、空间布局合理 | |
| 1.3 | 内外装修应采用优质材料，符合环保要求，工艺精致，整体氛围协调，风格突出 | |
| 1.4 | 各种指示用和服务用文字应至少用规范的中文及第二种文字同时表示。导向系统的设置和公共信息图形符号应符合GB/T 15566.8和GB/T 10001.1、GB/T 10001.2、GB/T 10001.4、GB/T 10001.9的规定 | |
| 1.5 | 应有中央空调（独立院落式饭店或特殊气候地区的饭店除外），温度适宜，各区域通风良好 | |
| 1.6 | 应有功能齐全、前后台联网、运行有效的计算机管理系统，有独立的官方网站或互联网主页，并能够提供网络预订服务 | |
| 1.7 | 应有移动通信信号及无线网络，覆盖客房及公共区域 | |
| 1.8 | 应有公共音响转播系统。背景音乐曲目、音量与所在区域和时间段相适应，音质良好 | |
| 1.9 | 应定期维护保养设施设备，确保其安全有效运行 | |
| 1.10 | 应有健全的管理制度、操作程序与服务规范 | |
| 1.11 | 员工应着工装，工装设计专业、做工精致 | |
| 1.12 | 员工应训练有素，能用普通话提供服务。对客服务岗位员工能用一门外语提供服务，必要时用第二种外语提供服务 | |
| 1.13 | 应有系统的员工培训计划和制度，有专业教材、专职培训师及专用培训场所和设施，并有培训记录 | |
| 2 | 前厅 | |
| 2.1 | 应功能划分合理，空间效果良好 | |

续表

| 序号 | 项　目 | 是否达标 |
|---|---|---|
| 2.2 | 装饰设计应有整体风格，装修精致，色调协调，光线充足，整体视觉效果和谐 | |
| 2.3 | 前厅接待台（区）应位置合理，接待人员应24h提供接待、问询、结账、留言服务，并能提供总账单结账（信用卡结算、现金结账、电子支付）服务 | |
| 2.4 | 应专设行李寄存处，配备专用行李车 | |
| 2.5 | 应提供饭店介绍、服务项目、客房价格信息和所在城市的旅游、文化娱乐信息 | |
| 2.6 | 门厅及主要公共区域应有无障碍出入坡道，配备轮椅，有无障碍专用卫生间或厕位，为残障人士提供必要的服务 | |
| 2.7 | 应24h接受网络、电话或传真等渠道的客房预订 | |
| 2.8 | 应有24h在岗的专职安保人员 | |
| 2.9 | 应有专职人员16h提供迎宾服务，24h提供行李服务 | |
| 2.10 | 应协助提供出租车叫车服务 | |
| 2.11 | 应有管理人员24h在岗值班并处理宾客关系 | |
| 2.12 | 应提供礼宾服务 | |
| 3 | 客房 | |
| 3.1 | 应有至少50间（套）可供出租的客房 | |
| 3.2 | 应有大床房、双床房、无障碍客房、两种以上规格的套房（非连通房），至少有3开间的大套房 | |
| 3.3 | 应装修优良，具有良好的整体氛围。应有舒适的软垫床、床头柜、写字台、座椅或沙发、茶几、全身镜、衣橱及衣架、行李架，配套齐全。客房应有贵重物品保险箱。室内满铺高级地毯，或优质木地板或其他优质材料。采用目的物照明和装饰照明，照明充足 | |
| 3.4 | 客房门应能自动闭合，应有门窥镜、门铃及防盗装置，客房内应在规定位置张贴应急疏散图。应有“请勿打扰”“请即打扫”含义的显示灯或提示牌 | |
| 3.5 | 应有装修精致的卫生间，温度与客房无明显差异。有高级抽水马桶、洗手台（配备面盆、梳妆镜和必要的盥洗用品）、浴缸及淋浴间，配备有效的防溅、防滑设施，至少50%客房配备浴缸。采用优质建筑材料装修地面、墙面和天花。采用目的物照明。有无噪声的排风设施。有安全的电源插座、电话副机和吹风机。24h供应冷、热水，水龙头有冷热标识 | |
| 3.6 | 应有饭店服务常用按键指示的电话分机 | |
| 3.7 | 应有电视机。播放频道至少24个，有外语频道。有频道目录，频道顺序有编辑 | |
| 3.8 | 应有背景音乐，音量可调 | |
| 3.9 | 应有防噪声及隔音措施 | |
| 3.10 | 应有纱帘及效果良好的遮光窗帘，方便开闭 | |
| 3.11 | 应有两处及两种规格供宾客使用的电源插座，并可提供插座转换器，有不间断电源 | |
| 3.12 | 应有与本星级相适应的文具用品。配有服务指南和住宿须知 | |

续表

| 序号 | 项　目 | 是否达标 |
| --- | --- | --- |
| 3.13 | 床上用棉织品（床单、枕芯、枕套、被芯、被套及床衬垫）及卫生间针织用品（浴巾、浴衣、面巾、地巾）应材质优良。可应宾客要求提供多种规格枕头 | |
| 3.14 | 客房、卫生间应每天全面清理一次，每客或应宾客要求更换床单、被套及枕套，客用品和消耗品补充齐全（不主动提供一次性塑料用品），并应宾客要求进房清理 | |
| 3.15 | 应宾客要求提供开夜床服务 | |
| 3.16 | 应有微型酒吧和小冰箱，配置适量的酒水及小食品，备有饮用器具和价目单。免费提供茶叶或咖啡。提供冷热饮用水，应宾客要求提供冰块 | |
| 3.17 | 应提供客衣干洗、湿洗、熨烫服务，24h内交还宾客，提供加急服务 | |
| 3.18 | 应24h提供送餐服务。有送餐菜单和饮料单，送餐菜式品种至少8种，饮料品种至少4种，有可挂置门外的送餐牌（含其他形式）。送餐车应有保温设备 | |
| 3.19 | 应提供自动和人工叫醒及语音信箱服务 | |
| 3.20 | 应备有擦鞋用具，并提供擦鞋服务 | |
| 4 | 餐厅及吧室 | |
| 4.1 | 各餐厅及吧室应布局合理、设计专业、空气清新，温度适宜 | |
| 4.2 | 应有装饰优良、氛围浓郁的中餐厅，配有专门厨房 | |
| 4.3 | 应有位置合理、格调高雅的全日制餐厅，提供多种类、高品质的自助早餐，提供西式正餐（有西餐厅除外）。配有专门厨房，营业时间至少16h | |
| 4.4 | 应有小宴会厅或包房，提供宴会服务 | |
| 4.5 | 应有专门的酒吧或茶室 | |
| 4.6 | 餐具应成套配置，材质优良 | |
| 4.7 | 菜单及饮品单（含电子形式）应设计专业，内容清晰 | |
| 5 | 厨房 | |
| 5.1 | 应位置合理、布局科学 | |
| 5.2 | 厨房与餐厅之间，应有隔音、隔热和隔味措施。进出门应分开并能自动闭合 | |
| 5.3 | 墙面应满铺瓷砖或其他防油污功能的材料，应用防滑材料满铺地面，有排水设施 | |
| 5.4 | 冷菜间、面点间应独立分隔，有足够的冷气设备 | |
| 5.5 | 冷菜间应有空气消毒设施，二次更衣场所及设施 | |
| 5.6 | 粗加工间与其他操作间应隔离，各操作间温度适宜 | |
| 5.7 | 洗碗间应位置合理，紧邻厨房与餐厅出入口，配有洗碗和消毒设施 | |
| 5.8 | 应有必要的冷藏、冷冻设施，生熟食品及半成食品分柜置放。有干货仓库 | |
| 5.9 | 应有专门放置临时垃圾的设施并保持其封闭，排污设施（地槽、抽油烟机和排风口）保持畅通清洁 | |
| 5.10 | 应有食品化验室或留样设施及送检机制 | |
| 6 | 会议及康体设施 | |

续表

| 序号 | 项　目 | 是否达标 |
|---|---|---|
| 6.1 | 应有两种规格的会议厅，有多功能厅，配备相应的设施并提供专业服务 | |
| 6.2 | 应有康体设施，布局合理，提供相应服务 | |
| 7 | 公共及其他区域 | |
| 7.1 | 室外环境应整洁美观，有绿色植物 | |
| 7.2 | 后台区域应设施完好，前后台的衔接合理，通往后台的标识清晰 | |
| 7.3 | 应有导向清晰的回车线路，有与饭店规模相适应的停车场，有无障碍停车位 | |
| 7.4 | 3层以上（含3层）建筑物应有数量充足的高质量客用电梯，轿厢装饰高雅，梯速合理，通风良好。应有数量、位置合理的服务电梯 | |
| 7.5 | 各公共区域均应有男女分设的间隔式公共卫生间，整洁卫生，通风良好，温度适宜 | |
| 7.6 | 应提供商务设施及服务（电脑、复印、打印、手机充电） | |
| 7.7 | 应有应急照明设施和应急供电系统 | |
| 7.8 | 公共区域应有闭路电视监控系统 | |
| 7.9 | 走廊及电梯厅地面应满铺地毯或其他优质材料，有装修装饰，温度适宜、通风良好、光线适宜 | |
| 7.10 | 应有充足的员工生活和活动设施 | |
| 是否达标 | | |

# 模块四 酒店的组织模式

学习目标

**知识目标**

- 熟悉酒店组织结构的类型与层次
- 了解酒店的机构与岗位
- 知晓酒店组织结构变革的趋势

**能力目标**

- 能解释直线制、直线职能制和事业部制三种酒店基本组织结构类型的长处和短处
- 能分析酒店采用扁式和葫芦形组织结构的必要性
- 能说明影响酒店组织模式的主要因素

**素养目标**

- 通过对酒店组织模式的学习，能够提升人际沟通的意识与主动性，进而增强社交素养

# 项目一 酒店组织结构的类型

酒店的组织结构，是指酒店企业为了达到经营目标，把必须做的各项业务活动进行分类和分层，形成职位（或职务）结构，赋予各个职位（或职务）恰当而明确的责任和权限，规定相互之间协调的关系，从而形成的一种人际结构。通常，酒店的组织结构可分为直线制、直线职能制和事业部制 3 种基本类型。

## 一、直线制

直线制组织结构（见图 4－1）又称军队式结构，其特点是：从最高管理层到基层，自上而下建立垂直领导关系，不专门设立职能机构，形同直线。

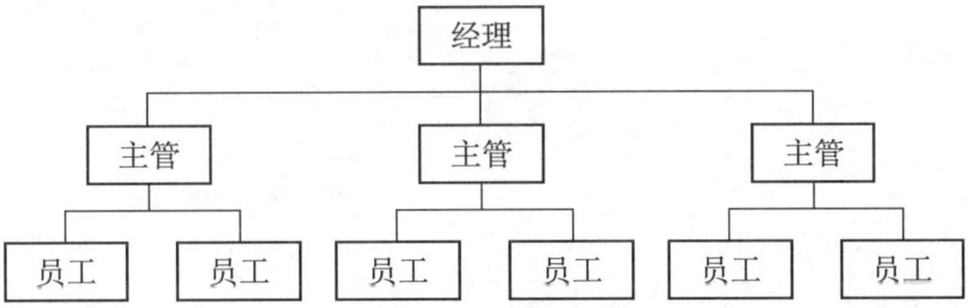


**图 4－1　直线制组织结构**

直线制组织结构的优点是：指挥统一、责任明确、信息沟通迅速、工作效率高。但由于没有专业分工，要求企业经营管理者是“全能型”人才，有关经营管理的各项工作都要亲自处理。在企业规模大、业务繁重的情况下，企业经营管理者从时间、精力到专业知识上，都很难适应提高经营管理效率的要求。因此，直线制组织结构只适用于小型酒店。

## 二、直线职能制

直线职能制组织结构（见图 4－2）是将指挥统一化原理和分工专业化原理有机结合起来的组织形式。这种组织结构的特点是：将经营管理机构和人员分为两大类，一类是直线指挥人员，拥有对下级指挥和命令的权力，并对主管工作全面负责；另一类是参谋和助手，有对业务部门实行指导和控制的权力，但无权直接对下级发布命令、进行指挥。这种组织结构既有指挥统一化的好处，又有分工专业化的长处，比较适合大中型酒店。

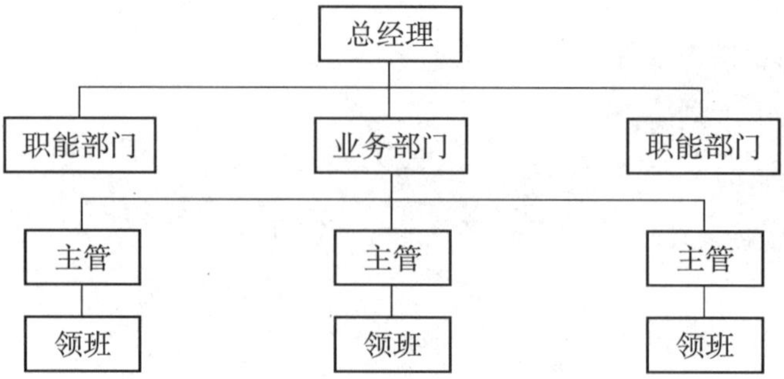


**图 4-2　直线职能制组织结构**

这种组织结构的缺点是：权力高度集中，下级缺乏必要的自主权，各直线指挥系统之间沟通较少，协调比较困难，难以从企业内部培养提拔掌握全面情况的经营管理人员。

## 三、事业部制

事业部制组织结构（见图 4-3）又称分权结构，其基本特点是：按产品大类或地区的不同设立事业部，各个事业部在公司统一领导下实行独立核算，自负盈亏；统一管理所属产品或地区的业务活动，是有相当自主权的“自治单位”。事业部制组织结构是一种适用于大型酒店和集团化连锁经营的企业组织形式。

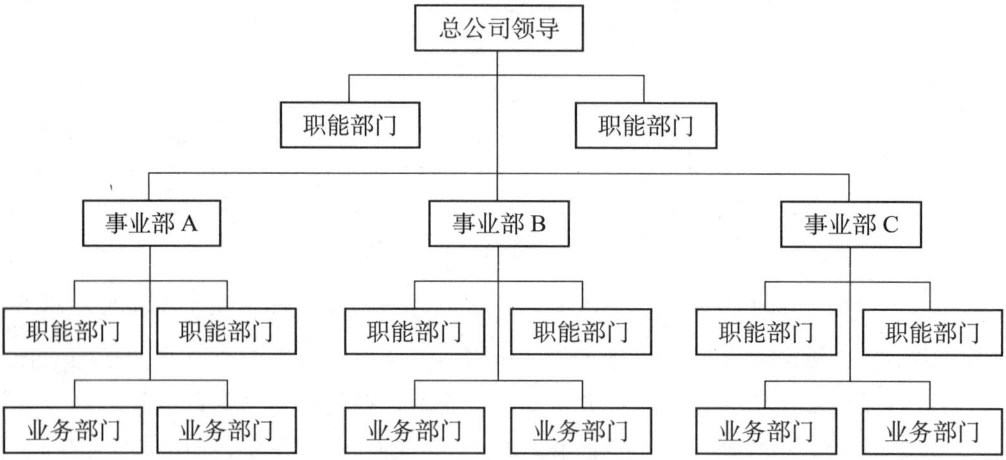


**图 4-3　事业部制组织结构**

事业部制组织结构实行“政策制定与行政分开”的原则，最高经营管理层主要负责研究和制定各项政策，制定总目标和长期计划，并对各事业部的经营、人事和财务实行监督，不管日常的具体行政事务；各个事业部在既定的政策、目标和计划的控制和指导下从事业务活动，并根据需要建立自己的经营管理职能部门。

事业部制组织结构的优点是：有利于发挥各个事业部的积极性和主动性；有利于最高经营管理层摆脱日常事务，集中精力于重大问题的研究上；有利于将联合化与专业化结合起来。其缺点是：不利于各事业部之间的横向联系，容易产生本位主义，影响各部门之间的合作，忽视长远和整体利益；容易造成机构重叠，经营管理人员增多，经营管理费用增高。

在各种类型的酒店组织结构中，从上到下可以分为 3 个管理层，即决策管理层、职能管理层和基础管理层（见图 4-4）。

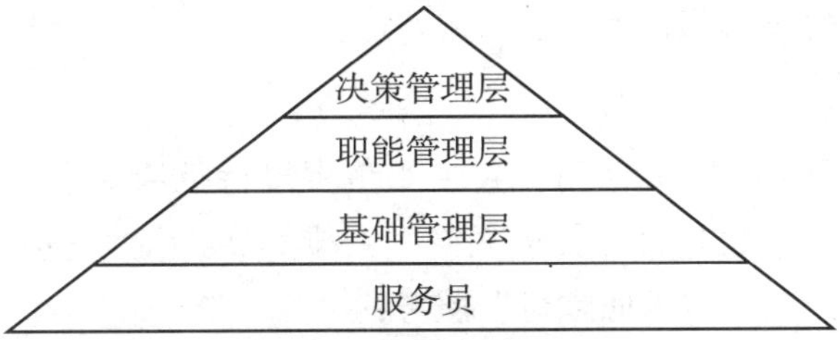


**图 4-4 酒店组织管理层次**

决策管理层又称最高管理层，成员由酒店企业的总经理及其助手组成。他们是站在酒店企业整体立场上，对酒店企业进行全面、综合管理，负责对酒店企业经营管理活动进行全局性策划和指挥的管理层（或称领导层）。职能管理层又称专业管理层，他们是处于决策管理层和基础管理层之间的管理层，承担各自专业职能的管理职责。对于决策管理层而言，职能管理层是参谋和助手；对于基础管理层而言，职能管理层则起着指导、控制、监督和协调的作用。基础管理层包括执行管理层和作业管理层，这两层的成员位于酒店经营管理的基层，是直接面对一线员工进行管理的人员。

# 项目二 酒店组织机构的设置

典型酒店的机构设置，一般分为营业部门和职能部门两大类。由于酒店提供的服务日益多样化，许多大型酒店还设有其他综合服务部门。一般来说，酒店部门的设置，是根据顾客在酒店内的活动特点及酒店经营管理的需要决定的，各部门均有其特定的业务范围及职责。

## 一、营业部门

酒店营业部门是与酒店的日常经营活动相关，并直接为宾客提供产品和服务的业务部门。酒店营业部门又称营业创利部门，主要包括前厅部、客房部、餐饮部。

### （一）前厅部

前厅部位于酒店的大厅，是酒店的“神经中枢”，业务工作贯穿宾客与酒店接触和交易的全过程。酒店服务和管理水平的高低，一般都反映在前厅部的迎送接待工作方面。因此，前厅部又被称作酒店服务与管理的“橱窗”，前厅部人员在宾客心目中是“酒店的代表”。

前厅部的主要机构及其职责是：

1. 接待处

接待处在前厅部是最显眼的部门。它主要负责接待抵店要求住宿的宾客，办理宾客住店手续，开房登记、分配客房，负责联络、安排宾客接待等事项。同时，接待处也会为宾客提供“临时预订”和“返回预订”服务。

2. 问询处

问询处负责回答宾客关于酒店的服务、设施、交通、游览、购物等方面的问题，为顾客提供信息，代办顾客委托的事项，处理顾客的留言。

3. 行李处

行李处负责迎送宾客，代客搬运行李，陪客进房，介绍客房设备、酒店服务项目及其位置，并为顾客提供行李寄存和托运服务，代客预订出租车。

4. 电话总机

电话总机负责及时、快速、准确地为顾客提供信息服务，包括：转接市内电话，承办国内外长途电话业务；为顾客提供问询和叫醒服务；通告紧急事件等。

5. 收银处

收银处归属酒店财务部，但工作地点在前厅，负责对顾客费用账目进行分类和收银结账。顾客在住店期间产生的各项服务费用，均由收银处负责收取。收银处必须经常同一切有宾客消费的部门收款员联系，催收核实账单。同时，收银处还要在夜间审核酒店的营业收入，制作营业收入报表。

6. 大堂副理

大堂副理一般每天 24 小时在大厅值班，随时为顾客排忧解难，处理顾客的要求及投诉。由于大堂副理可以协调各部门的工作，代表酒店处理日常发生的事件，因此有些酒店把大堂副理归在前厅部，职务相当于前厅部副经理或主管，有些大堂副理则直属酒店管理机构管辖。

前厅部机构的设置应根据酒店规模大小和业务量多寡而定，但基本的原则是保证前厅工作的效率和为顾客提供方便。前厅部在大中型酒店中往往单独设置，是酒店的主要业务部门之一。小型酒店则往往不单设前厅部，而是将其业务交由客房部负责。

### （二）客房部

客房是宾客住宿和休息的场所，是酒店的基本设施和主体。客房部的主要职责是向宾客提供洁净而舒适的客房，并协助前厅部保持较高的客房出租率。从经营的角度看，客房是酒店销售的主要产品，客房的营业收入是酒店经营收入的重要来源。

客房部的设置是与客房管理的具体要求相适应的，主要包括：

1. 客房主管

在大中型酒店中，由于客房部的服务人员比较多，因此需设专门的领导机构负责处理日常的行政事务。大型酒店的客房部除客房经理、副经理或经理助理各一名外，还设有秘书和主管若干名。

2. 楼层服务组

楼层服务组设总领班一名，早班、晚班楼层领班若干名，下设早班、晚班和通宵三个楼层清洁组及早班、晚班两个楼层服务组。楼层服务组主要负责楼面客房的清洁和接待服务工作。

3. 公共区域服务组

公共区域服务组设总领班一名，早班、晚班及通宵领班各一名，并设有早班、晚班和通宵班各一个，清洁组及地面外窗清洁员若干名。公共区域服务组主要负责酒店范围内公共区域的清洁工作。

4. 布件房

布件房设领班、副领班各一名，另有棉织品及制服服务员若干名。布件房主要负责酒店的棉织品和员工制服的收发、送洗和保管。

5. 洗涤部门

洗涤部门主要负责酒店棉织品的洗涤和整理工作。洗涤部门在各个酒店的隶属关系有所不同。一些大型酒店的洗涤部门属工程部管辖，因为大型酒店的洗涤设备相当复杂，有折叠机、熨平机、商用洗衣机和烘干机等，使用这些机器需要一定的技术和技巧。但是，由于客房棉织品占整个酒店棉织品的95%以上，客衣送洗又完全是通过客房服务员来进行的，因此洗涤部门如果与客房部分离，必然会造成很多不便，既不利于统一调配和指挥，又影响工作效率和服务质量。

### （三）餐饮部

餐饮部是酒店的第二大创利部门，虽然其创利能力通常小于客房销售，但获得的营业收入仍然是相当可观的。酒店餐饮服务的规模不论大小，一般均包括食品原料采购、厨房加工烹调和餐厅、酒吧服务三部分业务活动。

1. 原料采购部

原料采购部主要负责食品原料的采购、验收、储藏和发放工作。原料采购部工作的成果对餐饮质量、食品成本及餐饮营业收入均有重要影响。

2. 厨房

厨房是餐饮部的生产部门，为餐厅服务，与餐厅配套。酒店厨房规模和配套情况可视餐厅的规模和种类而定。厨房业务由厨师长负责，下设各类主厨和领班。有些酒店专设膳务部，主管餐厅布置、宴会布置、炊具/餐具洗涤和清洁卫生工作。

3. 餐厅、酒吧

餐厅、酒吧是餐饮部的前台服务部门。因为酒店的类别多种多样，所以酒店的餐厅也各具特色。大型酒店设有多处餐厅，如正餐厅、宴会厅、风味餐厅、自助餐厅、多功能餐厅、咖啡厅、扒房、大堂酒吧和鸡尾酒廊等。各类餐厅根据其规模和等级，通常设经理、主管、领班 3 个层次的管理人员。酒吧通常设酒吧经理或主管。许多大型酒店还设有宴会部、餐饮预订部等，负责餐饮业务的组织和服务。

## 二、职能部门

酒店职能部门不直接从事酒店接待业务，而是为营业部门服务、执行自身某种管理职能的部门。人事部、销售部、工程部、安保部和财务部均属于酒店的职能部门。

### （一）人事部

人事部的主要职责是满足酒店经营管理的需要，负责酒店管理人员和服务人员的选聘、培训工作。人事部是酒店中一个非常重要的部门，一般直接受总经理领导。人事部除设有经理和副经理外，还有负责人员调配、员工培训和工资管理等的专职人员。有些酒店人事部还设有专门的培训机构。

### （二）销售部

销售部的主要职责是为酒店招揽客源。为了保证酒店有充足的客源，销售部人员要进行市场调研，了解市场需求，掌握客源流向并负责推销酒店产品。酒店销售部的规模是有差异的，一般为 1～20 人。销售部设经理和主管销售业务的专职人员。有些大型酒店的销售部还设有分管收益管理、旅游销售、会议销售、宴会销售的经理以及公共关系等专门工作人员。

### （三）工程部

工程部的主要职责是负责酒店房屋及设备的修理工作，使酒店的外部及内部装修等保持完好的状态，并经常对酒店的各项设施设备进行维修、保养和更新。工程部的机构包括工程部办公室（由工程部经理、助理、调度员等组成）、锅炉冷冻组（由锅炉房和冷冻机房组成）、电工组（由变配电、强弱电组成）、维修组（由综合维修人员组成）、电梯组（由电梯操作、维修人员组成）和土建维修组（由瓦工、木工、油漆工组成）。有的酒店只设锅炉、冷冻、水电和土建 4 个组。

### （四）安保部

宾客在酒店中不仅需要良好的食品服务条件，还需要安全、舒适、宁静的环境。安保部对酒店的各种设施、财产以及宾客的人身和财产安全负有重要责任。一般酒店都设有安保部经理和专职安保人员，他们负责对酒店全部区域进行 24 小时的安全保卫和巡视。

### （五）财务部

财务部负责处理酒店经营活动中的财务管理和会计核算工作。财务部人员的数量取决于酒店经营的规模和酒店财务工作任务的重要性。一般来说，酒店的财务工作直接由酒店的一名副总经理领导，财务部内部设有经理、副经理、主管会计、会计员、出纳员若干名。

## 三、其他综合服务部门

酒店为了竞争和发展需要，会向顾客提供更加完善和新型的业务项目，以满足宾客多方面的需求。因此，酒店相应设置了许多其他综合服务部门，主要包括：

### （一）康乐部

在许多酒店，特别是度假型酒店中，都设有专门部门为旅游团体和旅游者个人提供康乐活动，其中包括高尔夫球、网球、保龄球和健身游泳等。这些活动均由康乐部组织安排，并设有专门人员负责组织和指导工作。康乐部的主管和其他专职人员一般都具备组织娱乐活动的能力和专长，经常为酒店组织一些别开生面和富有吸引力的娱乐活动，以满足顾客的娱乐要求。

### （二）商场部

几乎所有酒店都设有商场或商品销售点。大型酒店商场与市区零售商场经营类似，但由于酒店档次较高，商场内的商品价格往往高于外部同类商品价格。酒店商场出售的商品，一般以当地旅游商品为主，还有一些日常的生活用品。

### （三）旅游部

许多酒店设有组织旅游的专业部门。它一方面为酒店组织客源，另一方面为酒店内的顾客提供游览观光和继续旅行的各种便利条件。旅游部设有专门人员，负责提供交通工具、导游和车船机票订票的服务。

# 项目三 酒店组织结构的变革

在分工基础上建立起来的传统组织结构统称为职能制组织结构。职能制组织结构的理论基础是“分工能带来效率的提高”。职能制组织结构的优点包括：员工的专业化程度较高；员工的发展方向明确；部门内部较易协调；资源利用效率较高；权力集中，较容易做出决策。

虽然职能制组织结构有许多优点，但其自身存在无法克服的缺点，主要有：

（1）决策速度缓慢。由于权力掌握在决策管理层手中，任何大的决策都要层层汇报，由最高管理层做出决定，因此整个决策过程显著拉长了，好的机会往往会被错过。

（2）整体协调困难。从横向角度来看，由于各部门之间相互独立，目标存在差异，协调和沟通较困难，会影响整体目标的实现；从纵向角度来看，由于等级层次较多，上下级之间沟通困难，信息传递的效率较低，会影响最高管理层做决策的准确性。

（3）整体责任不清。人为设立部门之间的界限，严重干扰了企业的整体利益，使得部门之间相互争夺资源，而不愿意承担责任。对讲究整体的酒店企业来说，有些责任难以界定。

（4）官僚体制、整体工作效率低下。权力过度集中必然导致官僚体制，灵活性差，过于严格遵循规章制度办事，员工积极性不高，服务质量难以有保障，整体运作效率低下。

在现代酒店业激烈竞争的背景下，如何争取顾客、留住顾客，在竞争中赢得优势，是我国酒店企业面临的主要课题。另外，顾客自我意识的增强，对服务分辨能力的提高，以及自我保护意识的加强，都对现代酒店企业经营管理的水平提出了更高要求。同时，酒店企业内部员工心理需求层次的提高，以及企业规模、人工成本、经营方向、服务产品结构等的变化，都与酒店企业传统的组织结构发生了冲突，变革传统的组织结构已经成为必然。

## 一、现代酒店组织结构变化的趋势

### （一）从竖式组织结构向扁式组织结构转变

在传统的竖式组织结构中，酒店企业从上到下严格分工，形成层级的垂直体系。这种层级体系严重影响了企业内部各类信息的畅通流转，并导致信息在传递过程中失真。

扁式组织结构要求最大幅度地削减中间层，使组织结构从顶端到底部之间的层级数量减少，组织的管理幅度加宽，使酒店组织结构由“高深”变成“扁平”。同时，由于一线员工是顾客和酒店直接接触的关键点，直接决定酒店的服务质量和顾客的满意程度，因此，在扁式组织结构中，适当扩大了一线员工的权限。这样的组织结构改革，一方面有利于精减人员，降低管理成本；另一方面，信息在扁式组织结构中流转时，由于中间“处理器”的减少，信息的准确度也得到了提高。再者，扁式组织结构适应时代要求，更有利于酒店企业贴近市场，高层管理者有更多机会接近顾客，可以极大地提高酒店服务的效率。

### （二）从金字塔式组织结构向葫芦形组织结构转变

长期以来，金字塔式组织结构被认为是理想的组织结构。但随着科学技术的发展和人们需求质量的提高，传统的金字塔式组织结构也暴露出许多缺点。不少管理学家认为，企业组织中计算机的广泛应用和管理信息系统的大量建立，使得企业组织又恢复到集权制，即企业的重要决策又再度集中于最高管理层。最高决策层将决策结果及命令直接下达给基础管理层，甚至直接下达给作业层的服务人员和操作人员，形成葫芦形组织结构（见图 4－5）。

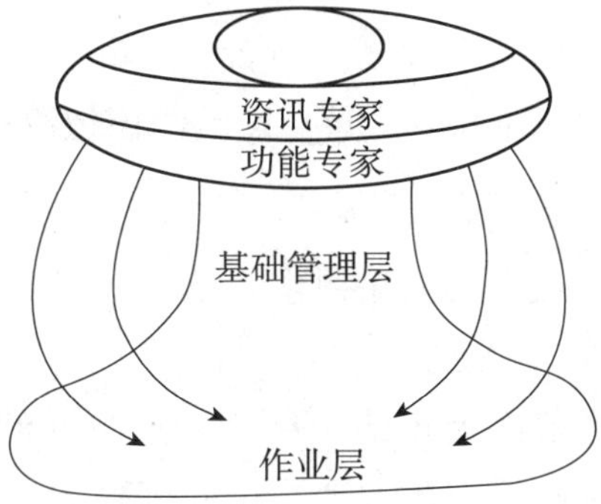


**图 4－5　葫芦形组织结构**

在现代酒店业中，服务需求提高，顾客要求酒店实行公关、广告、宣传、预订、接待、服务及财务等作业的一条龙服务。这种新的服务形式将打破传统的部门化分工体制，将酒店组织结构分为两大系统，即前台（作业与服务）系统与后台（作业与服务）系统。这两个系统在计算机系统的支持下进行各项管理作业和一系列的服务工作，并在总经理（辅以顾问、咨询和决策系统的参谋支持）的直接领导下进行运作（见图 4－6）。这样一条龙的管理与服务系统，既提高了工作效率，又降低了经营成本。同时，酒店工作人员通过互联网可及时与全球各地客户进行互动、沟通，大大提高了服务质量，减少了酒店的广告费用。

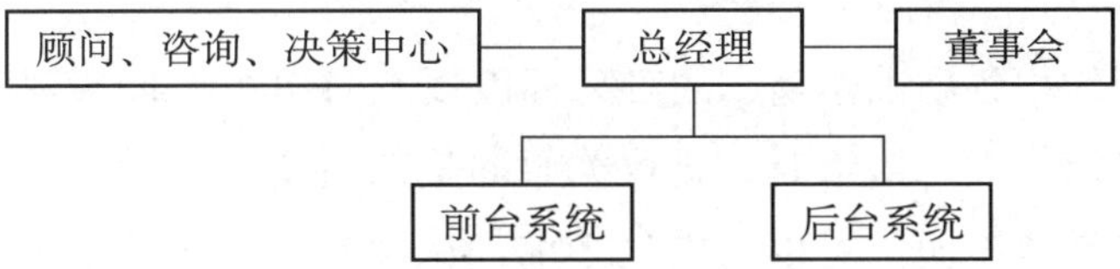


**图 4－6　新型的酒店组织结构系统**

这种新型酒店组织结构系统的特点是“加大两头，削减中间层”。由于互联网的作用，酒店最高决策层可随时获得客户信息、市场竞争信息，并及时做出相应的管理决策。所以，必须加强最高决策层的权力。为了更好地服务于顾客，体现人性化的服务特征，必须加强对作业层（即基层）的管理。而中间管理层和一些职能部门将进行合并，实行作业整合，中间管理层人员将有较大的缩减。原上传下达信息的职能将被计算机网络系统代替，最高决策层的信息可直接下达到基层，基层的信息也可直接上传到最高决策层。

新型组织结构系统对酒店从业人员的素质提出了更高的要求，需要员工有广博的知识和技能，成为一专多能的多面手，只有这样才能更好地实行酒店企业的“作业重组”和“作业程序整合”。

## 二、影响酒店组织结构的因素

酒店组织结构是内外条件共同作用的产物，具有相对的稳定性。但当内部条件发生变化时，如企业体制变动、经营范围变化、服务产品结构调整等，组织结构的调整就成为必然；而外在环境的改变，如竞争加剧、酒店企业市场占有率减少、顾客个性化服务要求加强等，也会促成酒店组织结构的变革。影响酒店组织结构的因素主要有：

### （一）战略

组织结构必须服从组织所选择的战略要求。适应战略要求的组织结构，为战略实施及组织目标的实现提供了必要的前提。

战略选择的不同，在两个层次上影响组织结构：不同的战略要求不同的业务活动，从而影响管理职务的设计；战略重点的改变会引起工作重点的改变，从而导致各部门与职务在组织中重要程度的改变，会要求各管理职务以及部门之间的关系作相应的调整。

### （二）环境

任何组织作为社会的一个单位，都存在于一定的环境中。组织外部环境必然会对内部结构产生一定程度的影响，这种影响主要表现在3个不同的层次上：

#### 1. 对职务和部门设计的影响

组织是社会经济大系统中的一个子系统。组织与外部存在的其他社会子系统之间也存在分工问题。社会分工方式的不同，决定了组织内部的工作内容和所需完成任务的不同，所需设立的职务和部门也就会不一样。

#### 2. 对各部门关系的影响

环境不同，组织中各项工作完成的难易程度以及对组织目标实现的影响程度亦会不同。例如：当产品需求大于供给时，企业关心的是如何增加产量、扩大生产规模，则生产部门会显得非常重要；而一旦市场供过于求，从卖方市场转变为买方市场，则营销职能会得到强化，营销部门会成为组织的中心。

#### 3. 对组织结构总体特征的影响

外部环境是否稳定，对组织结构的要求也是不一样的。稳定环境中的经营，要求设计出被称为“机械式管理系统”的稳固结构，管理部门与人员的职责界限分明，工作内容和程序经过仔细的规定，各部门的权责关系固定，等级结构严密；多变的环境则要求组织结构灵活（称为“有机式管理系统”），各部门的权责关系和工作内容需要经常作适应性调整，等级关系不甚严密，组织结构设计中强调的是部门间的横向沟通而不是纵向的等级控制。

### （三）技术

组织的活动需要利用一定的技术和反映一定技术水平的物质手段来进行。技术以及技术设备的水平，不仅影响组织活动的效果和效率，而且会作用于组织活动的内容划分、职务设置和工作人员的素质要求。信息处理的计算机化，必将改变组织中各有关部门的工作形式和性质。

### （四）组织规模与所处的发展阶段

规模是影响组织结构的一个不容忽视的因素。组织的规模往往与组织的发展阶段相联系。伴随着组织的发展，组织活动的内容日趋复杂，人数会逐渐增多，活动的规模会越来越大，组织结构也需随之调整。

托马斯·卡农（J. Thomas Cannon）提出了组织发展五阶段的理论，认为组织发展过程中要经历“创业”“职能发展”“分权”“参谋激增”“再集权”阶段，并指出在发展的不同阶段，要求有与之相适应的组织结构。

1. 创业阶段

在这个阶段，决策主要由最高管理者个人做出，组织结构相当不正规，对协调只有最低限度的要求，组织内部的信息沟通主要建立在非正式的基础上。

2. 职能发展阶段

在这个阶段，决策越来越多地由其他管理者做出，而最高管理者亲自决策的数量越来越少。组织结构建立在职能专业化的基础上，各职能间的协调需要增加，信息沟通变得更重要，也更困难。

3. 分权阶段

组织采用分权的方法，来应对职能结构引起的种种问题。组织结构以产品或地区事业部为基础来建立，目的是在企业内建立“小企业”，使后者按创业阶段的特点来管理。

4. 参谋激增阶段

分权会导致各“小企业”成为内部的不同利益集团，组织资源用于开发新产品的相关活动减少，总公司与“小企业”的许多重复性劳动使费用增加，高层管理者感到对各“小企业”失去了控制。为了加强对各“小企业”的控制，公司一级的行政主管增加了许多参谋助手，而参谋助手的增加又会导致他们与主管直接下属之间的矛盾，影响组织中的命令统一。

5. 再集权阶段

分权阶段与参谋激增阶段所产生的问题，可能诱使公司高层主管再次高度集中决策权力。同时，信息处理的计算机化也使再集权成为可能。

## 模块小结

直线制组织结构、直线职能制组织结构和事业部制组织结构是酒店企业的 3 种基本组织结构类型。从竖式组织结构向扁式组织结构转变、从金字塔式组织结构向葫芦形组织结构转变，则体现了现代酒店组织结构的变化趋势。

典型酒店的机构设置，一般分为营业部门和职能部门两大类，这是根据顾客在酒店内的活动特点及酒店经营管理的需要确定的。

酒店组织发展过程中要经历“创业”“职能发展”“分权”“参谋激增”“再集权”阶段。根据发展的不同阶段，要求有与之相适应的组织结构。

## 同步练习

**一、问题思考**

1. 酒店组织结构主要有哪几种类型？各有什么特点？
2. 酒店组织结构内部可分为哪几个层次？各承担什么职能？
3. 酒店有哪些主要的机构？其主要职责是什么？
4. 扁式组织结构和葫芦形组织结构各有什么特点？
5. 影响酒店组织模式的因素有哪些？

**二、课堂交流**

以 3～4 人的小组为研究单位，通过互联网或实地考察酒店查找资料，进行以下问题的研究，做出调研报告，编制 PPT 文件，在课堂上交流分享。

1. 介绍若干家酒店机构和岗位设置的实例。
2. 研究下列实例参考，解读酒店岗位和层次的关系。

## 实例参考

### 大型酒店的组织结构

某大型酒店的组织结构如图 4－7 所示。

图中英文字母及阿拉伯数字示意如下：

**A. 最高管理层**

1. 董事会　　2. 总经理　　3. 副总经理

**B. 部门经理层**

4. 工程设备部经理　　5. 商场部经理　　6. 餐饮部经理
7. 安全保卫部经理　　8. 人事培训部经理　　9. 前厅部经理

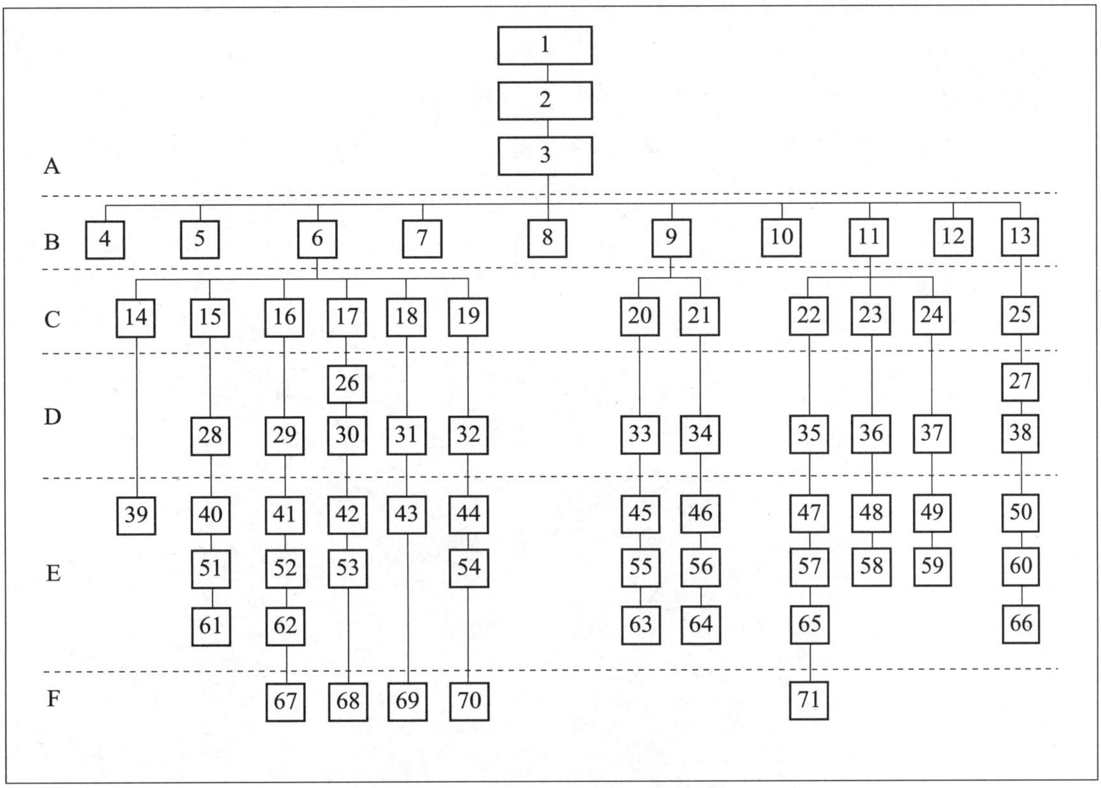


**图 4-7　某大型酒店的组织结构**

10. 公共关系部经理　　11. 客房部经理　　12. 销售部经理

13. 财务部经理

**C. 专业层**

14. 客房餐饮部主管　　15. 食品原料采购部经理　　16. 各餐厅经理

17. 厨师长　　18. 各酒吧经理　　19. 膳务长

20. 总服务台主管　　21. 前厅服务主管　　22. 公共卫生主管

23. 楼面服务主管　　24. 洗衣房主管　　25. 总会计师

**D. 半专业层**

26. 各厨房主管　　27. 总出纳　　28. 采购领班

29. 餐厅领班　　30. 厨房领班　　31. 调酒师

32. 膳务领班　　33. 总服务台领班　　34. 前厅服务领班

35. 公共卫生领班　　36. 楼面服务领班　　37. 洗衣房领班

38. 夜间核算主管

**E. 熟练职工层**

39. 服务员　　40. 采购员　　41. 餐厅预订员

42. 各类厨师　　43. 酒吧服务员　　44. 洗涤工

45. 客房预订员　　46. 电话接线员　　47. 门厅清洁员

48. 楼面服务员
49. 收发保管员
50. 记账员
51. 验收员
52. 应接引座员
53. 各类烹饪工
54. 器皿仓库保管员
55. 接待员
56. 门卫、行李员
57. 环境清洁员
58. 客房服务员
59. 洗烫缝工
60. 结账员
61. 保管员
62. 餐厅服务员
63. 问询员
64. 电梯服务员
65. 花卉工
66. 收银员

**F. 培训层**

67. 餐厅实习生
68. 厨房勤杂工
69. 酒吧实习生
70. 器皿仓库勤杂工
71. 公共区域勤杂工

# 模块五 酒店的战略管理

学习目标

**知识目标**

- 了解酒店基本战略的内容和特点
- 熟悉酒店发展战略和竞争战略的模式
- 知晓影响酒店战略选择的环境因素

**能力目标**

- 能说明酒店基本战略的制定过程
- 能掌握酒店发展战略的选择方法
- 能解释酒店三大通用竞争战略的优势和风险

**素养目标**

- 通过酒店战略管理内容的归纳和演绎，培养科学研究的学习能力
- 通过酒店发展和竞争战略的分析，培养分析和解决问题的创新能力

# 项目一 酒店基本战略的内容

“战略”一词源于军事活动的术语，是指军事统帅指导战争全局的谋略。企业管理中正式使用这一概念始于20世纪60年代。20世纪70年代，美国企业管理者认识到外部环境对企业生存和发展的重要影响，开始把管理的重心从满足职能领域的有效管理转移到企业的战略管理上来。

如果说管理的职能是决定如何做，即如何以最佳方式完成一项工作，那么战略管理则是确定做什么，即确定自己的发展目标和决定一个组织应该做些什么。

## 一、酒店基本战略的概念

战略是企业为了求得持续、稳定的发展，在预测和把握企业外部环境和内部条件变化的基础上，对企业发展的总体目标做出的谋划和根本对策。酒店的战略可分为基本战略、发展战略和竞争战略3个层次。

基本战略是酒店企业第一层次的战略，其内容主要包括以下4个方面：

### （一）战略方向

酒店企业的战略方向是指在酒店管理者经营思想的指导下，酒店企业长远的发展方向。它是酒店企业领导者对酒店企业未来的构思和设想，主要内容包括：

1. 确定酒店企业未来的发展方向

它要求酒店企业在市场调查和预测的基础上，确定自己的客源市场和经营范围。

2. 确定酒店企业开拓市场的发展方向

酒店企业未来的服务对象是谁？主攻的目标市场在哪里？这些问题直接关系到酒店企业经营的成败。它要求酒店企业在客源市场需求分析的基础上，结合自己的特点，确定自己的服务对象、服务标准及基本的经营方针。

3. 确定酒店企业未来的规模和发展水平

任何酒店企业都要在正确估计自己内部条件和设备的基础上，把握自己所具有的一切发展因素，确定自己在相当长的时期内的规模和发展水平。

### （二）战略目标

酒店企业的战略目标是实现企业战略的一系列经济指标的总和，其核心是以销售额和利润额为主导的战略目标体系。

确定酒店企业战略目标应当注意的问题有：

(1) 研究考虑和预测未来的市场发展趋势。利用过去和现在的数据来推断和预测未来的发展需要。

(2) 分析酒店企业内部所具有的发展因素，其中包括可运用的发展资金、酒店员工的素质；同时要估计酒店企业的设备情况，检查本酒店是否已经具备了实现战略目标所应具有的条件。

(3) 酒店企业的战略目标是一组相互联系和相互制约的目标系统，它是企业总目标体系和部门目标体系的结合。确定战略目标，要使部门目标同总目标保持一致，并使部门之间的目标得以协调。

### (三) 战略方针

酒店企业的战略方针是酒店企业围绕战略目标实现所制定的行为规范和政策性决策。它涉及酒店的经营目的和方法，酒店和顾客、员工合作的关系等。战略方针将随着酒店企业内部环境的变化而变化，在不同的时期采取的战略方针不同。

酒店企业经营的总方针，通常是由酒店企业的最高领导者来制定的。为了能把总方针落实到各项具体工作中去，酒店企业各个部门也都有一套自己的方针，称为局部方针。局部方针是以总方针为基础形成的，是对总方针的扩大化和具体化。

### (四) 战略措施

酒店企业的战略措施是酒店企业为实现其战略目标，在战略方针的指导下，针对酒店企业发展中的中短期的、局部的经营问题所采取的各种对策与措施的总称。战略措施的制定，集中体现在一系列酒店企业的经营计划和经营决策制定上。从这一意义上说，酒店的经营计划和经营决策是以酒店企业的基本战略为基础的，是战略的具体化。

## 二、酒店基本战略的特点

酒店企业的基本战略是酒店经营思想的集中体现，既反映酒店企业发展的根本要求，也是酒店企业制订计划和进行经营决策的基础。酒店企业基本战略的特点有以下 4 个方面：

### (一) 长期性

基本战略是对酒店企业未来较长时期如何生存和发展通盘筹划的结果。它不是酒店企业对外部环境短期震荡所做出的反应，也不是对日常经营活动所做出的反应，它着眼于未来，关注的是酒店企业的长远利益，要解决的是酒店企业未来的经营方向和目标。酒店企业基本战略要求从根本上改变酒店企业的面貌，使酒店企业达到一个全新的水平，使酒店企业真正兴旺发达起来。

### （二）全局性

基本战略是以酒店企业的全局为对象，根据酒店企业总体发展的需要而制定的。全局性是战略的最根本的特征。酒店企业的基本战略，必须能从总体上制约酒店企业的经营活动，其着眼点不是局部利益的得失，而是全局的发展，如果局部利益与全局利益发生冲突，往往要保证全局利益。

### （三）稳定性

企业战略与其他战略一样，要求具有稳定性，不能朝令夕改。酒店企业要实现较长时期的战略目标，在制定战略的时候，就要做深入细致的调查研究，客观地估量酒店企业在发展过程中可能出现的各种利弊条件，做出科学的预测，使企业战略建立在既先进又稳妥可靠的基础上。

### （四）竞争性

基本战略是酒店企业在激烈竞争中如何与竞争对手抗衡的行动方案，它与那些单纯以改善企业现状、增强企业效益、提高管理水平为目的的近期方案不同。它所谋求的是改变酒店企业在竞争中的力量对比，在全面分析竞争对手的基础上，扬长避短，发挥优势，不断扩大酒店企业在市场上的占有率，从而使酒店企业在竞争中占据有利地位，不断发展和成长，最终成为胜利者。

## 三、酒店基本战略的制定过程

酒店基本战略的制定过程，就是在正确的战略思想的指导下，在对酒店企业所面临的特定环境和内部条件进行分析的基础上，确定酒店的战略目标，明确酒店的经营领域，以及酒店对所从事的经营领域确定经营方针和策略的过程。它一般包括以下几个步骤：

### （一）确定酒店企业的使命

这一要素实际上是为了回答战略的核心定位问题，即“我们的酒店应该是什么样的酒店”。只有那些能够正确认识到自己使命的酒店，才能制定出行之有效的战略规划。

### （二）研究经营环境和经营能力

在明确了现代酒店企业的使命之后，就需要进行经营环境和经营能力的分析，把握其现状和未来发展趋势，以便为确定企业的战略目标收集各种相关的经济信息，为确定基本战略提供必要的资料和依据。

### （三）确定战略目标

将酒店企业面临的经营环境和自身的经营能力结合起来，把酒店企业的使命化为一系列具体的经营目标，如击败竞争对手、扩大市场占有率等。酒店使命是内在的、永恒的、原则性的，酒店目标则是外在的、阶段性的、具体化的。酒店目标是在酒店使命的指导下设定的。

### （四）确定战略行动

当酒店企业的使命、战略目标确定以后，就要考虑如何来实现这些目标。战略行动的确定要依靠酒店企业全体成员的共同努力。首先，要进行广泛讨论，让酒店各级员工畅所欲言，提出自己的见解，使战略行动方案具有群众性、民主性；其次，由酒店的“智囊团”运用现代科学方法进行系统综合、论证，提出可行的战略行动方案；最后，由酒店领导抉择，确定酒店的战略行动。

### （五）总结、评价与修正战略

酒店企业的基本战略是主观思维活动的产物，它在实践中会或多或少地与客观现实产生一些差距。因此，在基本战略的实施过程中，酒店企业必须对基本战略进行总结、评价，并加以修正，使基本战略始终保持适宜性，保证基本战略对酒店经营活动的指导作用。

# 项目二　酒店发展战略的选择

发展战略是酒店企业第二层次的战略，包括酒店企业是采取快速发展战略还是采取稳定或紧缩的发展战略，是采取单一业务还是多元化发展，等等。现代酒店企业在实施经营活动时，首先必须明确发展战略，它既是酒店企业发展的路径，也是酒店企业在复杂多变的环境中求得生存的保证。

## 一、酒店发展战略的基本模式

根据酒店企业战略行为的特点，可以将酒店发展战略划分为以下 4 种基本模式：

### （一）发展型战略

发展型战略就是酒店企业对经营范围从广度和深度上进行全面渗透和扩大的一种战略模式。具体来讲，有以下 3 种类型：

#### 1. 市场渗透战略

市场渗透战略是指酒店企业利用自己在市场上的优势，扩大经营业务，向纵深发展，在竞争中把更多的顾客吸引到自己这里来，以提高市场占有率。

2. 产品发展战略

产品发展战略是指酒店企业通过扩大经营品种、保证产品质量，以适应市场变化和消费者需要，不断扩大产品销售。

3. 市场开拓战略

酒店企业经营不断发展，市场却受到很大的限制，因此，必须选择和发展新市场，如建立连锁经营网点、拓展经营渠道等。

### （二）稳定型战略

稳定型战略具体可分为稳定防御战略和先稳定后发展战略。稳定防御战略是指酒店企业在现有经营条件下，采取以守为攻，以安全经营为宗旨，不冒大风险的一种战略。先稳定后发展战略则是先采取措施扭转内部劣势，在改善内部经营管理的基础上再向外发展。

### （三）紧缩型战略

紧缩型战略是指酒店企业采取缩小经营规模，减少企业投入，以谋求摆脱困境的一种战略。酒店企业在经济不景气时期常采用这一战略，但在实行紧缩措施的同时，应加强预测，对经营业务做出调整，积极做好迎接新增长的准备工作。

### （四）多元化战略

多元化战略是指酒店企业利用现有资源和优势，向不同行业的其他业务发展的一种战略。这种战略可以分散经营风险，具有“东方不亮西方亮”的特点。这种战略的产生是市场扩大化和竞争复杂化的结果，但在给企业创造新机会和提高资源利用率的同时，也会给企业带来很大的经营风险。

## 二、酒店发展战略的选择方法

酒店经营者可以采用“SWOT”分析法来确定酒店企业的发展战略。“SW”是指企业内部的优势与劣势（Strengths and Weaknesses），“OT”是指企业外部的机会与威胁（Opportunities and Threats）。酒店经营者通过对经营环境进行系统的、有目的的诊断，在明确本酒店的优势（S）、劣势（W）和机会（O）、威胁（T）的基础上，确定自身的发展战略。

### （一）酒店优势与劣势的分析

酒店的经营管理活动受到来自酒店内部和外部众多因素的影响。我们把有利于酒店经营活动顺利、有效开展的酒店内部因素，如酒店优良的组织机构及现代化经营思想、优秀的酒店文化及雄厚的酒店资源等，称为酒店经营的优势；把不利于酒店经营活动开展的酒店内部因素，如低劣的员工素质、紊乱的管理制度、不称职的管理人员、低品位的酒店文化等，称为酒店经营的劣势。

### （二）酒店机会与威胁的分析

酒店经营的机会，是指有利于酒店开拓市场、有效地开展经营活动的外部环境因素，如良好的国家经济政策、高速增长的市场等。不利于酒店开展经营活动的外部环境因素，我们称之为酒店经营的威胁，如竞争对手越来越多、竞争对手实力增强、经营的目标市场萎缩等。

### （三）酒店发展战略的选择

如果酒店企业外部有众多机会，内部又具有强大优势，可采用发展型战略；如果酒店企业外部有机会，而内部条件不佳，宜采用稳定型战略；如果酒店企业外部有威胁，内部状况又不佳，应设法避开威胁，消除劣势，可采用紧缩型战略；而当酒店企业拥有内部优势而外部存在威胁时，宜采用多元化战略，以分散风险，寻求新的机会（见图 5－1）。

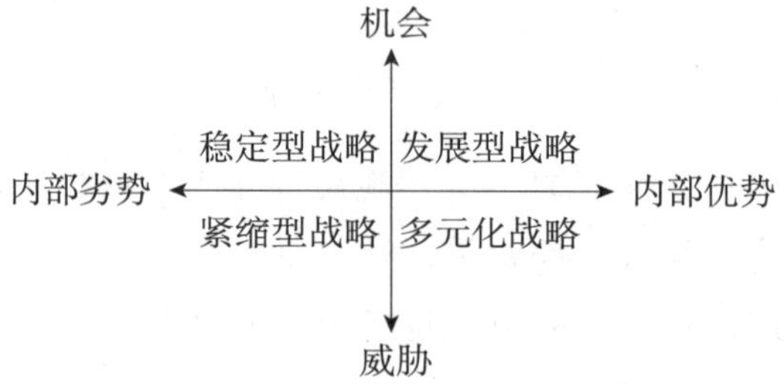


**图 5－1　发展战略选择图**

## 三、影响酒店发展战略选择的环境因素

对酒店企业而言，经营环境可以分为两种：一种是酒店经营的宏观环境，包括酒店所处的政治、经济、文化、技术、自然环境等，这些环境因素对酒店经营活动的影响是普遍的，酒店作为社会经济活动的一分子，其行为对这类环境的改变几乎不产生影响，因此我们可以视宏观环境为酒店经营活动的外生变量，它在一定时期内是一个不变的参数；另一种环境与酒店经营活动休戚相关，并且酒店的经营活动也会影响和改变这种环境，这就是酒店经营的微观环境，也称为行业竞争环境，它是酒店在进行发展战略选择时必须着重分析的环境因素。

目前，企业在分析经营环境时，普遍采用迈克尔·波特（Michael E. Porter）的结构分析法。波特认为，一个行业的激烈竞争不是事物的巧合，根源在于其内在的行业结构（见图 5－2）。

现代酒店企业面临 5 种基本力量的挑战，它们分别是潜在竞争的进入威胁、替代品威胁、酒店产品购买者的讨价还价压力（购买者压力）、生产要素供应商的讨价还价压力（供应商压力）以及现有酒店之间的抗衡（产业内竞争）。这 5 种基本力量的强弱及其组合决定了酒店业竞争的激烈程度，决定了酒店企业盈利的最终潜力。其中，强度最大的作用力将决定酒店企业发展战略的形成。

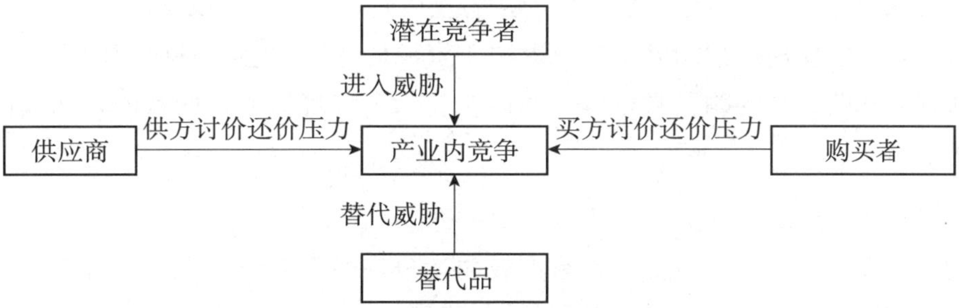


**图 5-2 产业竞争结构模型**

### （一）潜在竞争者的进入威胁

在市场容量与经济资源有限的情况下，新酒店的出现势必加剧原有酒店之间的竞争激烈程度，原有的酒店必定会采取相应的对策阻止新酒店的顺利进入，以保证自己的既得利益不受损失。进入威胁的大小取决于进入壁垒的高低，如果酒店市场的进入壁垒高，进入的威胁就小。

酒店市场的进入壁垒主要由规模经济、产品差别、资金壁垒、企业转换成本、专业管理经验、政府管制及市场容量等因素构成。要预见新建酒店的进入威胁程度，就需要做好上述因素的分析。

### （二）替代品威胁

替代品是指那些与酒店产品具有相似功能的其他产品。如酒店的餐厅与酒店周围的社会餐馆，后者就可以视为前者的替代品。如果替代品的市场价格降低，被替代的产品或服务的需求就会同步下降，除非被替代的产品价格同时下降。

替代品替代不同于酒店之间的产品替代，后者属于同一行业中不同酒店提供的产品差别，而替代品通常是指不同行业之间具有相似功能的产品，如酒店的客房与新兴的商业写字楼。替代品既可能因为技术进步与创新而出现，也可能因为其他行业的产品功能延伸而产生。因此，替代品的出现通常反映了时代的进步。

### （三）购买者压力

在酒店业竞争结构的要素组合中，唯有购买者愿意支付的价格水平才能形成酒店的收益。因此，购买者压力直接决定着酒店的盈利水平。购买者的讨价还价压力主要取决于对市场信息了解的充分程度、购买者的收入水平、购买者的消费偏好以及购买产品的数量。

在现实生活中，购买者并非就是服务或产品的消费者，购买者还可以是代理商或产品的中间商。在酒店经营中，中间商作为一类特殊的购买者，它们的购买主要不是为了消费，而是为了转售或组成各种旅游产品向最终消费者出售，因此，它们更关心酒店产品的价格，具有不同于一般购买者的特点。

### （四）供应商压力

供应商向酒店提供经营活动所需的一切资源，如能源、资金、原材料、食品饮料、易耗品等。因此，供应商讨价还价压力的强弱直接影响酒店经营成本的高低。

一般而言，供应商压力的大小主要取决于资源的垄断程度、供应商的生产成本、资源的短缺程度和购买者的购买数量等。酒店企业为了实现低成本的目的，必须做好对上述因素的分析。

### (五) 产业内竞争

影响酒店经营环境的最重要因素是产业内竞争，即现有酒店之间的抗衡。由于各地在酒店数量与结构上不一致，因此不同地区、不同城市的酒店之间，竞争激烈的程度也不一样。

总而言之，在产业竞争结构分析中，酒店经营者的任务就是通过对以上 5 种基本力量的具体分析，明确自己酒店所处的微观环境，寻求自己酒店的有利地位，制定切实可行的发展战略，以较好地防御这 5 种基本力量的威胁。

## 项目三 酒店竞争战略的运用

竞争战略是酒店企业第三层次的战略。竞争战略关心的是相对于竞争者而言，企业在市场上的竞争地位。

当选择竞争战略时，酒店企业通常从两个方面评估竞争优势：企业经营成本低于竞争对手；产品具有某种特殊性能，并且能够以高价出售来弥补成本。

根据企业参与市场竞争的范围以及企业的竞争优势，迈克尔·波特在《竞争战略》一书中区分了三大通用竞争战略，即成本领先战略、差异化战略和专一化战略（见图 5-3），这些也是酒店企业在不同发展时期，面对不同竞争环境所选择与实施的 3 种竞争战略。

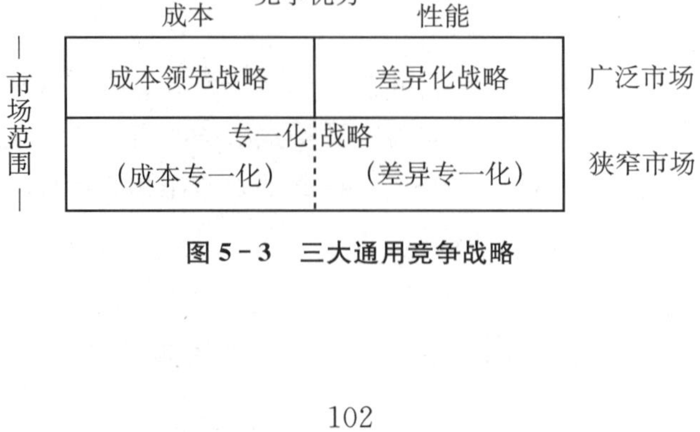


**图 5-3　三大通用竞争战略**

## 一、成本领先战略

成本领先战略也称价格竞争战略。由于酒店产品价格的基础是经营成本，因此该战略的核心是努力降低自己产品的成本。它要求酒店企业建立起达到有效规模的生产与服务设施，抓紧成本与管理费用的控制，最大限度地减少研究开发、服务、推销和广告方面的成本费用。虽然创造性的设计、产品质量、售后服务及其他方面也不容忽视，但是该战略主要是使产品成本低于竞争对手。

### （一）成本领先战略的竞争优势

成本领先战略的竞争优势主要表现在：（1）酒店企业的低成本地位有利于在强大的买方威胁中保护自己，抵抗竞争对手的价格压力，并使效率居于其次的竞争对手逐渐退出市场；（2）较低的成本与价格水平也可以形成有效的市场进入壁垒，使新进入者举步维艰；（3）在不断致力于将产品成本降至竞争对手之下的过程中，酒店企业的管理效率也得到了提高。

### （二）成本领先战略的经营风险

成本领先战略并不是完美的。其经营风险主要表现在 3 个方面：（1）低成本战略竞争易被对手模仿，竞争对手有时能够很成功地学会并实施这种战略；（2）竞争对手很可能凭借技术革新获得更低的经营成本；（3）酒店企业集中精力研究如何降低成本，很有可能忽视消费者需求发生的变化。

## 二、差异化战略

差异化战略是指将企业提供的产品或服务与竞争对手区别开来，形成企业在产业范围中具有的独特品质。它主要是利用需求者对各品牌的信任，以及由此产生的对价格敏感度的下降，使企业避开竞争。企业的产品或服务可以在许多方面别具一格，如品牌形象、客户服务、技术特点、产品更新、营销网络等。差异化战略实施的关键在于特色的选择必须有别于竞争对手，并且足以使溢价超过企业追求差异化的成本。

### （一）差异化战略的竞争优势

差异化战略的竞争优势主要体现在：（1）产品差别使购买者选择范围缩小，削弱了购买者讨价还价的能力，能够给酒店企业带来较高的收益；（2）消费者对符合自己偏好的产品会形成一种忠诚心理，这种顾客的忠诚度使得酒店企业避开了竞争；（3）对产品差别的忠诚还会形成坚强的市场进入壁垒，从而有效地阻止潜在竞争者的进入威胁。

### （二）差异化战略的经营风险

但是，差异化战略也会使企业面临下列经营风险：（1）如果酒店企业提供的产品或服务的独特性并未给消费者带来期望的价值，消费者将不会为该产品支付高价；（2）如果产品的差别未能降低消费者对价格的敏感度，消费者可能会放弃购买具有特性的产品，以节省费用；（3）如果产品创新缺乏必要的制度保护，竞争者的模仿也将使产品差异减少。

## 三、专一化战略

虽然成本领先战略与差异化战略各自的出发点不同，前者希望通过以低成本为基础的低价格吸引顾客，后者通过自己产品与他人产品的差别来赢得消费者青睐，但是两者有一点是相同的，即这两种战略都是面向整个市场。然而，实践又告诉我们，在通常情况下，任何一家企业不可能也没有必要为所有消费者提供理想的服务，每家企业只能以其中的一部分人作为自己的服务对象，这些消费者在企业的经营活动中应该占有重要的地位。企业应该正确选择这些特定的消费群体，为他们提供行之有效的服务。

专一化战略就是上述经营思想的产物。专一化战略是指企业将自己的经营目标集中在特定的细分市场，并且在这一细分市场上建立起自己的产品差别与价格优势。采用专一化战略的前提条件是企业能够以更高的效率、更好的效果为某一狭窄的顾客群服务，从而超过在更广范围内的竞争对手。即企业选择一个或一组细分市场，实行成本专一化或差别专一化战略，向此细分市场提供与众不同的服务，期望在该市场上获得较高的占有率。

### （一）专一化战略的竞争优势

酒店企业采用专一化战略的优势是：（1）专一化服务与专一化分工导致相对较低的成本、较低的价格敏感度，可以给酒店企业带来较高的经营利润；（2）以消费者偏好为基础提供的专业化服务，增加了目标市场顾客的满意度，由忠诚顾客形成的细分市场构成了潜在竞争者的进入壁垒；（3）针对目标市场设计的专一化服务及其经验，使替代品威胁降到最低水平。

### （二）专一化战略的经营风险

当然，酒店企业实施专一化战略同样面临各种经营风险：（1）专一化经营使得企业的市场范围缩小，经营风险增大；（2）在与面向广泛市场的竞争对手竞争时，酒店企业选择的细分市场必须是有吸引力的，但这通常是不易确定的；（3）被酒店企业选定的目标市场的消费者需求可能会与整个市场上的消费者需求相似，在这种情况下，专一化战略的优势就会丧失。

## 模块小结

酒店战略的第一层次是基本战略。它是酒店经营者对酒店发展的总体目标做出的谋划和根本对策，具有长期性、全局性、稳定性、竞争性的特点。基本战略是酒店经营思想的集中表现，规定了酒店的发展方向。

酒店战略的第二层次是发展战略。根据酒店战略行为的特点，酒店的发展战略可以划分为发展型战略、稳定型战略、紧缩型战略和多元化战略4种基本模式。酒店经营者可以通过“SWOT”分析法，选择适合本酒店的发展战略。在进行发展战略选择时，必须研究潜在竞争者的进入威胁、替代品威胁、购买者压力、供应商压力和产业内竞争5种基本力量的影响。

酒店战略的第三层次是竞争战略。它关心的是酒店企业相对于竞争者而言在市场上的竞争地位。在行业内处于有利地位的酒店企业，能够更好地应对以上5种基本力量的挑战。酒店企业通常可以通过成本或性能与竞争对手进行比较，在特定的市场范围内，选择成本领先战略、差异化战略或专一化战略等通用竞争战略。

## 同步练习

**一、问题思考**

1. 酒店的基本战略包括哪些内容？具有什么特点？
2. 什么是“SWOT”分析法？
3. 影响酒店发展战略选择的环境因素有哪些？
4. 成本领先战略的竞争优势和经营风险有哪些？
5. 差异化战略的竞争优势和经营风险有哪些？
6. 专一化战略的竞争优势和经营风险有哪些？

**二、课堂交流**

以3～4人的小组为研究单位，研究下列实例参考，分析和归纳成功酒店所实施的企业战略。

## 实例参考

### 浙江新兴酒店集团五年战略发展规划

**一、战略远景：成为国内一流的综合性连锁酒店集团**

该目标有三层含义：

第一，酒店集团。酒店管理与酒店资产经营并重。

第二，综合性。同时从多个维度渗透到各个细分市场，不仅多样而且互补。

(1) 酒店档次定位：继续发展高星级酒店，强化新兴四、五星级高端型酒店的市场定位；继续向中档商务型酒店市场发展，探索新兴中档商务型酒店发展模式。

(2) 细分市场及功能定位：拓展多个有差异的、基于不同客户细分市场的品牌群，重点发展商务会议型酒店、度假型酒店和主题型酒店。

第三，国内一流。在行业地位上，成为最优秀的本土酒店集团。目前已基本完成浙江省的战略布局，下一步的重点是珠三角、长三角和环渤海，同时兼顾中部重要城市布局，因此下一个五年的重点仍在国内。

## 二、五年的目标

（一）规模目标

保持国内酒店集团前 10 强，进入世界酒店集团前 50 强。拥有 60 家以上开业的高星级酒店，客房数量超过 18 000 间；拥有 60 家以上开业的中档商务型酒店，客房数量达到 6 000 间。

（二）布局目标

（1）通过温州、嘉兴、金华项目布点，完成浙江全省布局。

（2）重点实现全国性布局。在天津、山东、江苏、福建、广东、海南等省份省会城市和主要城市完成战略布局；在四川、湖北、安徽等省份及东北地区发展新兴酒店，基本完成在全国发展的格局。

（三）质量目标

酒店优质服务在当地享有盛誉，顾客满意度、市场认知度居同档市场前列；保持每家新兴酒店在当地的经营业绩和品牌声望，酒店业绩居市场同档酒店前列。

## 三、能力提升与发展举措

为实现五年战略目标，酒店集团从业务拓展、品牌建设、集团化营销、产品经营、运营管理、中央采购等几个方面着手开展工作，以培育新兴酒店集团的核心资源，提升战略性能力、连锁发展能力及盈利能力。

（一）加快项目拓展，提升业务发展能力

为实现五年“双 60”的规模目标，集团将采取更加积极灵活的业务发展策略。通过强化发展部门设置、增加项目发展人员能力、扩大项目发展人员队伍等措施来增加项目拓展力量，拓宽渠道，提高项目质量。

1. 采取更加积极主动的发展策略

（1）树立积极进取的发展理念；

（2）制定总经理项目拓展制度；

（3）建立广泛的信息收集渠道；

（4）采取更有竞争力的合同条款；

（5）梳理流程，加速合同谈判进程。

2. 采取更加灵活的发展方式

新建或收购：对一线城市的旗舰酒店项目与房地产互动开发酒店项目，可以考虑投资建造或收购。集团将确保每年投资发展 1～2 家酒店。

参股：对可作为一个区域的标志性酒店的省会城市项目或重要城市项目，考虑参股经营。

租赁/承包经营：在当前委托管理市场受限制的情况下，对于市场前景明朗、品质不错的酒店项目，主要以租赁/承包经营方式作为拓展方式。

委托管理：作为未来发展方向，大力推动委托管理方式以加快发展。

特许经营：在委托管理合同结束后，可以考虑给予业主特许经营权。

公司收购：收购酒店管理公司。

3. 采取以点带面的区域发展策略

(1) 优先在省会城市及重要城市发展具有一定规模的酒店。

(2) 以标志性酒店为基地进行区域拓展，酒店总经理协助总部进行业务发展；在一个地区拥有2～4家地理位置接近的酒店时，可以委任区域总经理；在一个区域（省级行政区域以上）拥有5家以上酒店时，可以委任区域总监。

（二）明确品牌定位，制定并实施品牌战略

在现有“新兴名都”“新兴大酒店”品牌基础上，进一步根据酒店定位及客源市场进行品牌细分并清晰定位，制定系统的品牌发展战略及持续的实施步骤，加强品牌宣传力度。

进一步统筹品牌建设资源，建立和完善新兴五星级酒店、四星级酒店、度假型酒店清晰的品牌标准；通过品牌营销计划和专业策划推广活动，协同各酒店在品牌形象工作方面的进程，实现从区域品牌形象到全国性品牌形象的提升。采取多品牌进入细分市场的策略，根据市场定位、产品特色及目标客源的不同分为“新兴名都”“新兴大酒店”“新兴度假村”“新兴商务”“新兴精品”5个品牌。

新兴名都：五星级的商务会议品牌，位于经济发达的地级以上城市商业中心，规模宏大，设施豪华，服务全面。一般有客房400间以上，建筑面积在4万平方米以上，造价在8 000元/平方米以上，平均房价在500元/间以上。

新兴大酒店：四星级的全面服务酒店，位于城市商业中心或次商业中心地带，配备齐全的会议设施，提供高档餐饮、娱乐设施。一般有客房250间以上，建筑面积在25 000平方米以上，造价在6 500元/平方米以上，平均房价在300元/间以上。

新兴度假村：位于著名的旅游景点，定位为高档五星级酒店；总体建筑面积在2.5万平方米以上，有客房200间以上；拥有齐全的各项餐饮、娱乐设施及宜人的度假环境；在当地有潜力做到区域最佳的五星级度假村；在客源上，以中高档MICE（会展）、国内外旅游团队及高档度假散客、本地高档散客为主。

新兴商务：专注于中高档商务市场的酒店，位于经济发达城市商业区。一般有客房100～200间，建筑面积在12 000平方米以上，造价在3000～4 000元/平方米，平均房价在250～350元/间，配有2～3间会议室、商务中心、24小时营业的咖啡厅及精致餐厅。

新兴精品：选择特定城市和区域，以设计和文化特色见长的小型高档酒店或度假村。

（三）发展中档商务型酒店，探索运营及盈利模式

根据“争取用五年时间达到60家以上开业的中档商务型酒店”的战略目标，计划争

取通过2～3个项目的拓展与运作，加快梳理中档商务型酒店定位，探索该类型酒店的运营及盈利模式；经过一定数量的发展，逐步建立稳定的目标客户群，树立品牌知名度，奠定目标细分市场的地位，并通过新建、收购、租赁、特许经营等灵活的发展方式，加速连锁化发展，达到既定战略目标。

（四）培育集团核心资源，提升集团化营销能力

在已建立集团化营销框架的基础上，加强能力培育，围绕客户关系管理系统建设，提高集团化客源共享。包括：

集团订房中心及订房网推行：通过多项开放式的活动，加大订房宣传力度，协同推广。

总部信息系统的完善：充分整合GDS、IDS、呼叫中心、DMS，推动全球分销渠道的开发。

集团会员俱乐部的运作：以便捷、灵活的方式快速推进金爵会和商祺会会员积累；整合社会资源，与国际航空公司、金融服务公司及银行卡会员等消费品牌进行战略联盟。

推进收益管理：基于对市场的科学判断和开元信息技术系统的支持，采用收益管理这一战略工具，推进客房存货及其他酒店产品的充分利用，实现酒店收益最大化。

（五）完善运营管理，强化服务产品竞争优势

1. 完善集团运营管理

通过总部管控架构改进、开业规范管理、运营管理指导及质量监控等方面工作，进一步完善集团的运营管理。酒店集团总部继续推行季度的业务巡视和每年的绩效评价体系，通过第三方不定期监控，发现问题，了解每家酒店的运营状况，协同酒店管理层及时采取改善计划，确保有良好的业绩表现。以全面质量管理思想为指导，通过标准作业程序（SOP），改进成员酒店培训质检体系，推进服务质量的保持和提升。

2. 强化产品竞争优势

继续坚持“为宾客提供东方文化和国际化标准完美融合的服务”的经营宗旨，继续致力于重点突出新兴关怀服务特色，推行“新兴关怀”服务计划。同时，进一步重视客房产品的建设与销售，提高单房收益率，改善产品收入结构。强化餐饮和会议优势，通过标准化建设、资源技术共享提升品质；通过具有市场号召力的餐饮规模、出众的服务、高品质菜肴及有力的销售策略，稳固新兴餐饮产品差异化竞争力。

（六）完善培训体系，加快中高层管理人才供给

人力资源管理工作要提升到组织管理的首位，制定人才战略，加快系统化的培训体系建设，重点加快对部门经理及以上中高层管理人员的培养速度，积极引进符合新兴要求的中高层管理人员。在人员招聘上，依托严谨、科学的甄选评估流程选用人才；坚持以内部培养为主，继续推进培养熟练、专业、忠诚的管理团队；以信息化为平台，完善人力培养、培训体系，开发互动、有效、专业的培训课程，为发展提供人才原动力。完善人力资源制度，宽幅薪酬、技术岗通道、薪酬的竞争力和高福利是政策完善的方向，

打造最佳雇主品牌，为员工提供公平的待遇和发展机会。

（七）继续探索模式，发挥中央采购的战略优势

采购集中运作是集团发挥规模优势和成本优势的一个重要方面。继续研究和探索中央采购的模式，最大限度地发挥中央采购优势；在近年来执行“三个有利于”的前提下，采购工作需要由内部配套向竞争性采购的战略转移；完善和落实基于网络的供应链系统，为酒店提供系统的服务，提升酒店竞争力。

# 模块六 酒店的市场营销

学习目标

**知识目标**

- 熟悉酒店市场营销调研与分析的方法
- 了解酒店市场营销策划的方法和步骤
- 知晓酒店市场营销组合策略的内容

**能力目标**

- 能采用酒店市场营销调研的方法组织市场调研活动
- 能运用STP营销法进行酒店市场营销的策划
- 能说明酒店＋互联网营销、酒店＋移动营销、酒店＋新媒体营销的概念

**素养目标**

- 通过酒店市场营销组合策略的分析，提高归纳和演绎的学习能力
- 通过酒店市场营销模式变革趋势的研讨，培养善于思考的创新能力

# 项目一 酒店市场营销调研与策划

酒店的市场营销，就是指酒店企业为了让目标顾客满意，并实现酒店经营目标而展开的一系列有计划、有步骤、有组织的活动。它也是酒店企业围绕顾客需求开展产品设计、价格制定、渠道拓展及活动促销的经营过程。

## 一、酒店市场营销调研

酒店市场营销调研是指为了实施营销管理而对那些与酒店营销决策有关的信息进行系统的收集、分析和报告的过程。酒店市场营销调研是营销分析的前提，它的功能是把酒店管理者同消费者和公众联结起来，酒店管理者借助这些信息可以发现和确定营销机会和问题，改善营销活动。酒店市场营销调研包括以下几个步骤：

### （一）确定调研问题及目标

这一步骤也称酒店市场营销调研问题的形成，通常包括两方面内容：第一是确定调研的具体问题，第二是明确调研的目标。

确定调研问题及调研目标，往往是市场营销调研过程中难度最大的环节之一。酒店管理者可能已经知道营销中存在的问题，但找不出产生问题的具体原因，因此需要通过调研来寻找答案。确定营销中存在的问题后，酒店管理者应和调研人员共同确定调研目标。一般而言，一个调研项目可能存在 3 种目标，即探索、描述和因果分析。调研目标一旦确定，调研人员也就明确了进行某项调研的目的。

### （二）进行调研设计和数据收集

调研前要明确酒店营销决策需要哪些信息，这是调研设计所要解决的首要问题。酒店营销信息通常分为两大类：第一类称为第一手资料，是指通过与顾客接触亲自且首次收集来的信息；第二类称为第二手资料，即通过间接的方法收集来的现存资料。

酒店市场营销调研需要得到的信息一般包括两种：一是有关环境方面的信息，如市场竞争、消费者行为等；二是有关酒店营销组合方面的信息，如产品、价格、渠道、促销等方面的信息。数据收集常用的方法有实地调研法和抽样调研法。实地调研法包括观察、询问、实验和邮寄等具体办法，抽样调研法包括随机抽样、非随机抽样等具体办法。

### （三）实施调研计划

这一步骤包括收集、整理和分析数据等工作。调研中的数据收集阶段通常是花费最大且最容易失误的阶段。因此，调研人员在实施调研计划的过程中，应尽可能准确地按计划要求去做，使获得的数据尽可能接近事实。对收集来的数据必须经常进行分析和处理，否则会导致原始数据杂乱无章、无法使用。

### （四）准备调研报告

对调研结果做出解释、得出结论，并向酒店营销管理部门提交调研报告，是酒店市场营销调研的最后一步工作。应注意的是：调研报告不是一系列数据的堆砌，而是简明扼要的结论及说明。

在调研过程中，酒店管理者和调研人员应紧密配合、协调一致，这是酒店市场营销调研工作取得良好效果的基本保障。

## 二、酒店市场营销分析

酒店市场营销分析的内容，主要包括企业产品/市场分析、消费者行为分析和竞争形势分析。通过分析，酒店可以了解其所处的宏观环境和微观环境，明确自己的竞争优势与劣势，避开威胁因素，寻找市场营销的机会。

### （一）企业产品/市场分析

一些学者和机构曾提出一些对企业产品加以分类和评价的方法，其中最著名的是美国波士顿咨询集团的方法。这种方法也同样适用于酒店企业产品与市场发展状况的分析。

波士顿咨询集团是一流的管理咨询企业，它建议企业采用“市场增长率相对市场占有率矩阵”来对企业产品加以分类和评价，简称 BCG 分析法（又称波士顿咨询集团法，见图 6－1）。

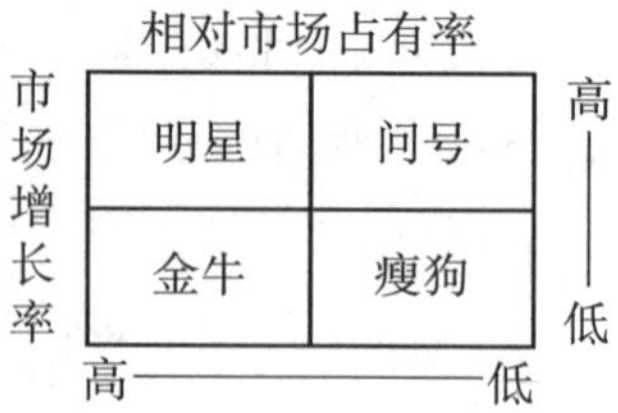


**图 6－1　BCG 分析法**

BCG 分析法把企业所有的产品分为以下 4 种不同类型：

1. 问号类产品

问号类产品是指市场增长率高而相对市场占有率低的产品，企业产品发展往往从问号类产品开始。问号类产品需投入大量资金，以满足迅速增长的市场需求。企业应该慎重地选择一两个有前途的问号类产品，集中投入资金，将其培育为明星类产品。

2. 明星类产品

明星类产品是高速增长市场中的领先者，具有一定的优势。企业必须投入大量资金来维持其市场增长率和击退竞争者的进攻。因此，明星类产品不一定能为企业带来丰厚的利润，但它常常是企业未来的金牛类产品。

3. 金牛类产品

当市场增长率下降到10%以下，却仍保持较高的相对市场占有率时，明星类产品就变为金牛类产品。金牛类产品市场增长率低，企业不必大量投资。作为市场领先者，金牛类产品还享有规模经济的优势，所以能为企业带来大量利润，支持其他各类产品的经营。

4. 瘦狗类产品

瘦狗类产品是指市场增长率和相对市场占有率都较低的产品，它们在竞争中处于劣势，既可能是亏损产品，也可能是保本产品。如果没有特别的原因，企业应进一步收缩或淘汰这类产品。

将经营的各类产品在矩阵图上定位后，酒店企业就可以确定其现有产品组合是否合理了。由于一般产品都有生命周期，在矩阵图上往往表现为从问号类产品开始，之后转向明星类产品，进而成为金牛类产品，最终降为瘦狗类产品。酒店企业必须注意各类产品变化的位置，预测未来的市场变化，合理规划产品开发战略。

### （二）消费者行为分析

酒店消费者行为是指消费者购买酒店产品前、消费过程中及消费后整个过程中的所思、所为。消费者行为是受个人因素、社会因素及环境因素共同作用而发生的。要想使消费者选择本酒店而不选择竞争酒店，酒店管理者就必须善于分析各类消费者的行为及影响消费者行为的各种因素。

消费者的购买行为一般可分为4种类型，如表6-1所示。

**表6-1　消费者购买行为类型**

| 市场特征 | 产品特征 | |
|---|---|---|
| | 高档产品 | 低档产品 |
| 选择机会多 | 复杂型 | 随意型 |
| 选择机会少 | 协调型 | 习惯型 |

1. 习惯型购买行为

对于价格低廉的、经常性购买的商品，消费者的购买行为是最简单的。这类商品的品牌差别极小，消费者对此也十分熟悉，不需要花时间进行选择。这种简单的购买行为不经过搜集信息、评价产品特点、最后做出决定这种复杂的过程。营销者可以通过价格优惠和营业推广等方式来鼓励消费者试用、购买和续购其产品。由于消费者对这些商品的品牌不很在意，只是被动地接收信息，因此营销者在做广告时要注意视觉符号和形象。

2. 随意型购买行为

有些商品品牌之间有明显差别，但消费者并不愿意在上面多花时间，而是不断变化他们所购商品的品牌。如在购买点心之类的商品时，消费者往往不愿花长时间来选择和估价，下次买时会换一种新花样。消费者这样做往往不是因为对商品不满意，而是为了寻求多样化。对于这种情况，营销者应多采用营业推广的办法，保证商品供应，鼓励消费者购买。

3. 协调型购买行为

有些商品品牌区别不大，购买时有一定的风险，但消费者又不经常购买。对于这类商品，消费者一般会先寻找几个品牌看看，进行一番比较，之后不费多长时间就购买。这是因为各品牌之间没有明显的差别，如果价格合理，购买方便，消费者就会决定购买。在使用期间，消费者会了解更多情况，并寻求种种理由来减轻、化解不协调，以证明自己的购买决定是正确的。

4. 复杂型购买行为

当消费者要购买一件价格高的、不常购买的而又非常有意义的商品时，就会全身心地投入购买。这类商品各品牌之间有明显的区别，消费者往往对这类商品缺少了解，需要学习，要经历一种复杂的购买过程：首先了解商品的性能、特点，从而对该商品产生某种看法，然后与其他相关商品进行反复比较，最后才会实际购买。其间，消费者往往还会向其他使用者征求看法和意见。对于这种购买行为，营销者应利用一切渠道让消费者了解商品的性能、特点以及它在同类商品中的优势地位，并积极做好售后服务。

### （三）竞争形势分析

酒店管理者除了对企业产品/市场、消费者行为等进行分析，还必须较详细地分析竞争形势。通常，酒店竞争形势分析可分为以下几个步骤：

1. 确定酒店主要竞争对手

在竞争形势分析中，酒店管理者首先必须明确谁是本酒店的主要竞争对手，谁将成为本酒店的主要竞争对手。截至 2024 年底，我国已拥有 7 716 家星级酒店，酒店之间的竞争在各个档次、各个方面激烈地开展着。以上海为例，该城市已有 148 家星级酒店，同时，每年新建的酒店也不断涌现。倘若上海的酒店管理者对整个城市的酒店都进行分析研究，从投入的人力、物力、财力上来看都是不可取和不明智的。因此，要进行有效的竞争形势分析，制定出奇制胜的竞争对策，首先必须找准自己的主要竞争对手。酒店可按照所在区域、星级档次、经营的目标市场及经营的项目等因素来确定本酒店的主要竞争对手。

2. 进行竞争情况比较

竞争情况的比较，可从竞争对手所争夺的目标市场顾客需求着手，尤其要针对顾客选择酒店的重要标准来进行竞争情况的相互比较，如酒店的地理位置、设施、服务、价格等；然后进一步了解竞争对手的产品——服务组合情况及近期开展的营销活动和销售情况。通过对销售情况的比较，酒店管理者可了解本酒店和竞争对手分别运用了哪些行之有效的营销策略，从而为制定日后的营销方案打下良好的基础。

3. 确定酒店相对竞争优势和劣势

根据前面两步工作，酒店管理者可以很容易地知晓本酒店的相对竞争优势和劣势。酒店管理者应将本酒店的优势、劣势以书面形式记录下来，便于酒店决策者在制定年度营销计划时参考和使用。

4. 确定酒店竞争对策

酒店竞争形势分析的最终目的是制定本酒店有效的竞争对策，明确自己的竞争地位。通常，在同一目标市场上竞争的酒店，因营销目的、资源和实力不同，各自有不同的竞争地位，也会因竞争地位的不同而采取不同的竞争对策。

## 三、酒店市场营销策划

按照顾客需求的差异程度，可将市场分成两种性质的市场。一是同质市场，指那些由需求几乎完全相同的顾客组成的市场。如日常生活中，人们都需要购买酱油、大米，他们的需求基本一致。二是异质市场，即由许多具有不同需求的顾客组成的市场。如酒店的客源市场，就是由许多不同类型且需求又有明显差异的顾客组成的市场。显然，异质市场带给管理者的挑战远远超过同质市场。酒店管理者所面临的市场是异质市场。

国际上专门研究市场营销的专家，通过大量理论和实践的反复论证，形成了一套经营异质市场的有效方法，称为 STP 营销法。一是按照一定的依据和标准对市场进行细分，即市场细分（Segmenting）；二是选择对本酒店最有利且本酒店有能力满足的亚市场（即经细分后的某一市场组成部分）作为自己奋斗和服务的目标市场，实行有目的、有针对性的营销活动，也称市场目标化（Targeting）；三是确定本酒店在该市场中的竞争地位，做好产品的形象策划与设计，即明确酒店的市场定位（Positioning）。

### （一）市场细分

市场细分是指酒店管理者按照消费者的一定特性，把异质市场分割成两个或两个以上的同质市场，以用来确定目标市场的过程。酒店做好市场细分工作，一是有利于发现市场营销机会，二是有利于深入了解消费者的需求，三是有利于制定正确的营销策略。

1. 市场细分的方法

酒店管理者可以利用许多因素来对酒店市场进行细分，常用的市场细分方法有以下几种：

（1）地理细分方法，即按照不同地理区域将酒店市场划分为若干个亚市场，以现在及潜在的客源发生地为研究的出发点。根据旅游输出国与接待国之间的距离，酒店市场可以细分为远程旅游市场和近程旅游市场；根据旅游者的客流量，酒店市场可以细分为一级市场和二级市场；根据旅游发生国或发生地的不同，酒店市场可以细分为不同国家或地区的旅游市场。

（2）人口细分方法，即根据旅游者的年龄、性别、家庭规模、婚姻状况、收入水平、职业、文化程度、民族、社会阶层等人口特征因素，将酒店市场划分为若干个亚市场。

（3）心理细分方法，即根据旅游者的生活方式、性格、爱好、价值观、心理敏感度、心理适应性等心理特征因素，把酒店市场划分为若干个亚市场。如旅游者的性格包括外向与内向、独立与依赖、乐观与悲观、开放与保守等，加之他们在不同社会环境中逐渐形成的不同生活习惯和价值观，酒店管理者可以将酒店市场进行不同的细分。

（4）行为细分方法，即根据旅游者的购买动机、购买时间、购买地点、购买习惯、使用频率、品牌忠诚度等行为特征因素，把酒店市场划分为若干个亚市场。如酒店利用品牌忠诚度来进行市场细分，发现欧美公司的长住客是比较忠诚的消费者，就可把欧美公司的长住客作为酒店重要的目标市场。

2. 市场细分的原则

如果把上述 4 种市场细分方法交叉使用，那么就有无数种市场细分方法，但是许多交叉使用的市场细分方法是没有实际意义的。进行市场细分应遵循下列原则：

（1）可衡量性。细分市场的规模、购买力及特征要能衡量和区分。

（2）可获得性。酒店能有效地进入细分市场，即该细分市场的消费者可以通过酒店的营销而被获得。

（3）可盈利性。细分市场应足够大，具有一定的稳定性，以便酒店进入该细分市场后最终能够盈利。

（4）可行性。酒店能够设计出吸引和满足该细分市场的有效的营销方案。

### （二）市场目标化

市场目标化是指酒店企业在市场细分的基础上，选择一个或几个子市场作为目标市场的活动。“足够大”“有潜力”“未饱和”是酒店企业选择目标市场的三大依据。酒店管理者在进行市场目标化进程中，常采用 3 种市场目标化策略，这 3 种策略也可统称为酒店市场覆盖策略。

1. 无差异化营销策略

无差异化营销策略忽略不同顾客的需求差别，寻找出全部目标市场需求的共性，据此以同样的营销组合为该市场提供服务（见图 6－2）。

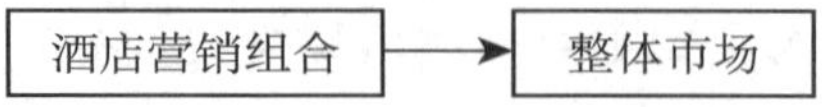


**图 6－2　无差异化营销策略**

无差异化营销策略的优点是可以发挥规模效益优势，降低成本，简化营销工作。缺点是有效性较差，易引起其他企业模仿，造成更激烈的市场竞争。

2. 差异化营销策略

差异化营销策略是企业针对不同的细分市场分别设计相应的营销组合，即用不同的营销组合分别进入几个目标市场（见图 6-3）。

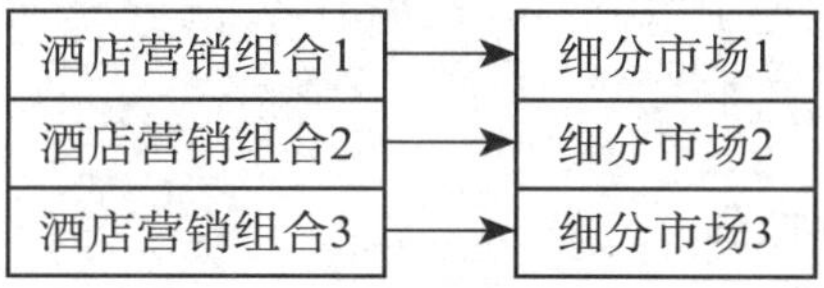


**图 6-3　差异化营销策略**

差异化营销策略的优点是能有针对性地满足不同消费者的需求，创造出更多的销售收入。缺点是营销成本和操作要求高，一般适合实力较强的企业。

3. 密集型营销策略

密集型营销策略是企业选择一个或少量几个细分市场，集中力量争取在所进入的细分市场中获得较高的市场占有率（见图 6-4）。

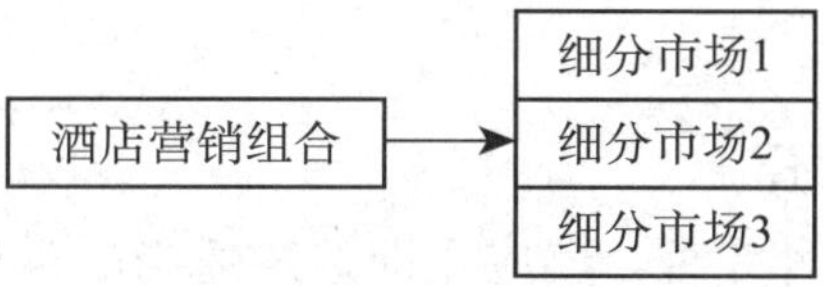


**图 6-4　密集型营销策略**

密集型营销策略的优点是能集中力量发挥优势，以特色取胜。缺点是风险较大。密集型营销策略为中小企业发挥自己的优势提供了一个较好的办法。

对于以上 3 种市场目标化策略，酒店管理者究竟选择使用何种策略，应视其资源、产品特色、市场情况、竞争对手的策略等因素而定。

## （三）市场定位

市场定位是指酒店为了使自己的产品和服务在目标市场消费者心中占据明确的、独特的、深受欢迎的形象（或地位）而做出的决策和进行的营销活动。如上海金茂君悦大酒店的市场定位就是豪华型酒店，上海锦江之星的市场定位就是经济型酒店。

通常，酒店企业可以通过创造产品差别、服务差别、员工差别、价格差别、消费群体差别与销售渠道差别来建立起自己区别于竞争对手的市场形象。正确的市场定位有助于酒店企业在市场上营造自己的特色，增强竞争力。同时，市场定位决策也是制定酒店营销组合的依据。

酒店市场定位工作大致可分为以下 5 个步骤：

1. 明确酒店目标市场顾客所关心的关键利益（因素）

市场定位的目的之一是树立明确、独特的深受顾客喜欢的酒店形象。为此，酒店管理者首先要分析研究顾客在选择酒店时最关心的因素及顾客对现有酒店的看法，只有这样才能投其所好。

2. 进行形象的决策和初步构思

之后，酒店管理者就要研究和确定酒店应以何种形象出现于市场方能获得顾客的青睐。值得注意的是，酒店管理者在进行这一步工作时，应站在顾客的立场和角度去思考问题，如“该酒店能为我做些什么”“我为什么偏要选择这家酒店而不选择别的酒店”等。

3. 确定酒店与众不同的特色

市场定位的另一个目的是树立独特的、容易让人们记住并传播的形象。事实上，酒店在许多方面均可显示出自己的特点或个性，如管理风格、服务、价格、地理位置、建筑特色等。酒店管理者应选择将最能体现本酒店特色的方面应用到酒店形象的构思与设计中去。

4. 进行形象的具体设计

这是指酒店管理者在前三步工作的基础上，应用图片、文字、色彩、音乐、口号等手段，将构思好的理性形象具体地创造出来，使它对顾客的感官产生作用，这样顾客就能很容易地记住酒店的形象。

5. 进行形象的传递和宣传

酒店的市场形象一经设计完善，就应立即选定适当的宣传时机和合适的宣传媒介向目标市场顾客传递和宣传；否则，即使形象设计得再好，也只能停留在酒店管理者的脑海里。

综上所述，酒店管理者应当明白，STP 营销法是一种能助力经营成功、取得更高市场占有率的好办法，然而其难度也是显而易见的。这就要求酒店管理者具备渊博的市场知识、强烈的竞争意识、对本酒店产品的深入了解和丰富的酒店管理经验，同时要求酒店管理者具有一定的创造力和想象力。

## 案例分析

### 必胜客带来用餐新概念

休闲连锁餐饮品牌必胜客在中国北京的首家餐厅于 1990 年 9 月开业，至今已在中国华北、东北、华南、西南、西北等地开设了多家连锁餐厅。它的以“休闲、舒适、温馨、情趣、品位”为主题的餐饮模式受到都市人的青睐。必胜客不同于肯德基式的自助快餐，更非正襟危坐的西式大菜，它在环境布置、菜单设计、服务方式、顾客需求等方面与快餐和中餐有很大区别，可以用一个公式来对其进行概括：

必胜客优良品质的承诺＝一流的产品＋舒适的环境＋周到的服务＋公道的价格

必胜客的成功是现代市场营销策略的完美诠释，它告诉我们：确定一个适合企业的目标市场是至关重要的。



# 项目二 酒店市场营销的组合策略

酒店市场营销的实施，主要通过酒店的市场营销组合进行。酒店的市场营销组合，是指酒店企业为了满足目标市场的需要，有计划地综合应用酒店可以控制的产品、价格、渠道、促销等方面的市场营销手段，以实现销售产品并取得最佳经济效益的策略组合。传统的营销策略主要包括产品（Product）策略、价格（Price）策略、渠道（Place）策略和促销（Promotion）策略，即通常所说的4P营销组合策略。

## 一、酒店的产品策略

酒店产品是酒店营销组合中的首要的、决定性的因素。要设计和构思好酒店经营的产品，首先必须对酒店产品的概念、内涵等有清楚的认识，然后研究酒店产品的开拓与创新。

### （一）酒店产品的概念

从酒店营销角度去理解，酒店产品就是为顾客提供的一种在酒店体验的经历。任何产品都包括两个因素：一是产品的有形特征，即产品的物质因素和物理特征；二是产品通过其物理特征提供给消费者的各种利益。酒店营销更重视其产品带给顾客的利益。我们把酒店产品具体定义为由核心利益、展现利益和附加利益所组成的一次顾客的消费经历。其中，产品的核心利益是指酒店产品满足顾客需要的核心内容。例如：五星级酒店的核心利益是为顾客提供豪华、舒适的享受，而经济型酒店的核心利益是为旅客提供便利和清洁的住宿环境。酒店经营者的任务就是要发现顾客的真正需要，把顾客所需要的核心利益提供给他们。然而，酒店产品的核心利益只是一个抽象概念，要提供给顾客必须通过一定的具体形式实现。

酒店产品的展现利益是用来说明产品是如何为顾客提供核心利益的。展现利益是从物质上展示出产品核心利益的各种因素，如酒店的地理位置、建筑特色、周围环境、灯光、音响设施、面积、气味、装潢、员工等。

酒店产品的附加利益是指顾客在购买酒店产品时所得到的附加服务或好处。它对顾客来说并不是必不可少的，但对酒店产品的完整性及产品的吸引力会产生一定的影响。如酒店为顾客提供擦鞋、洗衣、康乐等服务。

### （二）酒店产品的生命周期

人们往往发现，不管什么产品，无论其过去多么受欢迎，最终总会因某种原因而被市场淘汰。产品的生命在市场上也像人的生命一样，有一个发生、发展和消亡的过程。这个过程可以分成若干阶段，每一个阶段都有一定的市场特点。营销理论把产品从进入市场到最终退出市场的整个过程，称为产品的生命周期。

在一般情况下，根据产品销售量变化的情况，可以把产品生命周期划分为4个阶段，即导入期、成长期、成熟期和衰退期（见图6-5）。

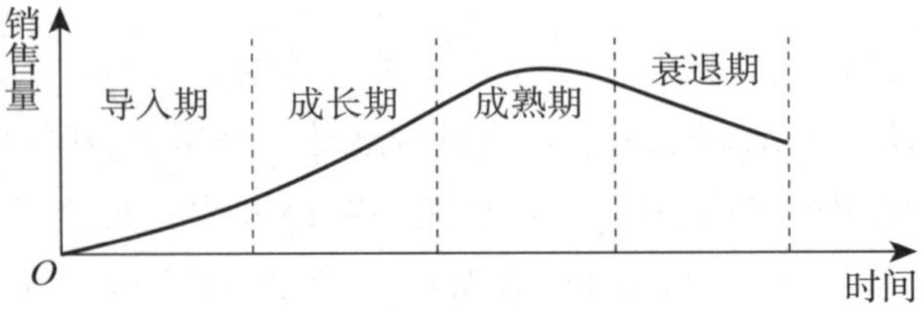


**图6-5　产品的生命周期**

1. 产品销售量

如图6-5所示，在导入期，由于生产的批量少，消费者对新产品缺乏了解，常常不愿改变以往的购买习惯。因此，这个阶段产品销售量小、销售增长率低，一般不超过10%。

经过一段时间的介绍推广，当产品为市场所充分了解并接受时，消费者会踊跃购买，产品销售量迅速增加，销售增长率超过10%，产品便进入成长期。

在产品的成熟期，由于市场普及率高，市场容量接近饱和，销售量增长速度减弱，销售量便逐渐稳定了。成熟期的销售增长率一般为0.1%～10%。

当市场出现了更新颖的产品，或者消费者的需求出现变化时，旧产品就逐渐被新产品代替。有时虽然没有替代商品出现，但因为消费者需求的转移，对以往的产品不再感兴趣，产品就进入衰退期，销售量迅速下降，销售增长率出现负值。

2. 产品价格

当产品处于导入期时，生产成本和销售费用都很高，产品价格不可能太低。尽管这一阶段的价格有时会低于成本，但同整个生命周期的其他阶段相比，仍然可能是最高的（见图6-6）。

当产品销售量有了一定的增加之后，成本费用会相对减少，随着市场竞争的加剧，产品价格会不断下降。当进入衰退期后，各企业为了避免积压，往往把产品价格定得很低，甚至低于成本。

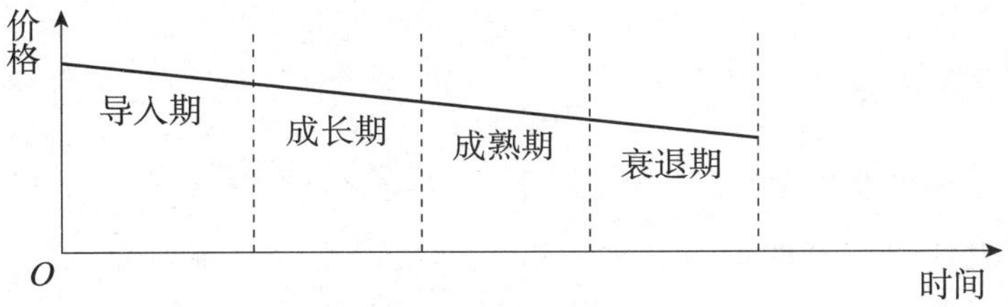


**图 6－6 产品价格的变化**

3. 产品成本

在导入期，由于生产的批量小，产品的固定成本和销售费用比较大，因此产品的总成本较高（见图 6－7）。

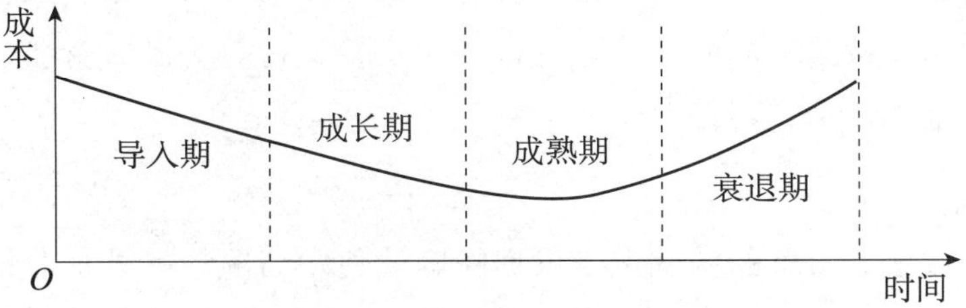


**图 6－7 产品成本的变化**

当产品进入成长期和成熟期后，由于销售量增加，技术进一步成熟，产品的固定成本不断减少。另外，随着产品市场知名度的提高，销售费用也相应减少。在成熟期，产品成本为整个生命周期中的最低点。到了衰退期，由于销售量下降，产品的单位成本必然会有所增加。同时，企业为了推销产品，会大量支出销售费用。这些都增加了衰退期的产品成本。

4. 销售利润

在导入期，产品的生产成本和销售费用比较高，因而此时成本常高于售价，发生亏损（见图 6－8）。

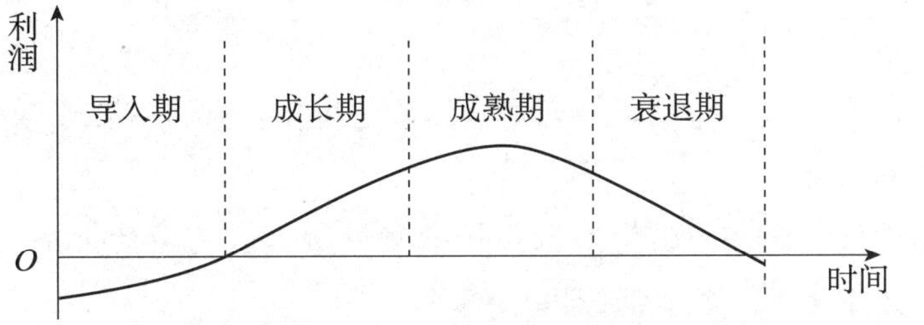


**图 6－8 销售利润的变化**

当产品进入成长期后，由于销售量不断上升，成本不断下降，价格开始高于成本，从而产生盈利。当产品进入成熟期后，利润往往达到最高点。随着产品衰退期的到来，又会出现价格不断下跌、成本不断上升的情况，到了一定的点就可能发生亏损，使利润出现负数。

## 二、酒店的价格策略

价格是酒店营销组合的第二个组成因素，也是影响顾客选择酒店的主要因素之一。价格是酒店营销组合中十分敏感的因素，价格制定得是否合理，直接关系到需求量的多少和酒店利润的高低，并且影响酒店营销组合的其他因素。

### （一）酒店价格的类型

酒店产品的市场交易价格可以分为以下 4 种基本类型：

1. 公布房价

公布房价是指在酒店价目表上公布的各种类型客房的现行价格，又称基本价格、门市价格或散客价格。根据不同的计价方式，公布房价又可分为欧式计价、美式计价、修正美式计价、欧陆式计价和百慕大计价 5 种。

2. 追加房价

追加房价是在公布房价的基础上，根据顾客的住宿情况，另外加收的房费。通常有以下几种情况：

（1）白天租用价。顾客退房超过了规定时间，酒店将向顾客收取白天租用价。许多酒店规定：顾客在 12 时以后、18 时以前退房，加收半天房费；在 18 时以后退房，加收一天房费。

（2）加床费。这是酒店对需要在客房内临时加床的顾客加收的一种房费。

（3）深夜房价。顾客在凌晨抵店，酒店通常向顾客加收一天或半天房费。

（4）保留房价。住客短期外出旅行，但继续保留所住客房，或预订顾客因特殊情况未能及时抵店，酒店通常要求顾客支付为其保留客房的房费，但一般不再加收服务费。

3. 特别房价

特别房价是根据酒店的经营方针或其他理由，对公布房价做出的各种折让价格。通常采用的折让价格有：

（1）团队价。这是酒店为团队顾客提供的数量折扣，其目的在于吸引大批量的顾客，从而售出大批量的客房。

（2）家庭租用价。这是酒店为携带孩子的父母所提供的折让价格，如给未满 6 周岁的儿童免费提供儿童床等，以刺激家庭旅游者。

（3）小包价。这是酒店为有特殊要求的顾客提供的一揽子报价，通常包括房费及餐费、游览费、交通费等项目的费用，以方便顾客做好预算。

（4）折扣价。这是酒店向常客、长住客或有特殊身份的顾客提供的优惠价格。

（5）免费。这是酒店在互惠互利原则下，给予与酒店有双边关系的顾客的免费招待待遇。免费的范围既可以包括餐费，也可以仅限房费。

4. 合同房价

合同房价又称合同价格或批发价格，是酒店给予中间商的优惠价。中间商销售酒店的客房要获取销售利润，为此与酒店确定散客和团队的优惠价，以使在销售酒店产品后有足够的毛利支付销售费用，从而获得利润。根据中间商的批发量和付款条件，酒店给予不同的数量折扣和付款条件折扣。

## （二）酒店产品定价的方法

影响酒店产品定价的主要因素是产品成本、需求与市场竞争。酒店在定价时，通常考虑其中一个以上的因素。因此，酒店产品定价的基本方法不外乎以成本为中心、以需求为中心和以市场竞争为中心 3 种类型。

1. 以成本为中心的定价法

它是以酒店经营成本为基础制定产品价格的一种方法，产品成本加企业盈利就是产品的价格。从酒店财务管理的角度看，产品价格的确定应以成本为基础，如果价格不能保证成本的回收，则酒店的经营活动将无法长期维持。

（1）建筑成本定价法。建筑成本定价法又称千分之一定价法，是国际上比较通用的一种根据酒店建筑总成本来制定客房价格的方法。其计算公式为：

$$客房价格=\frac{酒店建造总成本}{酒店客房数}\times\frac{1}{1\ 000}$$

酒店建造总成本包括建筑材料费用、各种设施设备费用、内部装修及各种用具费用、各种技术费用、人员培训费用和建造中的资金利息等。

（2）盈亏平衡定价法。该定价法是指酒店在既定的固定成本、变动成本和产品估计销量的条件下，实现销售收入与总成本相等的产品价格，也就是酒店不赔不赚时的产品价格。以客房产品价格为例，其计算公式为：

$$客房价格=\frac{每间客房日费用额}{1-增值税税率}$$

其中，每间客房日费用额包括客房固定费用日分摊额和客房日变动费用。客房固定费用日分摊额可依据不同类型客房的使用面积进行分摊：

$$每平方米使用面积日固定费用=\frac{全年客房固定费用总额}{客房总使用面积\times年日历天数\times出租率}$$

客房日变动费用可以按客房间数进行分摊：

$$每间客房日变动费用=\frac{全年客房变动费用总额}{客房数\times年日历天数\times出租率}$$

$$每间客房日费用额=客房使用面积\times\frac{每平方米使用}{面积日固定费用}+每间客房日变动费用$$

（3）成本加成定价法。这种定价法也称成本基数法，即按产品成本加上若干百分比的加成额进行定价。其计算公式为：

$$客房价格=\frac{每间客房总成本\times(1+加成率)}{1-增值税税率}$$

按照这种定价方法，酒店客房价格可分三步确定：1）估算单位客房产品每天的变动成本；2）估算单位客房产品每天的固定成本；3）单位变动成本加上单位固定成本即为单位客房产品的全部成本，全部成本加上成本加成额就可得到客房价格。

（4）目标收益定价法。这是另一种以成本为中心的定价方法，它的出发点是通过定价来达到一定的目标利润，以期在一定时期内全部收回投资。其基本步骤为：

1）确定目标收益率（或投资报酬率）。

2）确定目标利润额，计算公式为：

$$目标利润额=总投资额\times目标收益率$$

3）预测总成本，包括固定成本和变动成本。

4）确定预期销售量。

5）确定产品价格，计算公式为：

$$产品单位售价=\frac{总成本+目标利润额}{预期销售量}\div(1-增值税税率)$$

美国酒店协会创造了一种类似于目标收益定价法的客房定价法，称为赫伯特公式法。它以目标收益率作为定价的出发点，预测酒店经营的各项收入费用，以测算出客房的平均价格。

2. 以需求为中心的定价法

以成本为中心的定价法有一个缺点，即忽视了市场需求和市场竞争因素，完全站在企业的角度考虑问题。以需求为中心的定价法是以市场导向观念为指导，从顾客的需要出发，认为产品的价格主要应由顾客对产品的需求程度和对产品价值的认同程度来决定。

这种定价法认为，一种产品的价格、质量及服务水平等在顾客心目中都有一个特定的位置。当产品价格和顾客的认识、理解水平大体一致时，顾客才会接受这种价格；如果产品定价超过顾客的理解价值，顾客是不会接受这个价格的。酒店产品的价格，不仅取决于该产品对满足顾客某种欲望的客观物质属性，而且取决于顾客的主观感受和评价。通常采用的方法有以下 3 种：

（1）直觉评定法。这是指邀请顾客或中间商等，对酒店的产品进行直觉价值评价，以确定产品价格。

比如，某酒店除了拥有与竞争酒店相同的标准客房，还具有地理位置优越、环境清洁卫生、安全可靠、服务员体贴热情等产品特点。根据直觉评定法，我们可得标准客房价格为：

| | |
|---|---|
| 竞争对手价格 | 200 元 |
| 地理位置优越 | 10 元 |
| 环境清洁卫生 | 10 元 |
| +服务员体贴热情 | 15 元 |
| 标准客房价格 | 235 元 |

(2) 相对评分法。这种定价法首先对多家酒店的产品进行评分，再按分数的相对比例和现行平均市场价格，计算出产品的理解价格。

比如，将100分按适当比例分配给不同的酒店，假设有甲、乙、丙三家酒店，经过综合测评，甲、乙、丙得分分别为42分、33分、25分，这三家酒店顾客愿意支付的平均房价为200元，则每家酒店的房价分别为：

甲酒店房价=200×42÷33=255（元）

乙酒店房价=200×33÷33=200（元）

丙酒店房价=200×25÷33=152（元）

(3) 特征评分法。这是指请求消费者按各家酒店产品的有形性、可靠性、反应性、保证性及移情性5个特征对自己的相对重要性，来评定各家酒店产品的直觉价值等级。每个特征的相对优劣程度分配总分100分，并按照每个特征对消费者的相对重要性分配100分，每个特征的得分用重要性权数加权，求出全部特征相对优劣程度的总得分(见表6-2)。

**表6-2 客房产品特征直觉价值等级**

| 特征 | 重要性(%) | 相对优劣程度分数 | | | 特征得分 | | |
|---|---|---|---|---|---|---|---|
| | | 甲酒店 | 乙酒店 | 丙酒店 | 甲酒店 | 乙酒店 | 丙酒店 |
| 客房设施 | 25 | 40 | 40 | 20 | 10.00 | 10.00 | 5.00 |
| 服务质量 | 30 | 50 | 25 | 25 | 15.00 | 7.50 | 7.50 |
| 服务手段 | 15 | 33 | 33 | 33 | 4.95 | 4.95 | 4.95 |
| 客房安全 | 15 | 45 | 35 | 20 | 6.75 | 5.25 | 3.00 |
| 情感满足 | 15 | 33 | 33 | 33 | 4.95 | 4.95 | 4.95 |
| 直觉价值总分 | 100 | | | | 41.65 | 32.65 | 25.40 |

由表6-2可知，甲、乙、丙三家酒店产品特征直觉价值总分分别为41.65分、32.65分、25.40分，如果市场平均房价为200元，则每家酒店的房价计算结果与相对评分法相同。

3. 以市场竞争为中心的定价法

如果酒店行业的竞争异常激烈，酒店在定价时就会把市场竞争因素放在首位，这样就形成了以市场竞争为中心的定价法。

(1) 随行就市定价法。这种定价法主要有两种形式：一是以酒店业的平均水平或习惯定价水平作为酒店的定价标准。当酒店成本难以估算，竞争对手的反应难以确定时，酒店会感到"随行就市"是唯一的，也是最明智的选择。因为这种定价法反映了行业中企业的集体智慧，这样定价既能获得合理的收益，又能减少因价格竞争带来的风险。二是追随"领袖企业"的价格。酒店定价不依据自己的成本和需求状况，而是与"领袖企业"保持相应的价格水准，目的是保证收益和降低风险。

（2）边际效益定价法。根据盈亏平衡原理，当产品销售量为

$$Q_o = \frac{F}{P - C_v}$$

时，则达到盈亏平衡。式中，$Q_o$ 为保本点销售量，$F$ 为固定成本，$P$ 为产品单价，$C_v$ 为单位产品变动成本。分母（$P-C_v$）表示产品单价减去单位产品变动成本的余额，称为边际效益或边际收入，其作用是补偿单位产品固定成本。当产销量达到盈亏平衡点时，

$$Q_o(P - C_v) = F$$

说明全部固定成本已补偿完毕，因而企业收支平衡；当

$$Q_o(P - C_v) > F$$

时，说明企业有盈余。由于边际效益$=P-C_v$，即 $P=C_v+$边际效益。因此，只要 $P-C_v>0$，即边际效益大于零，每多出售一件产品，就能对固定成本有所补偿。这样，在竞争激烈、客房出租率较低时，酒店可以把（$P-C_v$）作为定价原则。

## 三、酒店的渠道策略

销售渠道是酒店营销组合的第三个组成因素，其作用在于使顾客更方便地得到酒店的产品，为顾客提供时间效用和地点效用。

### （一）酒店销售渠道的模式

根据到达最终消费者所经历的环节，酒店销售渠道可分两种：直接销售渠道与间接销售渠道。直接销售渠道就是不经过任何中间环节，由酒店将产品与服务直接销售给最终消费者；间接销售渠道则需要中间商、代理商等帮助销售。按中间环节的多少，间接销售渠道又可分为一层渠道、二层渠道、三层渠道等（见表 6－3）。

**表 6－3　酒店销售渠道模式**

| 模式 | 层次 | 环节 |
|---|---|---|
| 直接销售渠道 | 零层渠道 | 酒店→最终消费者 |
| 间接销售渠道 | 一层渠道 | 酒店→旅游代理商→最终消费者 |
| | | 酒店→旅游经销商→最终消费者 |
| | | 酒店→其他销售渠道（如航空公司）→最终消费者 |
| | 二层渠道 | 酒店→旅游经销商→旅游代理商→最终消费者 |
| | | 酒店→其他销售渠道（如航空公司）→旅游代理商→最终消费者 |
| | 三层渠道 | 酒店→旅游批发商→旅游经销商→旅游代理商→最终消费者 |

对酒店而言，产品能直接销售给最终消费者，单位利润相对较高，而且能对渠道进行直接而有效的管理与控制。但实际上，众多酒店的产品销售有赖于中间商的运作，毕竟最终消费者（无论现实的还是潜在的）数量巨大且分布极广，一家酒店如果完全靠直

接销售渠道进行产品销售，需要花费巨大的人力、物力、财力。

### (二) 酒店销售渠道的选择

选择销售渠道，就是确定渠道的长度与宽度。短渠道主要是利用旅游代理商和旅游经销商的一层渠道，长渠道则需要旅游批发商的介入。宽渠道是在同一层次的渠道环节，采用多个中间商，以扩大市场覆盖面；窄渠道则是在同一层次只精选几个得力的中间商，建立密切联系，以求在某目标市场中取得较大市场份额，也能加强对渠道的控制。究竟如何选择销售渠道，酒店需综合考虑以下几方面因素：

1. 市场特点

旅游市场的容量，购买频率的高低，各细分市场的地理分布、人口分布以及不同市场对不同营销方式的反应等，都影响着酒店销售渠道的选择。如果目标市场规模非常大，为方便顾客预订，可使用较多的中间商（即宽渠道）以达到较大的市场覆盖面。如果订单常常来自小批量预订，则需较长的销售渠道。大批量的团体预订和会议预订往往通过一个中间商，或由主办单位直接与酒店接洽，渠道很短。如果某酒店的主要顾客集中于某些特定地区，就应考虑直接在该地设立酒店办事处，进行零层渠道直接销售。如果酒店的顾客分散在世界各地，则需较多的旅游中间商代理销售。此外，顾客对不同营销方式的态度也是应考虑的因素，如随着网络技术的发展，网上预订因其方便快捷深受顾客欢迎，酒店也应积极使用电子预订系统。

2. 酒店产品与服务的特点

商务酒店宜采用直接销售渠道或较短的渠道，直接与目标市场接触；而休闲度假酒店的目标市场分散，更多会利用旅行社代理。同一家酒店，不同产品与服务的销售渠道也不尽相同。客房是酒店预订的主产品，多采用中间环节；餐饮、娱乐健身等设施则重点面向住店顾客及当地居民，可采取直接销售方式。

3. 酒店自身条件与经营意图

一家酒店的规模决定了它的最大接待能力，而它所接待的顾客规模及层面分布又影响了它的销售渠道选择。例如：某酒店有客房500间，假设全年出租率为100%，则年最大接待能力为365 000人（按一年365天，每间客房住2人计算）；而一家只有50间客房的酒店，年最大接待能力为36 500人，则它的渠道自然会比前者窄。

酒店销售渠道的选择不能有悖于酒店的总体经营意图。同时，酒店的财力决定了其对销售渠道的选择与控制。此外，酒店营销人员的素质也会影响销售渠道的选择。如酒店自身营销力量有限，不具备涉外销售的条件，最好还是委托旅行社或其他旅游中间商代理销售。

## 四、酒店的促销策略

酒店的促销策略主要有人员销售、公关策划、广告宣传和销售推广等。

### （一）人员销售

酒店的人员销售具有其他营销手段无法比拟的优越性：第一，直接接触。通过人与人之间的直接沟通，能劝说潜在顾客购买产品，提高现有顾客的回头率。第二，增进人际关系。经常性的直接接触易使酒店与中间商及顾客建立融洽的关系，对销售极有益处。

人员销售可以分为销售访问和电话销售两种形式，整个销售过程可分为 4 个阶段：

1. 培养阶段

此阶段，客户可能对酒店的产品一无所知，销售人员应重点向客户介绍自己的酒店及产品，并稍加引导，培养对方的信任感，建立良好的沟通关系。具体做法是：

（1）提供关于销售人员本人、酒店的产品和服务特色等信息；

（2）告知访问的目的；

（3）提出与销售目的有关的过渡性问题，并具体回答。

2. 诱导阶段

此阶段，客户对酒店的产品仍不太了解，但已有印象或已发生兴趣。销售人员应加强沟通来探察客户的需要，给予相应的产品介绍和辅助性引导。具体做法是：

（1）试探客户在旅行食宿方面的需要和面临的问题；

（2）鼓励、诱导客户提供相应信息；

（3）向客户提供解决问题的“良方”，解释酒店产品可以给客户带来的利益。

3. 清障阶段

此阶段，客户对酒店的产品已经有了较多的了解，但就某些问题仍心存疑虑，销售人员应在以下方面继续努力：

（1）进一步强化产品能给客户带来的好处；

（2）积极与客户沟通，消除订单的障碍；

（3）如客户有购买意向，应及时抓住机会。

4. 善后、巩固阶段

此时，客户对产品和服务已非常了解，或已做了初步尝试，销售人员需要不失时机地巩固成果：

（1）追踪服务，在客户消费的初期及时询问其对服务质量的满意程度；

（2）利用感觉满意的客户进行宣传，以增强说服力；

（3）处理新出现的问题，满足需求变化。

### （二）公关策划

酒店的公共关系是指酒店为增进与社会公众和内部员工之间的了解、信任和合作而做的各种有计划的、持久不懈的沟通努力。酒店通过各种公关活动（如宣传报道、大型活动、捐款赞助等）来树立自己良好的公众形象，提高自己的知名度，减少或消除对酒店不利的影响，提高酒店员工之间的凝聚力，密切与新闻媒体、客户、竞争对手及社区的关系，创造良好的经营环境。

酒店公共关系的对象（见图 6-9）包括与酒店有关的所有社会关系，分为内部公众和外部公众。

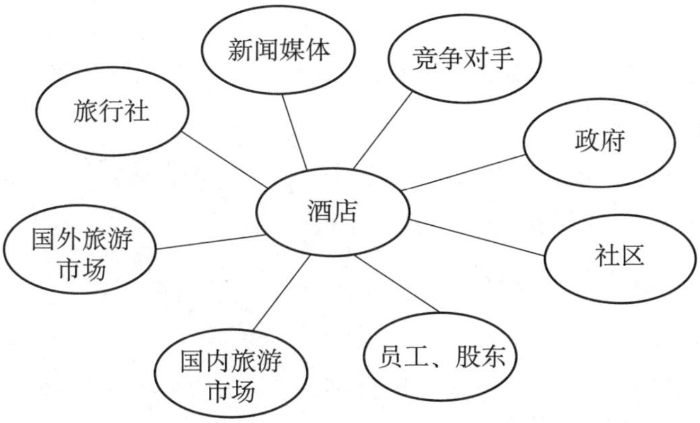


**图 6-9　酒店公共关系的对象**

1. 酒店内部公关

酒店的各项工作最终要由员工来完成。营销工作的原则就是使顾客满意，而没有满意的员工就不可能有满意的顾客，所以酒店管理者应搞好与员工的关系，以达到有效的沟通与协作，使每个员工都有归属感，做到“以店为家”。这是酒店内部公关追求的目标。

（1）尊重、信任员工。酒店管理者应将每位员工视为不可缺少的一员，时刻体现出“本店需要你”的态度，积极听取员工对酒店管理、营销的建议与意见，对员工做出的成绩应及时给予充分肯定，使员工从中获得成就感和满足感。

（2）进行上下沟通。当领导权力过分集中、缺乏沟通时，领导不知道员工的想法，员工也没有参与管理的机会，就会出现关系淡漠。所以应加强对员工的关心与信赖，创造民主气氛，使员工参与决策与管理，争取员工的支持与谅解。

（3）重视员工的培训与激励。将人作为酒店最宝贵的资源，通过培训不断提高员工素质，并通过各种激励方式，激发员工的工作热情，充分发挥其潜能。

（4）增强员工对酒店的归属感。这种归属感可以使员工与酒店荣辱与共，风雨同舟。

2. 酒店外部公关

酒店外部公关涉及面极广，公关活动主要有：

（1）搞好与顾客的关系。酒店与顾客的关系融洽与否，不仅决定了现实顾客的满意度，而且会影响潜在顾客的购买选择。具体来说，酒店一方面要积极主动地做好接待工作，向顾客详细介绍酒店的设施、服务和活动，做到细致入微；另一方面要高度重视顾客的投诉。

（2）搞好与新闻媒体的关系。酒店应密切保持与新闻媒体的联系，将有价值的信息及时通过新闻媒体传达，吸引公众对酒店的注意和了解，以促进自身产品与服务的销售。

（3）搞好与旅行社的关系。旅行社是酒店传统渠道中最重要的环节，与旅行社关系密切，就等于拥有了一部分稳定的客源。所以，搞好与旅行社的关系，是酒店日常公关活动的重点。

### （三）广告宣传

广告是指通过各种大众媒体以支付费用的方式向目标顾客传递有关企业的信息，展示企业的产品或服务的宣传形式。

人员销售虽然对大客户、团体销售比较有效，却照顾不到巨大而分散的潜在顾客。广告，顾名思义，就是“广而告之”，覆盖面很广，所以为了让更多的人知道并了解酒店的产品和服务，广告宣传很有必要。

#### 1. 广告媒体的选择

酒店做广告，首先面临的问题就是选择何种广告媒体。一般而言，可以根据以下三个方面来把握：

（1）酒店的规模与实力。规模大、实力雄厚的酒店，营销预算有时会相当惊人，所以也就能拿出较多的财力做广告。在这种情况下，酒店可以利用不同广告媒体的组合，使其信息的触角延伸到每一个现实或潜在的顾客之中。

（2）目标市场的定位及特点。这是营销调研中的一项重要内容，即在目标顾客能有效接触的广告媒体中选择哪些广告媒体，是至关重要的。

（3）所要重点推销的产品。酒店面向不同的目标市场会分别着重推荐某些产品或服务，选择的广告媒体自然也就不一样。

#### 2. 广告效果的测定

广告效果的测定是指对广告效果进行评估，以确定是否达到了预期的广告目的。广告效果很难简单地用量化指标来衡量，主要从广告所产生的心理效果与销售效果两方面进行测定。

（1）心理效果的测定。

1）知觉度测定：通过对酒店广告的知晓程度进行估测。

2）记忆度测定：通过对酒店的名称、产品特色等广告的记忆程度进行估测。

3）理解度测定：考察广告内容是否达到预期的理解度。

4）购买动机测定：调查有多少购买行为是受广告影响的。

（2）销售效果的测定。要求酒店对旅行社、重要公司客户或重要个人的购买量作动态调查，比较进行广告宣传前后的效果。

广告效果以广告成本效率表示，该数值越高，说明广告效果越好。广告成本效率的计算公式为：

广告成本效率＝广告引起的销售增加额÷广告费用

### （四）销售推广

销售推广是指企业刺激购买、扩大销售的各种短期的、非经常性的营销活动，其目的在于迅速扩大需求，取得立竿见影的效果。

1. 销售推广的作用

（1）吸引顾客。通过提供优惠，争取新顾客以及竞争对手的顾客。对于现有顾客可向其提供额外好处，如赠品、打折等，吸引他们多消费或再次光临。

（2）推广新产品。当酒店推出一项新的产品或服务（如新菜单、特别活动、主题晚会）时，可促使顾客立即购买。不过，这种策略要通过广告、公关活动的配合才能取得理想的效果。

（3）扩大淡季销售。酒店产品与服务需求的时间性、季节性强，淡季时设施的闲置对酒店无疑是极大的损失。而要改善酒店资源时紧时松的局面，一个有效的方法就是加强淡季销售推广，刺激需求。

2. 销售推广的活动方式

酒店常用的销售推广的活动方式有：

（1）免费赠送样品。此方法经常被用来推销给顾客不熟悉的新产品。如酒店开业，可以邀请旅行社及其他重要中间商或一些有影响的人士前来免费住宿，或者由餐厅推销人员请顾客免费品尝新菜肴、饮料。

（2）发放优惠券。优惠券经常附在报纸、杂志或广告页上。优惠券要说明原来的价格，并指出本券可享受多少折扣或优惠。此法适用于淡季推广。许多优惠券上印有时间，以鼓励顾客及早购买。有时顾客在结账时，酒店会赠送一张优惠券，顾客下次光顾时可获得优惠。这种方法虽可达到快速促销的目的，但易被竞争对手模仿，如过于滥用则有变相削价竞争之嫌。

（3）赠送小礼物。这种方法比较实用，如对来酒店餐厅的就餐者，可免费赠送一些酒水；对高级商务顾客，可每次送一盘水果或一束鲜花等；有的酒店还向顾客赠送当地的工艺品和印有酒店名称、地址、电话的纪念品等。这些方式都能刺激顾客再次购买和多次购买。

（4）抽奖促销。酒店可以对住宿量达到一定数额的顾客给予抽奖资格，如果中奖，就能得到免费旅游的机会等。

（5）赠送礼品券。酒店对其重要客户按购买量给予不同等级的礼品券，凭券可领取不同的礼品。尤其对那些经常订房或使用酒店服务的公司的秘书、旅行社负责人等可以赠送礼品券。

中国酒店业从 20 世纪 80 年代初引进现代营销理论以来，其关于营销理论的研究与营销实践已经历了 40 多年的风风雨雨。随着 21 世纪服务经济时代的到来，服务营销、整合营销和关系营销等新理念和新方法进入酒店行业，酒店业的市场营销活动又有了新的发展。

# 项目三 酒店市场营销模式的创新

移动互联网时代的到来，使人与人之间的交流能够跨越时间与空间的限制，“即时互动”与“信息对称”成为新时代的特征。“客户流量”成为各大商家争夺的热点，“争夺客户时间”成为商家竞争的重点。微信成为移动互联网时代的宠儿，也催生着酒店营销模式的创新。

## 一、酒店+互联网营销

### （一）互联网营销的形式

酒店互联网营销的形式主要有网上预订、酒店官网、酒店信息管理系统和互联网广告 4 种，如图 6－10 所示。

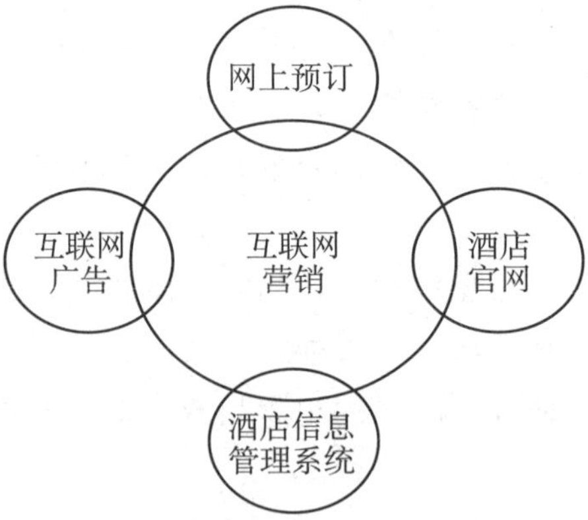


**图 6－10 酒店互联网营销的四种形式**

1. 网上预订

网上预订的方式不仅可以提高酒店接收订单的效率，而且可以缩短订单处理的时间，减少失误，提升客户的体验。利用在线预订，订单会被迅速转移到订单处理点，简化了订单处理流程。同时，消费者在网上预订的时候，除了填写入住时间以及选择房间种类，还可以根据自己的偏好对酒店提出要求，从而在实际入住时享受更贴心的服务。这样不仅有利于提高客户的消费体验，还能增强他们对酒店品牌的忠诚度，通过口碑传播带来更多的客户资源。

2. 酒店官网

酒店官网可为消费者提供全面的酒店信息，从而让消费者自行查询及选择。酒店拥有自己的独立网站，可降低对在线预订系统的依赖性，同时也开拓了新的互联网营销渠道。借助互联网方便、快捷的通信方式，酒店也可以开展产品使用的跟踪服务，及时帮助客户解决问题，提高网站的访问率。

3. 酒店信息管理系统

酒店信息管理系统依靠先进的科学技术手段，通过对客史资源等数据的分析和挖掘，提高酒店科学管理水平。酒店信息管理系统为酒店的经营决策和服务提供了翔实的材料，使酒店的经营活动能够有的放矢，避免了许多不必要的时间、精力、资金的浪费。

4. 互联网广告

互联网在酒店行业的应用，为其带来一种新的广告营销方式。酒店官网可与其他网站建立链接，利用网络新闻或论坛巧妙地插入广告。与传统广告形式相比，互联网广告不仅成本低、互动性强、速度快、传播面广，而且能够帮助酒店与客户建立一对一的营销关系。

### (二) 互联网营销的类型

目前，互联网在线旅游服务商主要有 5 种类型：一是 OTA①，如携程、同程等；二是电商平台，如淘宝等；三是旅游垂直搜索引擎，如去哪儿网等；四是酒店自建线上平台，如国旅在线、芒果网等；五是门户网站，如春秋旅游网等。其中，第一、二种类型可以归为中介代理营销模式，其他几种则可归为直销模式。

1. 中介代理营销模式

中介代理是指酒店将各种信息发布在携程、同程等中介代理网站上，由其代为开展市场营销活动，而酒店则向其支付一定的佣金，属于酒店营销渠道的外包形式。消费者如果点击酒店名称的链接，并不是直接进入酒店界面，而是进入酒店在中介代理平台的展示页面。由于中介代理的网络辨识度更高，因此会给酒店带来大量的订单。但由于中介代理并非只代理一家酒店，因此会产生酒店间的激烈竞争，特别是在价格方面。另外，顾客通过中介代理选择酒店，是无法形成对酒店品牌的信赖和忠诚的，会使酒店失去独立成长的机会。

2. 直销模式

直销模式是指酒店或酒店集团自建网络平台销售产品。在国内酒店网络直销中，官网直销和搜索引擎排名是较为流行的模式。通过直销，酒店可以与客户建立直接联系。通过持久的直销，酒店也可以逐步树立起自己的品牌形象，获得比较稳定的客源。但是，

---

① OTA 即 Online Travel Agency 的缩写，指在线旅游平台。

如果酒店不能跻身搜索引擎排名靠前位置的话，就很难获得理想的销售效果。同时，由于酒店缺乏比较完善的与银行关联的担保体系，因此如何降低 No-show 比率①也是酒店直销模式面对的一个难题。一般而言，规模较大、服务水平较高、以协议客户为主的酒店，更适合采用直销模式。

### （三）互联网营销的组合策略

酒店传统营销组合策略由杰罗姆·麦卡锡（Jerome McCarthy）提出，即产品（Product）、价格（Price）、渠道（Place）和促销（Promotion）策略，又称 4P 营销组合策略。在互联网营销模式下，4P 营销组合策略的内涵和外延也都发生了显著的变化，如图 6-11 所示。

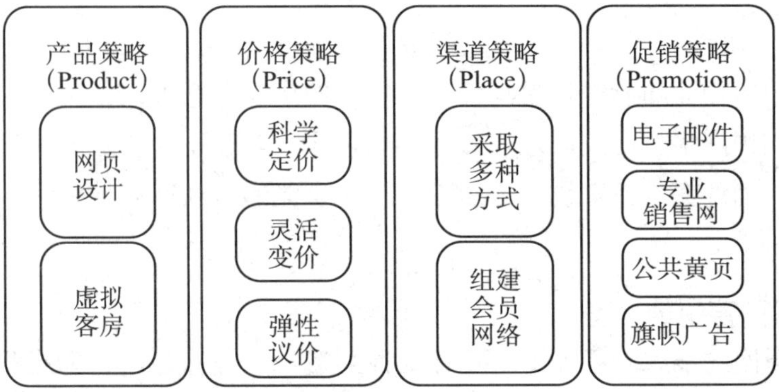


**图 6-11　互联网营销模式中的 4P 营销组合策略**

1. 互联网营销的产品策略

在互联网时代，客户往往先在网上浏览酒店信息后再做出是否预订的决定。如果酒店网页设计得好，就会大大增加消费者预订的可能性。因此，做好网页设计和虚拟客房是酒店产品策略的关键。

（1）网页设计。酒店网页要以设计精致和操作方便为准则。

1）酒店主页：以强烈的视觉冲击力给消费者留下深刻的印象。

2）网页结构：布局合理，层次分明，能让消费者在较短的时间内找到自己所需要的服务功能。

3）网页内容：全面、重点突出，消费者所要了解的信息都可以在网页上找到。

4）网页链接：浏览方便，上传和下载速度快，不能出现链接中断以及缺少图形的情况，尽可能在众多酒店网页中吸引消费者浏览自家的网页。

（2）虚拟客房。消费者在购买产品前需要对产品有一个大致的了解。过去，消费者无法在预订之前对客房有直观的了解，而互联网的出现，满足了消费者的需求。酒店可

---

① No-show 比率指“未到店/未登机率”，具体是指已预订服务但最终未按时到达或使用服务的订单占总预订订单的比率。

利用互联网构建虚拟客房，消费者参观虚拟客房的操作也较简单。如果消费者对客房的设施，如窗帘的颜色、屏风摆放的位置、楼层高低等不太满意，还可以把自己的意见输入计算机系统，要求酒店改进。

2. 互联网营销的价格策略

价格是酒店营销管理的关键因素。互联网的发展，在为消费者提供便利服务的同时，也将酒店客房价格暴露在竞争对手面前。因此，在互联网营销模式下，酒店定价需关注下列问题：

（1）科学定价。由于互联网的发展，消费者可以在网上看到其他酒店的客房价格，这在一定程度上也增加了市场价格的透明度。科学定价，物超所值，则能够在一定程度上消除消费者的预订疑虑。

（2）灵活变价。酒店可建立客房价格自动调节系统，按照淡旺季的不同消费流量，动态灵活变价，与市场需求变化保持同步。

（3）弹性议价。弹性议价是指酒店与消费者通过互联网进行商讨，共同商定双方都可以接受的价格。消费者可在酒店主页输入自己认为合理的价位和所需客房的楼层、朝向等选项，然后酒店根据消费者要求为其提供满意的客房。

3. 互联网营销的渠道策略

（1）采取多种方式。目前，互联网已成为酒店营销的主要渠道。酒店可采取多渠道形式来进行市场营销，既能增加酒店在不同渠道上的曝光度，也可避免被主要渠道捆绑。

（2）组建会员网络。会员网络是在虚拟组织基础上建立的网络团体，会员通常由曾住过酒店的客户组成。通过网络交流，培养会员对酒店的忠诚度。在节假日，酒店会通过网络向会员发送精美贺卡，表达对消费者的尊重和重视，增强客户黏性。

4. 互联网营销的促销策略

（1）电子邮件。电子邮件是互联网促销中常用的一种方式，具有成本低、反馈及时、速度快等优点。酒店会成立专职部门对消费者信息进行分析和归类，有针对性地向目标客户投放广告。

（2）专业销售网。专业销售网是指专门销售某种产品的网站，具有省时、高效的特点。消费者可以通过专业销售网查询感兴趣的内容，如旅游地名称、酒店等级等。

（3）公共黄页。公共黄页是专门为公众提供查询服务的网站，如 Yahoo、Infoseek、Sohu 等，消费者只要在查找框内输入关键字，网站就会为消费者提供所需要的信息。但是，公共黄页与专业销售网存在相同的弊端，即酒店网址可能会淹没在众多的信息当中，不易被查找到。

（4）旗帜广告。旗帜广告是互联网界最为传统也最为常见的广告表现形式之一。酒店在横跨网页上方或下方的小公告牌中插入旗帜广告，当用户单击时，鼠标就会将他们带到广告主的网站或缓冲储存页中。创意绝妙的旗帜广告对于建立并提升客户品牌形象有着不可低估的作用。

## 二、酒店+移动营销

移动互联网的出现为人们带来了一种可随时随地获取信息的方式。移动互联网的便携性、本地化以及社交化等功能的日渐丰富，让酒店营销活动发生了“改头换面”式的变革。

### （一）移动营销的形式

根据工联网报道，截至2025年5月末，三家基础电信企业及中国广电的移动电话用户总数达18.07亿户，其中5G移动电话用户达10.98亿户。酒店的预订方式也发生了翻天覆地的变化，人们更喜欢借助移动网络工具，进行快捷预订。

1. 微预订

消费者可以在酒店预订平台进行实名注册，之后便可“一键预订”。这种方式拉近了酒店与消费者之间的距离，大大缩短了消费者的预订时间。而且，消费者在交易平台上所留下的相关信息，都可被酒店纳入数据库，从而有利于酒店的精细化管理和精准化营销。

2. MSS管理系统

MSS管理系统不仅包含“快速预订”“订单管理”“数据统计”“促销活动”等核心功能，还具备“客户管理”“会员管理”“餐饮与康体预订”等功能。客户可以通过浏览“酒店介绍”“促销活动”“酒店服务预订”三大板块，用手机方便快捷地预订，并与酒店保持互动。

3. App

大型酒店集团一般都有属于自己的App。酒店通过App可以与客户时刻保持互动，并通过App向客户进行宣传推广和产品促销。在移动互联网时代，酒店业务由PC端移至移动端，有助于快速提高经营业绩。

**案例分析**

**上线一个月，微信订房流量从0到20万**

——看哈尔滨华特酒店如何通过智慧酒店解决淡季销售难题

华特酒店是一家集客房、餐饮于一体的精品特色酒店，重视概念及视觉的整体实现。住在这里，顾客可以感受到城市里的哈尔滨、闹市里的东方小巴黎文化。一般而言，过了3月，哈尔滨的旅游业就进入淡季，酒店的生意也会冷清很多。虽然5月有五一小长假，但是游客数量仍然有限，而且游客大多不是酒店的长期客户，从预订渠道看，也多是通过OTA进行预订的，并未能给小程序带来流量。如何提高酒店客房淡季入住率一直是酒店从业者的难题。除了打折、降价、做活动，能想到的办法少之又少，即便亏本甩卖仍然收效甚微，反倒顾虑低价会伤害品牌形象。哈尔滨华特酒店的微信订房上线一个月，流量从0到20万，它是如何解决淡季销售难题的呢？

1. 坚持自有渠道建设

华特酒店将目光瞄准微信，使用微信智慧酒店解决方案，在酒店公众号内添加订房入口，通过酒店前台引导客户关注公众号下单，并承诺客户在微信内订房价格不高于任何其他渠道，培养客户在微信公众号内直接下单的习惯。

2. 搭建会员体系

许多单体酒店商家认为会员体系没有必要。相比于连锁酒店品牌，单体酒店的会员权益对一般客户吸引力较小，客户不买账，商家收益低。不过，华特酒店对酒店会员却是这样理解的：对于大部分酒店来说，商旅客户以及本地客户占有很大比例，而这群客户具有较高的品牌忠诚度，复购率极高，十分适合会员营销。针对这些客户，华特酒店在智慧酒店的后台设置了会员卡，领卡客户预订时享受8折优惠，还可以累积消费积分、升级会员，获得更多折扣。即便是游客，华特也会为他们开通会员卡，提供会员折扣，这些客户的口碑效应会吸引许多客户在前往哈尔滨游玩时主动注册酒店会员并下单。虽然OTA对线下酒店的渗透率越来越高，但华特酒店会员渠道订单量仍保持稳中有升。

3. 细分客户群，吸引“回头客”

大多数酒店本身有一个定位，如主题酒店、商务酒店、度假酒店等。但是消费者的标签是十分多元化的，并且消费者本身的消费观念和身份也处在不断变化之中。如游客、情侣、亲子家庭、本地熟客、商旅客户等，这些客户对于酒店往往都有不同的诉求。针对不同客户群，提供更有针对性的服务，能够瞬间赢得客户好感，将偶然来访的客户转变为长期客户。在这方面，华特酒店做得十分细致。酒店利用智慧酒店后台的客户功能为不同客户群体设置了单独的标签，如商旅、游客、亲子等，并针对不同人群制定了不同的营销策略。如儿童节马上到来，酒店就可以向贴有亲子标签的客户推送特定的亲子套餐优惠券；在酒店房间充裕的情况下，酒店还会主动为客户升级房型，如给携带孩子的家庭升级亲子套房；在节假日和客户生日当天，酒店自动向客户发放优惠券等。

### （二）移动营销的意义

1. 建立酒店直销模式

移动互联网的应用，拉近了酒店和终端客户之间的距离，客户通过手机客户端不仅可与酒店直接沟通，也可实现随时通话，了解酒店最新的优惠信息，传递自己的服务要求。这样，OTA中间商的作用就没有过去那样突出，而酒店也建立了通往终端客户的直销渠道。智能手机客户端除了提供客户预订功能，入住酒店的客户也可以通过客户端预订送餐服务和购买客房用品，这也是酒店从传统互联网模式进入移动互联网时代跨出的一大步。

2. 减少酒店库存房量

酒店可以通过智能手机客户端向会员客户发送当天“最后一分钟”房价，促进客房的销售，减少库存房量。这样不仅可以让客户享受到更多的优惠，也不会破坏酒店与OTA等渠道合作伙伴的商业规则。美国的Hotel Tonight曾推出当天房间短期预订服务，可以让“最后一分钟”的商旅客户利用该软件搜索附近酒店的空房，从而降低空房率。

3. 提升客户参与度

在PC时代，客户不可能随时随地在线，酒店也很难与客户实现即时互动。而移动终端的出现，可以让客户实时在线，酒店也可以加强与客户之间的联系。如7天连锁酒店通过签到获取“点币”的奖励方式鼓励客户参与，从而增强与客户的互动。

4. 提升客户满意度

通过智能终端，酒店可以直接与客户建立联系，并利用移动互联网的社交属性，了解客户的消费习惯以及爱好，为提供高度定制化的酒店服务创造条件。这在让客户获得极致服务体验的同时，也增强了客户对酒店品牌的忠诚度。

### （三）酒店App创意营销

1. 开发酒店App手机客户端

智能手机具有随时、随地、随身携带的便利性。现在，几乎每个人都有一部智能手机。手机成为人与人之间、企业与客户之间保持联系、促进交流的重要工具。App应用在中国已普及，各酒店可自己开发手机客户端，消费者只要下载酒店手机客户端，就可成为酒店的固定客户，提升酒店精准营销的水平。

2. 利用其他App做广告宣传

现在，手机成为人们日常生活中必不可少的工具，App的营销效果是电视、报纸所不能比的。无论是在大街上，还是在地铁中，人们可以随时关注手机信息。当消费者长期停留于某个页面时，客户端的App广告就会显示出来。酒店会下载知名的应用程序并植入广告，当消费者在体验这些应用程序时，这些广告形式就会停留在应用程序的附近，从而引起消费者对酒店的关注。

3. 与专业酒店预订App合作

App不仅具有游戏娱乐等功能，还具有实用的信息工具功能，消费者可通过这类实用性的App，获得海量、准确、时效性强的信息。目前，酒店预订App的应用已经越来越普遍，这些App都可以满足消费者的酒店查询、房态查询、电话预订等需求。酒店注重与专业酒店预订App合作，可为消费者提供准确的房态及房价信息。

案例分析

## 与时俱进的喜达屋移动技术

喜达屋推出了“Keyless”功能，顾客可以用手机当房卡，即无须使用门卡，通过手机就可以将门锁打开，进入房间。喜达屋由此成为在全球范围内第一家实现手机开锁的智能型酒店。喜达屋集团的相关负责人表示：“我们并不是为了标新立异才发明这些，只是想通过技术创新更加方便消费者、满足消费者。”

喜达屋一直很注重数字创新，利用技术促进业务的发展。为了提升客户体验，喜达屋在预订酒店、行政规划以及实际的客房体验中都融入了移动科技领域的创新成果。除了为一些“基本款”——iPhone、iPad 和 Android 定制 App，喜达屋还为 Apple Watch 开发了专属 App，成为第一个为 Apple Watch 定制 App 的酒店。此外，喜达屋还推出 Google Glass 的测试版。这些都成为喜达屋获得更多高端客户关注的有效渠道。

## 三、酒店+新媒体营销

新媒体是相对于传统媒体而言的。具体来说，新媒体就是利用数字技术、互联网技术等，借助宽带、无线通信、卫星等通道以及电脑、手机等终端，形成一种传播新渠道，为客户传递各种媒体信息。在新媒体时代下，多样化的媒体形态为酒店提供了多种选择，也逐渐成为酒店营销的重要方式之一。酒店的新媒体营销平台主要有以下几种类型，如图 6-12 所示。

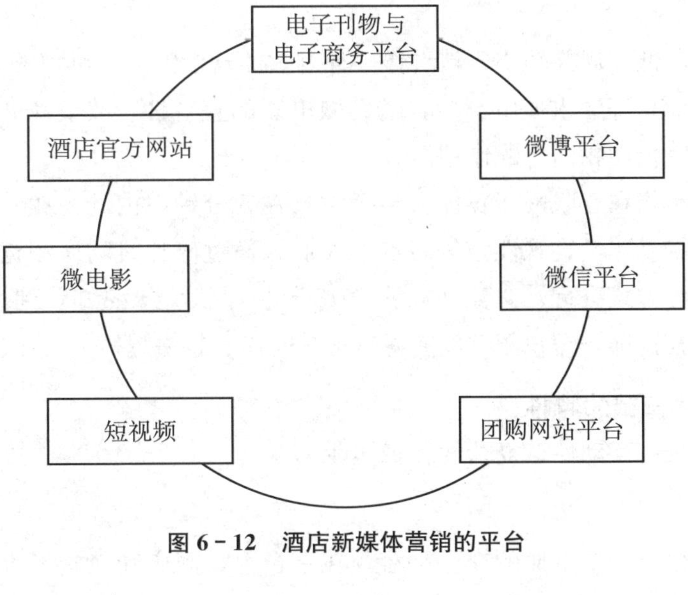


图 6-12 酒店新媒体营销的平台

## （一）新媒体营销的平台

1. 电子刊物与电子商务平台

电子刊物突破了传统纸媒的传播局限，以其丰富的内容、生动的表现形式、快速的传播等特点备受人们青睐，也成为酒店营销的一种新载体。酒店同相关的网络杂志平台合作，选取热门杂志的适当位置植入酒店的信息，可以取得不错的营销效果。

电子商务平台也是酒店展示自己服务和产品的理想渠道。电子商务平台往往拥有完整的营销系统，如宣传、交易、客户服务等。酒店与电子商务平台的联合，有助于扩大市场范围、提升产品销量。

2. 微博与微信平台

微博拥有极大的流量和极强的互动性，客户之间很容易因为某个共同关注点而形成社交群体。酒店借助这个平台进行营销，不但可以拉近与消费者的距离，还有助于提升消费者对酒店品牌的认同度。

酒店在微信上可以“情怀营销”为主，与消费者保持持续不断的联系，不断吸引消费者加入互动。

3. 团购网站平台

团购网站是具有极大营销价值的平台。团购能给消费者提供价格上的优惠，吸引大量消费者。酒店采用团购网站平台开展营销，可借助价格优势吸引消费者，降低客房的闲置率。当然，团购也会带来酒店利润空间被压缩的情况。所以，大多数酒店选择与团购网站进行合作，主要用意还在于扩大酒店的知名度。

4. 微电影与短视频

微电影投资较低、规模较小，被看作一种有效的营销渠道，可填补人们的闲暇时间。酒店可以把产品信息等融入微电影中，借助微电影的直观性、故事性展示出来，起到娱乐性、观赏性和宣传性相结合的作用。

短视频一般是指在互联网新媒体上传播时长在 5 分钟以内的视频。和传统的图文相比，短视频具有轻量化、直观性强等特点。人们可通过碎片时间来浏览短视频，通过弹幕、评论、分享等方式进行社交互动。从 2013 年快手被大家熟知，到 2017 年抖音等短视频软件被人疯狂刷屏，短视频已经变得越来越时尚、越来越被大众接受。

## （二）新媒体营销的特性

新媒体营销具有互动性、复杂性和多样性。

1. 互动性

新媒体能够建立一个迅捷的交流平台，在平台上，酒店和消费者可以双向互动，无形中也为酒店做了品牌推广。酒店在平台上发布服务、设施、安全等信息并与消费者交流；消费者可以针对酒店的服务、安全、满意度等问题与其他消费者交流。在这个过程中，酒店不需要做额外的宣传，营销效应自然发生。

2. 复杂性

复杂性是指信息内容和信息传播的复杂性。新媒体时代下的舆论环境极为复杂，信息量庞大且良莠不齐，消费者也逐渐产生了对信息接收的警惕性。这种情况无疑影响了酒店信息传递的效果。因此，酒店必须树立起良好的品牌形象，注意大众舆论的引导，及时维护企业形象。酒店在营销宣传过程中应当对话题具有掌控权，把握话题讨论的尺度，引导舆论朝着对酒店有利的方向发展。

3. 多样性

多样性是指媒体形态的多样化，如微博、微信、网络视频、电子刊物等，这些平台为酒店营销提供了形式丰富的载体。在互联网环境下，各个载体联系密切，整个营销过程立体化，在消费者周围形成一个完整的宣传情境，容易从不同角度引发其消费热度。使用成本的降低也为酒店营销宣传带来了性价比的优势，不仅使酒店在营销投入方面的负担大大减轻，也为后期持续进行新媒体营销提供了可能，这也是新媒体能够迅速提高市场占有率的原因之一。

### （三）酒店新媒体营销的策略

酒店新媒体营销的策略可以反映在以下七个方面：

1. 品牌营销策略

互联网营销的重点之一就是借助互联网的各个渠道和各个平台迅速树立起酒店的品牌形象，并不断扩大品牌影响。酒店可在互联网上实行一系列的推广措施，对酒店的品牌进行营销推广，逐步把品牌形象推入公众视野并获得公众认可。

2. 网页推广策略

酒店需重视官网的建立和维护，并在网页建设过程中针对消费者需求进行持续的调整，不断提高网站的人性化程度。酒店官网要结构完整、信息丰富，从企业介绍到服务类型、预订信息应有尽有。同时，网站需与酒店管理系统对接，使得线上收到的预订信息能够及时进入酒店管理信息系统。

3. 产品组合策略

酒店需要推出独具特色的产品组合，以吸引目标市场客户的注意。除了完善的功能产品、完备的设施设备，主题化的特色装饰、个性化的服务，都可以为酒店带来极好的声誉。

4. 差别定价策略

酒店需要根据不同季节、不同产品设计富有层次的阶梯式价格体系，并根据市场需求的变化及时进行动态价格调整，使酒店的价格具有较大的灵活性和浮动性，提升酒店产品的竞争力。

5. 优惠促销策略

酒店可适时推出优惠促销活动，如配合三八妇女节、六一儿童节、国庆节、春节等的促销活动，还可以以常客俱乐部的形式，笼络一批长期消费者，以各种会员活动鼓励客户经常往来。

6. 线上渠道策略

网络直销模式省去了其他中间销售环节，打破了生产商、经销商和消费者之间的障碍，为交易的实现提供了更为便捷高效的途径。同时，在成本控制方面，网上直销也功不可没。酒店需要充分利用线上销售的优势，积极借助网上交易平台开展营销活动。

7. 客服沟通策略

酒店在营销活动过程中与客户的互动是十分重要的，而互联网最显著的特征之一就是可以进行互动交流。在网络销售模式中，酒店需设立专业团队，通过实时的网络监控了解消费者信息，在与消费者交流过程中提高消费者对酒店产品与服务的满意度。

## 案例分析

### 四季酒店的品牌社交：与消费者实现“零距离”互动

随着在线社区、博客、百科以及其他一些互联网社交平台的发展，社会化营销也开始成为各行各业的促销手段，尤其是以旅游酒店为代表的服务业。消费者在体验之后，有了更多的消费心得，也更具有发言权。

对于酒店等服务行业来说，如何利用大数据及时了解消费者的需求，为他们提供个性化、定制化的服务，是酒店等服务行业都面临的问题。

四季酒店是一家国际性的奢华酒店管理集团，创立于1961年，它依托互联网的优势为客户讲故事，进行内容营销，与客户交流沟通，为其提供优质的体验。四季酒店在经营过程中，也多次尝试通过社交媒体平台营销。

1. 社会化营销在品牌战略中的地位

如通过Facebook与粉丝及时交流沟通，了解他们的需求，参与Foursquare和Gowalla基于位置服务的App，并在YouTube上发布信息，使“四季酒店”成为搜索关键词。

四季酒店将一半的精力放在数字媒体平台上，通过社交媒体平台营销，拉近与消费者的距离，满足他们的长尾需求，以此形成客户黏性和忠诚度。四季酒店在数字营销上的投入超过营销总支出的50%。每家酒店都配有一位社交媒体经理，有的酒店甚至有多位。社交媒体经理不仅负责解答消费者的疑惑和投诉，还要与消费者交流沟通，为他们提供最新的信息。通过社交媒体与社交媒体经理交流的客户既可以不在酒店内，也可以是入住酒店的顾客。

四季酒店的成功得益于它的营销以及高层管理者的重视，能够及时地满足消费者的需求，拓展业务范围。四季酒店在全球范围内的连锁酒店里实施统一的营销策略，对所推广的品牌也一视同仁。在进行社会化营销的同时，四季酒店也注重本土化经营，将酒店的消费者变成粉丝，实现粉丝效应。

虽然酒店在实施社会化营销时的策略点不同，但实施的初衷都是使整个企业参与进来，而不是某个人或者某个部门独立运营。

2. 专业团队运营管理社交平台

2009年，四季酒店开始着手实施社会化营销，创建自有品牌。同年，消费者也开始期望能随时随地地与其品牌进行互动。因此，四季酒店设立了专门部门，负责运营社交平台，及时了解消费者的需求，与其交流沟通。

目前，四季酒店已在主流的门户网站上创建了自有品牌，并投入大量的精力管理数据，与消费者互动。

四季酒店能成功运营社交平台的关键是“真实性”和“参与度”。社交媒体渠道所依靠的是即时性、参与度和真实回应。所以企业要准备好面对配置社交渠道关键资源时带来的额外管理压力。

对于酒店管理来说，具备专业的平台运营部门，管理客户的评分和点评体系以及数据分析能力等是提高酒店品牌影响力和盈利的关键。因此，四季酒店在不同的社交媒体上注册账号，获取消费者在这些平台上反馈的信息，及时了解他们的需求，并与消费者沟通互动，挖掘消费者的潜在需求，抓住行业的发展趋势，不断地完善自身，为消费者提供个性化、定制化的服务。

3. 极具效果的内容策略

四季酒店之所以能为消费者提供个性化的服务，是因为其专门成立了社交平台运营部门。四季酒店社交平台的内容策略由两部分组成：客户生成内容和线上线下渠道提供极致的体验。消费者在参与不同活动的过程中，会与不同的品牌交流互动，体验个性化服务。

2013年，四季酒店举办Maxine畅游曼哈顿竞猜活动，以商旅群体为消费对象，专门为其打造家庭周末旅行的活动方案，并投入大量的资源，启用大量的社交平台。

除此之外，四季酒店还在社交媒体平台上打造其“视觉资产”，与餐饮业和夜生活中的“超级明星”达成战略协议，共同为消费者提供极致的服务。

毋庸置疑，作为一个奢侈豪华的连锁酒店集团，四季酒店的成功离不开其“消费者至上”的经营理念以及不断创新的品牌文化。入住四季酒店的消费者能够拥有完美的睡眠质量，体验到独特的当地生活，真正体验到宾至如归的感觉。而通过社交媒体讲故事以及与消费者的互动，更是让消费者在不同的活动中体验到酒店独特的品牌文化。

## 模块小结

酒店的市场营销是指酒店企业为了让目标顾客满意，并实现酒店经营目标而展开的一系列有计划、有步骤、有组织的活动。做好市场营销调研、分析和策划，是酒店开展市场营销活动的基础工作。

通过产品、价格、渠道及促销四大营销组合策略，组织和实施市场营销活动，是酒店市场营销活动的基本内容。随着营销理念的发展，又形成了服务营销、整合营销和关系营销等新的营销概念和策略。

互联网技术的不断提升以及互联网在人们工作和生活领域的不断渗透，也使得酒店营销模式发生了变革与转型。酒店＋互联网营销、酒店＋移动营销、酒店＋新媒体营销，将酒店的市场营销活动推向一个新的高度。

## 同步练习

**一、问题思考**

1. 什么是 BCG 分析法？
2. 什么是 STP 营销法？
3. 什么是 4P 营销组合策略？
4. 什么是酒店＋互联网营销？
5. 什么是酒店＋移动营销？
6. 什么是酒店＋新媒体营销？

**二、课堂交流**

以 3～4 人的小组为研究单位，通过互联网或实地考察酒店查找资料，进行以下问题的研究，做出调研报告，编制 PPT 文件，在课堂上交流分享。

1. 分析一家酒店的市场定位。
2. 分析一家酒店的市场营销策略和手段。

## 实例参考

### 酒店市场营销策划书

酒店市场营销策划书的内容主要包括市场分析、市场定位、营销推广三个方面。

**一、市场分析**

（一）旅游市场分析

近年来，亚太地区旅游业的基本状况是客流量有所回升，但消费者支出更加谨慎。

在我国主要客源地中，大部分客源地均有不同程度的增长，其中印度尼西亚增长71.60%，韩国增长69.85%（见表6-4）。

**表6-4　20××年接待人数统计**

| 旅游者来源 | | 累计人数 | 同比人数增减 | 同比增长（%） |
|---|---|---|---|---|
| 华侨 | | 35 312 | −3 071 | −8.00 |
| 港澳 | | 123 862 | 3 208 | 2.66 |
| 台湾 | | 111 444 | 11 050 | 11.01 |
| 外国 | 日本 | 362 831 | −10 773 | −2.88 |
| | 菲律宾 | 31 873 | 5 593 | 21.28 |
| | 新加坡 | 34 419 | 982 | 2.94 |
| | 泰国 | 12 199 | 4 677 | 62.18 |
| | 印度尼西亚 | 11 154 | 4 654 | 71.60 |
| | 韩国 | 63 000 | 25 909 | 69.85 |
| | 美国 | 94 186 | −1 767 | −1.84 |
| | 加拿大 | 13 694 | −829 | −5.71 |
| | 英国 | 25 947 | −1 238 | −4.55 |
| | 法国 | 34 076 | 2 770 | 8.85 |
| | 德国 | 44 956 | 2 762 | 6.55 |
| | 俄罗斯 | 3 354 | −726 | −17.79 |
| | 澳大利亚 | 23 202 | −2 237 | −8.79 |
| | 新西兰 | 2 623 | −14 | −0.53 |
| 合计 | | 1 028 132 | 40 950 | 4.15 |

上海的旅游形势与上年基本相同，接待入境旅游者人数比上年同期增长6.4%，但旅游者的消费却降低了2%。值得注意的是，近年来，以高星级酒店为首挑起的价格战愈演愈烈，市场处于无序竞争状态，各酒店的平均房价明显下降。

（二）酒店状况分析

1. 周边环境

某酒店是一家四星级酒店，毗邻徐家汇商圈，周围高楼林立，各路商家云集，现代化大商场星罗棋布，娱乐业、房地产业高度发达。

酒店地理位置优越，交通便利。地铁1号线就在附近，至徐家汇、衡山路站仅需5分钟；内环线高架连接杨浦大桥和南浦大桥，使浦东到浦西交通十分方便；酒店距虹桥机场8千米、上海火车站7千米。

但酒店周围宾馆众多，星级相仿，硬件设施均很齐全，顾客选择的余地较大，竞争日趋激烈。

2. 服务水平

酒店营业三年多来，始终以让顾客“满意十惊喜”为宗旨，加强对员工的培训，不断提高服务质量，先后成功接待了城运会代表团、国际电影节中外记者、全国邮电行业厅局长会议、世界摄影艺术家年会、日本中学生交流团等顾客，广受好评。

但酒店有时存在服务质量不稳定的情况。各营业点的服务质量参差不齐，特别是在接待欧美商务散客的能力上，还有待进一步提高。

3. 员工的素质和能力

服务质量的不稳定性虽有管理上的问题，但主要是员工素质和能力所致。虽然经过三年多不间断的培训和实践，员工的素质和能力不断提升，但由于酒店行业对从业者的吸引力越来越差，塑造优秀员工的基础较理想差距太远。员工在文化背景、生活理念、语言沟通等方面与目标顾客，尤其是欧美顾客之间存在较大差异。这些都影响了服务质量的提高，最终影响酒店的经营。

（三）竞争情况分析

本酒店周围的酒店很多，正如在旅游市场分析时所指出的，由于价格竞争的无序，在市场不景气的时候，这些酒店都可能是竞争对手。它们中多数是新建的，开业平均不到三年，设施设备都是新的，而顾客对价格又比较敏感，所以价格稍有变化，就会影响一部分目标顾客的选择。

**二、市场定位**

根据上述分析和竞争比较，在过去一年里，酒店的营销策略是有效的。在新的一年里，应稳定商务市场，尤其是国外商务客市场，加强对会议市场的促销力度，开拓国内高级商务客和公务客市场。

目标市场：境内外商务顾客，外企职员，会议顾客，公务顾客，境外团队，金融机构、保险机构和银行高级职员。

（一）商务市场

主要客源：欧美、日本、新加坡、中国香港、中国台湾。

1. 目标

日均房间数量：21 320 间夜。

平均房价：520 元/间。

客房收益：11 086 400 元。

客房营业收入份额：53%。

2. 主要策略

产品：免费早餐；及时沟通信息，加快结账速度；利用客史预先登记；提供 24 小时商务中心服务。

价格：执行原有商务价。

渠道：参加国际订房网络和国内订房网络，建立公司订房俱乐部，与旅行社、旅游批发商合作。

促销：选择国内外有影响力的商务杂志做广告，保证A类客户（月订房量在100间夜以上）旺季订房，继续实行前10位A类客户住店VIP政策，给予累计入住酒店50间夜的顾客免费升级，继续执行对公司订房人员的奖励制度。

（二）会议市场

主要客源：外资公司、国内重要企业、金融公司等的董事会、商务会、展览会、研讨会及政府组织的各类会议。

1. 目标

日均房间数量：9 500间夜。

平均房价：440元/间。

客房收益：4 183 547元。

客房营业收入份额：20%。

2. 主要策略

产品：购置新的投影设备，提供会议组合菜肴，提供会议班车接送，提供额外服务，保证餐饮、客房产品质量。

价格：制定具有竞争性的价格，会议用客房打7折，出租会议设施设备打5折。

渠道：会议策划公司，展览场馆，政府部委办科研机构。

促销：收集展商名录，制作会议宣传单页并邮寄给公司，销售访问。

（三）旅行社团队

主要客源：日本、欧美、东南亚、中国香港、中国台湾。

1. 目标

日均房间数量：7 752间夜。

平均房价：288元/间。

客房收益：2 232 576元。

客房营业收入份额：11%。

2. 主要策略

产品：设立团队接待厅，提供团队菜、风味菜。

促销：参加海外旅游交易会，在旅行社做广告，在国内外有影响力的旅游报刊上做广告。

（四）旅行社散客

主要客源：日本、欧美、东南亚、中国香港、中国台湾。

1. 目标

日均房间数量：1 348间夜。

平均房价：465元/间。

客房收益：627 532元。

客房营业收入份额：3%。

2. 主要策略

参加海外旅游交易会做广告，在国内外有影响力的旅游、商务报刊上做广告。

（五）长住客市场

主要客源：日本、欧美、中国香港、中国台湾。

1. 目标

日均房间数量：3 000 间夜。

平均房价：400 元/间。

客房收益：1 200 000 元。

客房营业收入份额：6%。

2. 主要策略

产品：客房管家式服务，每周免费水果，定期组织活动，按照顾客要求调整产品结构。

价格：视租房时间长短及付费方式灵活商定。

促销：通过各种渠道及时了解新的投资项目，向外商公司、代理商分发推销信。

**三、营销推广**

（一）市场调研

市场环境在不断地变化，消费者的需求也在不断地变化，所以酒店各种策略也要及时做出调整。市场调研是经常性的工作，但本年度主要安排 3 次大型的市场调研活动：

1. 会务服务水平调研

调研目的：提高酒店会议产品质量。

调研主要方法：向会议策划公司了解客户的需求，走访老客户，了解他们对硬件、软件的意见和需求，了解有较高会议产品知名度的酒店的产品。

调研时间：3 月。

2. 市场机会调研

调研目的：发现市场机会，寻找新的经济增长点。

调研主要方法：统计酒店周边商住楼销售情况和客房情况，政府新的投资项目。

调研时间：4 月。

3. 顾客满意度调研

调研目的：及时调整营销策略，提高竞争力。

调研主要方法：向入住本酒店的顾客发放调查表；以顾客身份入住竞争对手酒店，体验其服务情况；走访本酒店的“回头客”，了解他们对酒店产品和服务的建议。

调研时间：5 月—6 月。

（二）广告策划

1. 受众目标

酒店经过 3 年多的运作，已初步建立起高级商务酒店的市场形象，近两年的经营情况也证明了这一点。根据本年度的市场分析、预测和对酒店产品的认识，营销的重点是继续稳定商务顾客，在客源结构上提高国外商务顾客的比例；在会议市场方面，争取更多的顾客。

所以，广告的受众目标是：提醒已有的商务顾客，吸引那些品牌转换者和新的会议顾客。此外，继续提醒国外旅游顾客。

2. 广告内容

(1) 酒店形象宣传（针对商务顾客）。繁华的上海徐家汇商业区，酒店外形，酒店客房、餐厅、会议设施，中外商务顾客（这是我们的商务伙伴）。

(2) 对已有商务顾客进行暗示（针对商务顾客）。强调酒店产品的优势，确认顾客选择本酒店是明智的。

(3) 会议产品展示（针对会议顾客）。豪华的会议厅、宴会厅，一流的会议设施设备，训练有素的服务员工的承诺（我们将为会议顾客提供最好的服务）。

（三）公关策划

全年安排两次规模较大的公关活动。

1. 西部展示活动

主要内容：西部风光图片资源介绍，邀请有关地区的政府官员做讲演，进行民族艺术表演。

目的：配合开发西部作公益宣传，吸引商人去西部投资，树立起酒店的公益形象。

邀请对象：本市各大新闻机构记者、在上海的外商等。

时间：6月中旬。

2. 各大公司订房人员联谊活动

主要内容：奖励前10位订房人员，抽奖，参观酒店设施设备，参加冷餐会。

目的：加强与订房人员的关系，激发订房人员对酒店的热情，提升客户忠诚度。

# 模块七 酒店服务质量管理

学习目标

**知识目标**

- 理解酒店服务与酒店服务质量的概念
- 知晓酒店服务质量的构成要素
- 了解酒店服务质量的测评方法
- 掌握酒店服务质量管理的主要方法

**能力目标**

- 能解释酒店服务的特性
- 能说明酒店服务质量的基本属性
- 能分析酒店服务质量差距的成因
- 能掌握酒店服务质量管理的方法

**素养目标**

- 通过酒店服务质量管理方法的学习，提升客户关系处理的个人素养
- 通过酒店服务质量管理内容的学习，培养有效人际沟通的社交素养

# 项目一 酒店服务质量的概念

酒店业属于服务业。酒店服务质量是酒店的生命，服务质量控制是酒店经营管理的核心内容。目前，全球酒店市场总体上是供大于求，酒店间的竞争异常激烈，谁能够为顾客提供全面优质的服务，谁就能在市场上取得竞争优势，获得良好的经济效益。

## 一、酒店服务的定义与特性

对服务的研究起源于经济学领域。从20世纪五六十年代开始，市场营销学开始把研究的领域从物质产品拓展到服务产品，并开始关注服务的定义与特征，对服务的研究开始步入正轨。

### （一）酒店服务的定义

1960年，美国市场营销协会（AMA）对服务的定义为："用于出售或者是同产品连在一起进行出售的活动、利益或满足感。"在此后的较长时间里，这一定义被许多学者采用。但这一定义的缺陷也是明显的，它没有将服务的无形性凸显出来，因此在一定程度上混淆了有形产品同无形服务产品的本质区别。

1990年，市场学家克里斯琴·格罗路斯（Christian Gronroos）在综合前人观点的基础上，提出了试图为所有人所接受的定义："服务是以无形的方式，在顾客与服务员、有形资源、产品或服务系统之间发生的，可以解决顾客问题的一种或一系列行为。"格罗路斯的观点较为综合，也比较有代表性，并明确指出了服务的本质特征。但由于服务自身的复杂性，服务的内涵处于不断变化之中，该定义也有它的局限性。

对酒店服务的界定是一个复杂的、困难的过程。我们可以认为酒店服务就是在一定经济发展阶段的一种综合性服务现象，是发生在酒店服务提供者和接受者之间的一种无形的互动作用，酒店服务的供需双方在交换中实现了各自利益的满足，但互动过程不涉及所有权的转移。

从顾客的角度来看，酒店服务的无形性互动关系使顾客获得了经历和感受，但没有得到实体结果，所以顾客在接受服务过程中一般更注重心理和精神感受。从企业的角度来看，酒店服务的无形性互动过程需要一定的支持设施与物质投入，但这种服务的结果不可以储存，发生互动作用是为了实现企业既定的价值目标。

阅读资料

**服务是什么?**

服务究竟是什么？服务的英文是“SERVICE”，除了字面意义还有没有其他意义呢？我们可以这样理解：“S”表示微笑待客（Smile for everyone），“E”就是精通业务中的工作（Excellence in everything you do），“R”就是对顾客态度亲切友善（Reaching out to every customer with hospitality），“V”就是要将每一位顾客都视为特殊和重要的大人物（Viewing every customer as special），“I”就是邀请每一位顾客再次光临（Inviting your customer to return），“C”就是要为顾客营造一个温馨的服务环境（Creating a warm atmosphere），“E”就是要用眼神表达对顾客的关心（Eye contact that shows we care）。酒店可以根据这七个字母的含义来检查自己的服务表现。

### （二）酒店服务的特性

对酒店服务定义的剖析为我们深入研究酒店服务奠定了基础。与制造业的有形物质产品相比，酒店服务也有自己独特的属性（见表7-1）。

**表7-1　有形产品与酒店服务的区别**

| 有形产品 | 酒店服务 |
|---|---|
| 有形 | 无形 |
| 生产、传递与消费过程分离 | 生产、传递与消费过程同时发生 |
| 一种物体 | 一种活动或过程 |
| 核心价值在工厂中生产 | 核心价值在买卖的交互过程中实现 |
| 顾客不参与生产过程 | 顾客参与生产过程 |
| 可以储存 | 无法储存 |
| 涉及所有权的转移 | 不涉及所有权的转移 |

1. 无形性

酒店服务是抽象的、无形的，既没有一定的状态，又不可触摸。绝对的无形服务是很少的，因为大多数酒店服务都要利用有形设施的支持才能完成服务的过程，但有形设施只是作为提供服务的条件而存在，顾客真正感觉、评价和衡量的服务质量来自与服务人员的互动。

酒店服务与制造业产品之间最本质的区别就在于服务的无形性。酒店服务的无形性不能申请专利，竞争者容易模仿；顾客在购买前难以评价服务质量，增加了购买风险；酒店服务的单位成本很难确定，价格与质量的关系变得更加复杂。要消除服务无形性带来的负面作用，酒店可以采取无形服务有形化的策略，通过有效的有形展示将服务的无形性变得可以感知，从而降低顾客购买的风险。

2. 同时性

酒店服务的提供必须以顾客的到来为前提，没有顾客的参与，酒店服务就不可能发生。当顾客的消费过程结束时，酒店服务的过程也自然结束了。生产与消费的同时性给酒店的经营活动带来许多不便。

对有形产品而言，顾客只评价其性能，而不会考虑其生产过程。而酒店服务由于顾客要参与生产过程，因此以什么样的方式或程序进行生产就会直接影响顾客的利益。例如：酒店选择什么时间清扫客房就是一个较为敏感的服务问题。由于顾客参与了服务过程，因此如何引导顾客的行为也将对酒店服务产生重要影响。再如：顾客在餐厅点菜，服务人员要善于与他们交流，帮助他们获得必要的服务知识，以保证他们点菜的成功。由于个人的经历和经验的差别，顾客在与服务人员互动的过程中对服务的要求也不一样，这就需要服务人员有提供个性化服务的能力。

3. 不可储存性

酒店服务是在生产过程中被消费的，其使用价值往往都有一定的时间限制。因此，顾客从服务中所得到的好处不能像物质产品那样储存起来。也就是说，酒店服务价值的回收是通过划分不同的时间段来体现的。例如：酒店的客房、餐厅的餐位都有它们特定的时间价值，若不能在有效的时间中销售出去，则一间客房、一个餐位这次的服务价值就不能体现，即使下一次的价值可以得到，但上一次的价值已经流失了。酒店服务的不可储存性对酒店的经营活动构成很大的威胁。

酒店服务的不可储存性带来了供需之间的矛盾，这就需要酒店采取相应的措施来改变这种局面。一方面，要对需求量进行监控，对需求波动进行预防；另一方面，要调节需求量，使其与酒店的供给相适应。例如：利用价格杠杆的作用，削减高峰期的需求量和刺激低峰期的需求量，解决供需的不一致。

4. 不可转移性

物质产品在生产出来以后，需要经过一定的流通环节才能到达顾客手中，表现为实物形式的流动。由于酒店服务必须以一定的建筑设施为基础，而酒店的建筑不可能发生空间的移动，因此酒店服务呈现不可转移性。酒店服务的不可转移性还表现在所有权不发生变更方面。物质产品在进行交换活动时，伴随着所有权的转移，酒店服务则不同。顾客购买酒店产品时，只拥有服务设施的暂时使用权，而不是所有权。例如：顾客下榻某酒店两天，他只是拥有两天客房的使用权，而不是所有权。

酒店服务的不可转移性给酒店企业的经营带来极大的困难：一方面，酒店企业要加大宣传推销的力度，把最新的服务信息及时、准确地传递给消费群体和潜在消费者，通过强大的信息流刺激顾客的流动；另一方面，酒店企业要在日常经营中树立良好、可信的服务形象，从而形成一种服务消费的无形推动力。

5. 不稳定性

酒店服务特有的属性使得酒店服务质量呈现一定的波动性。生产与消费的同时性，不可避免地会造成服务质量的差异性以及生产过程的可变性。不同的顾客对服务的要求、参与提供服务的程度有很大不同，对服务质量的评价也不一样。另外，服务是由人来执行的，会受到许多服务人员自身因素的影响和制约。顾客自身的消费行为、其他顾客的消费行为及服务人员的素质，都会对服务质量产生影响。

鉴于酒店服务的不稳定性，酒店企业应有意识地对服务质量进行控制，以尽可能保证服务质量的稳定性：一是对一些反复操作的服务程序，可用标准化手段进行规范；二是加强对服务现场的控制，发现问题及时纠正；三是提高服务人员的综合素质，增强控制服务质量的能力。

## 二、酒店服务质量的构成要素与基本属性

### （一）酒店服务质量的构成要素

酒店服务质量是指酒店服务活动所能达到规定要求和满足顾客需求的能力与程度，包括技术性质量（结果质量）和功能性质量（过程质量）两个方面（见图 7－1）。

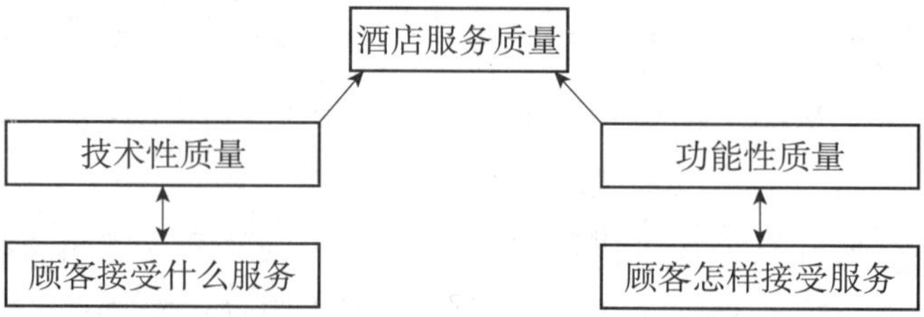


**图 7－1　酒店服务质量的构成要素**

1. 技术性质量

技术性质量是指酒店服务生产过程的结果，也称结果质量。结果质量是顾客在酒店服务过程结束后的“所得”，通常包括建筑外观、功能环境、设施设备、服务项目、实物产品等。

（1）建筑外观。建筑外观是指酒店建筑带给顾客的视觉感受，包括独特的建筑设计手法、建筑体量比例、表面材质处理、设计语言符号等。酒店的建筑外观在一定程度上体现了酒店的品质。历史的、地域的、艺术的各种文化元素的运用，赋予酒店建筑深刻的文化内涵，能给顾客带来第一视觉冲击。

（2）功能环境。功能环境由酒店的空间布局、内外部交通动线设计、室内装潢、灯光音响、室内温度等构成。在功能环境的设计上，要体现科学性、功能性、合理性、艺术性及整体性，在此基础上带给顾客方便性、舒适性、易识性及安全性。

（3）设施设备。设施设备是酒店赖以存在的基础，是酒店提供服务的依托。酒店的

设施设备包括客用设施设备和营运设施设备两大类。客用设施设备也称前台设施设备，是指直接供顾客使用的设施设备，如客房设备、健身康乐设施等。营运设施设备也称生产设施设备，如锅炉设备、制冷供暖设备、厨房设备等。

（4）服务项目。服务项目大体上可分为两大类：一类是基本服务项目，即在酒店服务指南中明确规定的，对每个顾客几乎都要发生作用的服务项目；另一类是附加服务项目，是指由顾客即时提出，不是每个顾客需要的服务项目。服务项目的多寡反映了酒店的服务功能和满足顾客需求的能力。

（5）实物产品。实物产品通常包括菜点酒水和客用品配备，直接满足顾客物质消费的需要。菜肴的原料选择、烹调工艺、风味特色及客用品的质地、数量，都是酒店服务质量的重要组成部分。

2. 功能性质量

功能性质量是指顾客接受服务的方式及其在服务生产和服务消费过程中的体验，也称过程质量。过程质量说明的是酒店服务提供者是如何工作的，通常包括员工服务态度、服务效率、服务程序、服务礼仪与服务技巧等，这些构成了酒店服务质量的主体，也是顾客在酒店消费过程中最期望获得的东西。

（1）服务态度。服务态度是提高服务质量的基础，既取决于服务人员的主动性、积极性和创造性，也取决于服务人员的素质、职业道德和对本职工作的热爱程度。在酒店服务实践中，良好的服务态度表现为热情、主动、周到和细致的服务。

（2）服务效率。服务效率是服务工作的时间概念，是提供某种服务的时限。衡量酒店服务效率的依据有两类：第一类是用工时定额表示的固定服务效率，如打扫一间客房用时 30 分钟，宴会摆台用时 5 分钟，夜床服务用时 5 分钟等；第二类是用工作时限表示的服务效率，如总台入住登记每人不超过 5 分钟，租借物品 5 分钟内送进客房，接听电话不超过 3 声铃响等。

（3）服务程序。服务程序是以描述性的语言规定酒店某一特定服务过程所包含的内容与必须遵循的顺序。首先，服务程序是从对服务作业的动作、过程、规律的分析研究中设计出来的；其次，服务程序的对象是每个具体的服务过程；最后，服务程序以强制性的形式规定了服务过程的内容与标准。

（4）服务礼仪。服务礼仪是以一定的形式对顾客表示尊重、谦虚、欢迎和友好等，是提高酒店服务质量的重要条件。服务礼仪中的礼节偏重于仪式，礼貌偏重于语言行动。服务礼仪反映了酒店的精神文明和文化修养，体现了酒店员工对顾客的基本态度。服务礼仪主要表现在仪容仪表、礼节礼貌、语言谈吐和行为动作等方面，要求服务人员衣冠整洁、举止端庄，待客有礼、尊重风俗习惯，语调恰当、语言文明，动作规范、姿势优美。

阅读资料

### 对客服务的语言技巧

对客服务的语言技巧如表 7-2 所示。

表 7-2　对客服务的语言技巧

| 不应该说 | 应该说 |
|---|---|
| 你是谁? | 请问您是哪位? |
| 你叫什么名字? | 对不起，我没听清楚您的名字。 |
| 你要什么? | 我能帮您什么忙吗? |
| 请说大声点。 | 对不起，我听不到您在说什么。您能说大声一点吗? |
| 哦，我不是你要找的人。 | 对不起，您要找的人不是我。 |
| 他出去吃午饭了。 | 他离开办公室已有一小时了。要我叫他给您回电吗? |
| 你得打电话到财务办公室。 | 我们的财务办公室可以提供这方面的信息，我很高兴帮您与他们联系。(我让财务办公室的人给您回电?) |
| 对不起，我帮不了你。 | 这儿没有那些资料，是否需要叫质量服务部的员工给您打电话? |
| 那件事情我帮不上你的忙。 | 我会把那件事记在我的日历上，下周二我会再检查一下您的要求。到时我再打电话给您。 |

（5）服务技巧。服务技巧包括操作技能、沟通艺术和应变能力，取决于服务人员的技术知识和专业技术水平，是服务质量的技术保证。酒店服务人员在为顾客提供服务时总要采用一定的操作方法和作业技能，服务技巧就是这种操作方法和作业技能在不同场合、不同时间，对不同对象进行服务时，根据情况灵活而恰当运用的员工能力的表现。

阅读资料

### 应对顾客投诉的一些常用句式

（1）“像您这样有地位的人……”暗示了对方的社会地位很高，所从事的工作很重要。每个人都喜欢听美言。

（2）“如果您可以……我会非常感激的。”此话意在征得顾客许可，暗示顾客有权利表示接受或拒绝。

（3）“您真得在……方面帮我一个忙。”此话暗示了顾客在整个处理投诉的过程中很重要。

（4）“也许您可以在……方面给我一些建议。”这样可以让顾客感到他充满思想和智慧。

(5)“请您……因为您在这方面有专业知识/因为您是这方面的专家。”此话暗示了顾客具有很高的专业技术水准。

(6)“像您这样有成就的人……”暗示对方的事业很成功。

(7)“当然，您肯定知道（了解）……”暗示对方知识面广、信息灵通。当你知道对方不了解（或无法了解到）这方面信息的时候，讲这句话特别管用，因为谁都不愿意承认自己无知（尽管有些事情他们完全没理由/完全不可能知道）。

(8)“您说的……完全正确。”这句话会起到一种很有效的停顿作用，也可以借此认同顾客提出的观点。这样，顾客在大的问题上也就愿意做出让步。

(9)“像您这样的大忙人……”可以暗示对方在生活中的重要地位，同时也说明问题会很快得到解决。

(10)“如果……我会感激不尽。”这句话可以轻轻松松地让人感到愉快。

### (二) 酒店服务质量的基本属性

近年来，国内外许多专家和学者对服务质量的属性进行了论述，其中以美国的营销专家贝瑞、巴拉苏罗门和西斯姆的观点最具代表性。他们认为顾客在评价服务质量时，主要从可靠性、反应性、胜任能力、礼貌、可信性、安全性、易于接触、易于沟通以及对消费者的理解程度和服务的有形性十项标准进行考虑。后来，在进一步的研究中，他们又将这十项标准合并为五项，分别是可靠性、反应性、保证性、移情性和有形性。贝瑞等专家提出的服务质量五大标准，基本涵盖了酒店服务质量的基本属性，也是顾客衡量酒店服务质量优劣的主要依据。

1. 可靠性

可靠性是指酒店企业可靠地、准确无误地完成所承诺的服务的能力。它是酒店服务质量属性的核心内容和关键部分。顾客希望通过可靠的服务来获得美好的经历，酒店企业也把服务的可靠性作为树立企业信誉的重要手段。例如：必须兑现向预订顾客承诺的客房或餐厅包房。

2. 反应性

反应性是指酒店企业准备随时帮助顾客并提供迅速有效服务的愿望。反应性体现了酒店企业服务传递系统的效率，反映了服务传递系统的设计是否以顾客的需求为导向。例如：顾客在酒店办理住宿登记的等候时间，就餐的等候时间等。当服务传递系统出现故障导致服务失败时，及时地解决问题将会给顾客的感知质量带来积极的影响。

3. 保证性

保证性是指酒店员工所具有的知识技能、礼貌礼节以及所表现出来的自信与可信的能力。首先，员工应具有完成服务的知识和技能，这是赢得顾客信任的重要因素；其次，员工要对顾客表示礼貌和尊重，友好的态度与好客的尊重会使顾客产生宾至如归的感觉；

最后，员工要有可信的态度，主动与顾客进行沟通与交流，适时地帮助他们。保证性使顾客消除了跨越地理空间的不适感。

4. 移情性

移情性是指酒店的服务工作自始至终以顾客为核心，关注他们的实际需求，并设身处地地为他们着想。在服务过程中，员工要主动接近顾客，掌握他们的需求，同时要对他们的心理变化和潜在需求有很强的敏感性，从而使整个服务过程充满人情味。

5. 有形性

有形性是指酒店通过一些有效的途径——设施设备、人员、气氛等传递服务质量的形式。酒店服务具有无形性的特征，因此必须通过有形的物质实体来展示服务质量。有形性提供了酒店服务质量的线索，给顾客评价服务质量提供了直接的依据。例如：酒店通过装饰材料、色彩、照明、温度、湿度、背景音乐等来塑造富有情调的氛围；服务人员得体的服装、高雅的举止，不仅提高了服务质量的外在表现形式，而且会给顾客评价服务质量带来有益的贡献。

# 项目二 酒店服务质量的测评

酒店服务质量是将服务的客观现实和顾客的主观感觉进行对比的结果。顾客满意度测评有助于酒店全面、客观地了解服务质量的现状，把握酒店服务质量控制的正确方向。对服务质量差距成因进行分析，有助于酒店寻找改进服务质量的有效途径。

## 一、酒店服务质量测评的方法

酒店服务质量测评，一般可通过酒店服务质量管理部门的检查、第三方的顾客满意度测评和“神秘顾客”的暗访来实施。

### （一）酒店服务质量管理部门的检查

由酒店服务质量管理部门、上级公司质量主管部门和酒店星级评定委员会定期开展的酒店服务质量检查，有助于全面了解酒店开展服务质量管理工作的情况和酒店服务质量管理的水准。酒店服务质量管理部门检查的重点，是酒店服务质量管理的文件、制度以及酒店设施设备和服务质量符合规定要求的情况。图 7－2 显示了酒店星级评定检查的基本程序。

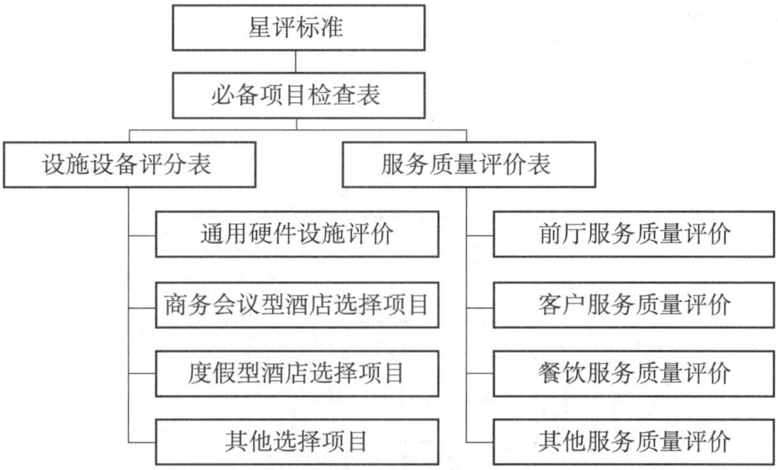


**图 7-2　酒店星级评定检查的基本程序**

## （二）第三方的顾客满意度测评

顾客满意度是指顾客对所购买的酒店产品和服务的满意程度。顾客满意度的测评是酒店企业对顾客感知服务质量的调研、测算和认定。如何测评顾客满意度是一个困难而复杂的问题。经过酒店多年的运用实践，顾客满意度测评技术和手段也日趋完善，形成了先进的酒店服务绩效测评模型（见图 7-3）。

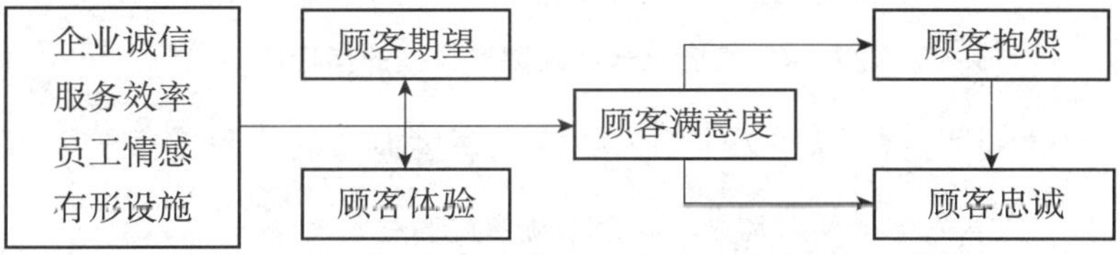


**图 7-3　酒店服务绩效测评模型**

1. 酒店服务绩效测评模型的要素

该模型的基础源于消费心理学、服务营销学和体验经济理论，主要结构由顾客对酒店服务的企业诚信、服务效率、员工情感和有形设施的价值感知，以及顾客的抱怨、顾客忠诚度组成。

（1）企业诚信：体现酒店准确履行服务承诺的能力。

（2）服务效率：体现酒店及时履行为顾客服务承诺的能力。

（3）员工情感：体现酒店服务过程的“人情味”特征。

（4）有形设施：体现酒店的硬件水平。

顾客满意度是站在顾客立场上设立的，它是顾客期待与顾客感受的比较，而不再是过去那种酒店标准与顾客感受的比较。这一改变是酒店服务质量管理理念本质性的变革，意味着新型的酒店服务质量管理方式的诞生。

2. 酒店服务绩效测评模型的指标

酒店服务绩效测评模型的指标体系（见图 7－4）是一个多层次指标结构体系，运用层次化结构逐级设定，由表及里、深入清晰地表述服务绩效测评指标。

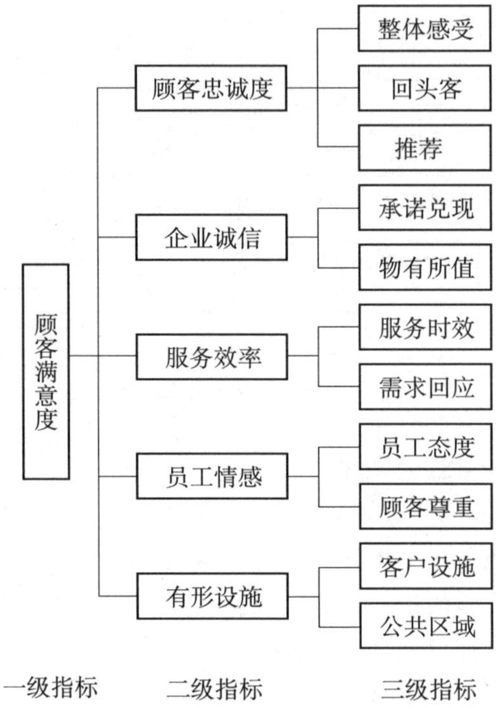


**图 7－4　酒店服务绩效测评模型的指标体系**

酒店服务绩效测评指标的含义体现为顾客满意度调查表（见表 7－3）的表述。

**表 7－3　顾客满意度调查表**

| 请勾选合适的选项 | 非常满意 ←——→ 不能接受 | | | | |
|---|---|---|---|---|---|
| | 5□ | 4□ | 3□ | 2□ | 1□ |
| 您如何看待以下各方面？ | | | | | |
| 1. 您在我们酒店住宿经历的整体感受？ | 5□ | 4□ | 3□ | 2□ | 1□ |
| 2. 您继续下榻我们酒店的可能性？ | 5□ | 4□ | 3□ | 2□ | 1□ |
| 3. 您向亲戚、朋友、同事推荐我们酒店的可能性？ | 5□ | 4□ | 3□ | 2□ | 1□ |
| 4. 您对客房的整体满意度？ | 5□ | 4□ | 3□ | 2□ | 1□ |
| 5. 您对酒店外观、大堂及餐厅氛围的印象如何？ | 5□ | 4□ | 3□ | 2□ | 1□ |
| 6. 您是否感受到了员工热情的接待服务？ | 5□ | 4□ | 3□ | 2□ | 1□ |
| 7. 您是否总是能感受到员工对您的尊重？ | 5□ | 4□ | 3□ | 2□ | 1□ |
| 8. 您是否享受到了快速和有效的服务？ | 5□ | 4□ | 3□ | 2□ | 1□ |
| 9. 酒店是否总是能够及时满足您的任何需要？ | 5□ | 4□ | 3□ | 2□ | 1□ |
| 10. 酒店是否总是能提供其所承诺的服务？ | 5□ | 4□ | 3□ | 2□ | 1□ |
| 11. 酒店的产品是否物有所值？ | 5□ | 4□ | 3□ | 2□ | 1□ |

在互联网时代，顾客会更多地根据网评指数的高低来判断一家酒店服务质量的好坏，

这也是体验时代评判一家酒店服务质量水准的重要依据。

### (三)“神秘顾客”的暗访

“神秘顾客”，即由酒店委派专家以普通顾客身份入住酒店，围绕顾客在酒店“来、住、走”整个消费过程的经历，反映酒店关键服务岗位在关键服务时刻“真实瞬间”的服务水平。通常，“神秘顾客”从酒店客房预订、抵店接待、客房住宿、餐饮接待、公共区域、退房离店和员工能力七个环节仔细检查酒店的服务质量，给酒店提供一份客观、专业、全面的服务质量诊断报告。

## 二、酒店服务质量差距分析模型

根据顾客满意度测评模型的内涵，顾客感受的服务质量与顾客对服务质量期望之间的差距形成了服务质量得分。那么，服务质量的差距是如何形成的？怎样消除这些差距呢？

贝瑞等人曾系统地提出一种服务质量差距分析模型（见图 7-5）。

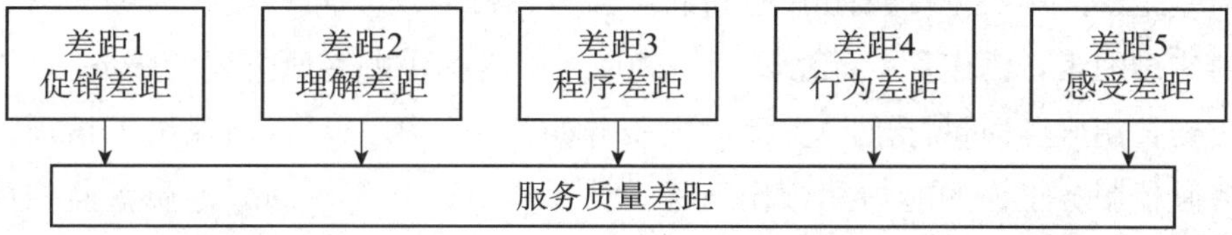


**图 7-5　服务质量差距分析模型**

服务质量差距分析模型表明，酒店提供的服务可能存在五个方面的差距：

### (一) 促销差距

促销差距即酒店广告宣传与实际服务提供之间的差距。顾客的期望值常常受企业广告和营销人员宣传的影响。如酒店营销人员在与顾客接触时，向顾客承诺可免费使用酒店某些设施，但是顾客入住后发现并非如此，因而感到失望。这就是外部沟通导致顾客期望值的提高。

酒店需要控制服务提供与外部沟通的差距。首先，要做好酒店的营销宣传，广告与营销人员的宣传要与实际相符。其次，要做好酒店服务的有形展示，增加顾客的认知度，提升顾客感知中的服务质量。最后，要保证服务承诺的兑现，不惜代价维护酒店企业的信誉。

### (二) 理解差距

理解差距即因酒店管理者对顾客期望的理解不准确而导致的服务差距。在现实生活中，酒店管理者常常不知道顾客的真正需求是什么。例如：酒店管理者很可能认为住店顾客在进出楼面时希望看到服务人员的迎候，而许多商务顾客恰恰更需要一种宽松的住宿环境。

酒店要控制顾客期望与管理者认知的差距。首先，要进行市场调查，收集与顾客有关的信息资料和数据，注重管理者与顾客的直接接触，了解顾客期望。其次，要鼓励员工与顾客直接接触，保持信息传达渠道的畅通。最后，酒店的组织结构应扁平化，以减少上下沟通的环节，提高信息沟通的效率。

### （三）程序差距

程序差距即酒店没有把对顾客期望的理解转换到适当的服务程序中去。酒店管理者也许已正确认识到顾客的真正需求，但并不知道这一需求的标准是什么。例如：客房部经理感到顾客需要安全、便利的服务，但他无法确定怎样才能提供给顾客他们需要的那种安全、便利的客房服务。

酒店要控制管理者的认知与服务质量标准的差距。首先，要分析顾客期望的可行性，在确定顾客需求重点的基础上，设定或修改服务质量标准。其次，要根据酒店企业的特点制定服务质量标准，对重复性、非技术性的服务实施标准化管理。

### （四）行为差距

行为差距即酒店员工提供的服务和酒店服务标准有所不同。由于训练不当、能力不强或其他诸多因素，酒店员工无法按酒店的质量标准提供顾客所需要的服务。

酒店要控制服务质量标准与实际提供服务的差距。第一，要加强员工培训，使酒店员工具备胜任服务工作的能力和合作精神。第二，要建立有效的服务质量监控体系，及时发现和处理服务过程中的质量问题。第三，为员工提供培训机会和必要的服务信息，避免员工与顾客之间产生角色矛盾。

### （五）感受差距

感受差距即顾客的感知与酒店服务产品实际价值的不一致。由于顾客的需求和酒店的服务质量标准存在差异，顾客并没有真正体验到酒店服务产品的价值，这导致顾客过低评价服务质量。

酒店要控制实际提供服务与顾客感受的差距。首先，要注重顾客期望值的管理，调整好顾客的期望值。其次，要正确把握顾客的需求，将“好钢用在刀刃上”。最后，要注重酒店个性化服务的提供，能根据不同顾客在不同环境下的不同需求，提供有针对性的服务。

## 三、酒店服务品质的塑造

在体验时代，随着消费需求的变化，酒店也必须从技术性质量和功能性质量两个方面塑造酒店的服务品质。

### （一）产品变革的浪潮

随着消费需求的变化，酒店的功能产品也经历了从床、淋浴室到大堂的三次变革浪潮。

（1）床。睡眠是顾客对酒店的核心需求。“酒店的好坏”决定旅途生活的品质，“床的好坏”直接决定酒店的品位。威斯汀的“天梦之床”、香格里拉的“一夜香甜”、丽思卡尔顿的“梦见奢华”、喜来登的“甜梦之床”，掀起了酒店床的变革浪潮。

（2）淋浴室。沐浴体验是影响客户满意度的关键因素之一。酒店在设计客房浴室时，会考虑智能化的水温控制、镜面电视、加热坐便器、定向喷头、水按摩功能、烘干机、电热毛巾架、舒适自然的照明等，以维护更多的忠诚客户。

（3）大堂。大堂是酒店的灵魂，酒店大堂的最初功能是作为为顾客办理入住手续的场所。随着科技革新和千禧一代对分享和体验需求的提升，酒店的大堂演变为吃喝、娱乐、休闲、工作等住客共享的公共空间，成为社交活动的中心。处于大堂的咖啡厅、酒吧等空间加强了酒店与顾客之间的联系，大堂不再是顾客匆匆路过的地方，酒店还将利用大堂的共享空间，换来顾客的停留时间。酒店住宿不再等同于“歇脚的地方”，而将成为消费者在旅途中值得期待的惊喜。

案例分析

**“客听”亮相华住酒店大堂**

2019年，一家名叫“客听”的零售品牌进驻全季酒店大堂，为住店顾客、都市白领及周边社区居民提供精选好书、生活好物和轻食简餐，在酒店大堂内为都市人创造出全新的“第三空间”“公共客厅”。作为一家“旅途上的精神物质便利店”，客听所提供的好书、好饮、好物，带来的不仅是酒店大堂空间的变革，更增加了多元生活的可能性。

简单实用加好看，成为顾客的基本消费要素；基本功能之上的颜值诉求和仪式感，则成为酒店更具消费力群体的追逐目标。酒店B&B（床和早餐）的两大基本功能没有变，但需要在床的色彩氛围、灯光氛围上升级；在床边设施的便利性，如智能化控制端口、充电设备、睡眠记录分析等附加值上做文章。

同时，不同领域两种及以上产品的跨界设计，往往可以给酒店带来全新的商业模式和前所未有的客户体验。

### （二）服务品质的塑造

好的顾客体验，应是核心产品上适用，功能产品上可用，视觉和情感上爱用，顾客用完了还想用，还愿意介绍给他人用。当今，酒店服务品质的塑造，尤为重视“文服务”的经典创造、“精服务”的理念推广和“云服务”的体系完善。

1.“文服务”的经典创造

中国文化博大精深。在酒店服务过程中，标准是底线，个性是高线，而文化是无限的。通过酒店服务的仪式感、主题文化氛围的营造，彰显中国文化的元素和魅力，对提升酒店服务的品质具有极大帮助。

（1）仪式感。仪式是文化的外在表现。仪式感就是在特定时间、特定场合中，依托仪式的外在表现形式，让人们获得心理满足的一种情感体验。酒店是一个充满仪式感的行业，酒店服务程序与规范的仪式化创新，能增加顾客对酒店服务的价值感知。

阅读资料

**酒店个性化服务的设计**

酒店个性化服务的设计如表7-4所示。

**表7-4　酒店个性化服务的设计**

| 情景 | 个性服务设计 |
| --- | --- |
| 独自出行 | 热牛奶、果盘、巧克力、艺术折巾 |
| 家庭出行 | 亲子房、艺术折巾、缝补衣服、果盘 |
| 朋友出行 | 小零食、菊花茶、果盘、苹果汁、小糕点 |
| 情侣出行 | 玫瑰花、艺术折巾、巧克力、酸奶、银耳羹、小糕点 |
| 儿童特色 | 儿童牙刷、故事书、小玩偶、果盘、酸奶、猜谜游戏 |
| 老人特色 | 小米粥、果盘、晚安饮品、足浴盆、艾叶泡脚、代购机票 |
| 生日特色 | 蛋糕、艺术折巾、气球、贺卡、照片、生日祝福歌、开机画面 |
| 商务出行 | 礼貌拜访、茶具、服务、邮寄快递、订购车票、果盘 |
| 女士出行 | 女士楼层、女士拖鞋、黄瓜面膜、纯牛奶、莲子羹 |
| 婚房特色 | 红色喜字、气球、红色床单被罩、面条、鸡蛋、果盘 |
| 季节特色 | 应时水果盘、冰红茶、绿豆汤、南瓜汁、百香果饮 |
| 高考特色 | 高考楼层、寓意水果、艺术折巾、文具袋、金榜题名 |
| 节日特色 | 节日由来、形象故事、历史故事、幸运转盘、康乃馨、汤圆、鲜花预订、月饼、窗花、猜灯谜、贴对联、贺卡 |

（2）主题文化。主题酒店是市场竞争的产物，它赋予酒店某种主题来体现其建筑风格、装饰艺术、经营项目及服务特色，让顾客获得富有个性的文化感受。地域特色、可识别性和美好体验是塑造酒店主题文化的基本要素，从而为酒店营造出一种竞争者无法模仿和复制的个性特征。

2. “精服务”的理念推广

“精服务”强调工匠精神，注重细节服务，重视亲情服务和心理服务的提供。一个能把小事做精的人至少是一个合格的员工；一个能把细节做到极致的酒店，必定是一个杰出的企业。

（1）亲情服务。在对客服务中，热情不能少，真情更可贵。亲情服务要求每个员工都把顾客当作自己的亲人看待，真心实意，发乎情、发乎心，在自然而然中体现出酒店的好客之道，营造“不是家胜似家”“不是亲人胜似亲人”的氛围。亲情服务源于卓越的企业文化建设，体现的是好客传统和文化内涵。



案例分析

### 只有想不到的，没有做不到的

有了创造性，你超越顾客期望的机会将不局限于记住了他们的名字。让我们来思考一下迈克尔·格博（Michael Gerber）在他的《重访E神话》一书中所展示的例子，看看个性化服务究竟能达到怎样的境界。

出差回旧金山的路上，迈克尔决定在一家能够欣赏到太平洋景致的小酒店住一夜。走到总台时，一位穿着得体的女士迅速走出来，表示欢迎。仅3分钟后，他就被门童领进了客房。房间里铺着豪华地毯、法式的床单，不加装饰的柏木墙壁和一个石砌壁炉。壁炉的格栅旁，橡木段、卷筒纸以及火柴，一应俱全。

梳洗完后，迈克尔便去了餐厅。入住登记时，接待员已为他在餐厅预订好了座位。没有预订的顾客还在等座位时，他却很快被领到了自己的座位上。那天晚上，当他再回到房间时，床已铺好，壁炉内炉火正旺，床头柜上放着一杯白兰地，旁边的一张卡片上写着："欢迎您第一次入住Venetia酒店，希望您愉快。无论是白天还是夜晚，您有什么需要，请打电话告知。Kathi。"

早晨，迈克尔一醒来就闻到了咖啡的香味。走进洗手间，他发现了沸腾的咖啡壶。壶边的卡片上写着："您喜欢的牌子，请慢用！Kathi。"前一晚在餐厅时，有人曾问他喜欢什么牌子的咖啡。而此刻，那种牌子的咖啡已热气腾腾地放在他的房间。这时，传来了有礼貌的敲门声。当他打开门时，发现蹭鞋垫上放着《纽约时报》。入住登记时，服务员就曾问他喜欢看什么报纸。此时，他喜欢的报纸已被送到了他的面前。

（2）心理服务。心理服务是员工与顾客之间心与心的交流，但这种心灵的交流是通过行为来实现的。一方面，员工的行为必须具有很强的表现力，能强烈地表达出员工对顾客的热情和关切；另一方面，员工应随时关注顾客的行为，领悟其行为所蕴含的内心需求。表面上看，员工与顾客只是行为与行为的互动，而实际上顾客得到的却是一种心理上的深层次满足。

阅读资料

### 丽思卡尔顿酒店优质服务的三个步骤

（1）热情、真诚地问候顾客，并尽可能称呼顾客的名字；

（2）预见并满足每一位顾客的需求；

（3）亲切道别，向顾客热情地说再见，并尽可能称呼顾客的名字。

3. “云服务”的体系完善

人类已实现时空统一，进入以计算机、互联网为标志的变革时期。“快鱼吃慢鱼”，“互联网＋”将促进酒店行业不断提升科技含量，重视信息技术与“云酒店”服务模式。

互联网及智能手机的应用，使酒店可以与个体直接联系，高度适应不同顾客的个性化需求；这种沟通机制是双向互动的，使顾客更容易获得信息并进行信息反馈，酒店也可以更精准地把握顾客对产品和服务的需求。

案例分析

**丽思卡尔顿酒店的24万个秘密**

一家大集团副总裁到澳大利亚出差，当住进丽思卡尔顿酒店后，他打电话给该酒店客房服务部门，要求将浴室内放置的润肤乳液换成另一种品牌的产品。服务人员很快满足了他的要求。

事情并没有结束。三周后，当这位副总裁住进美国新墨西哥州的丽思卡尔顿酒店时，他发现浴室的架子上已经摆着他所熟悉的乳液，一种回家的感觉油然而生。

“凭借信息技术和多一点点的用心，丽思卡尔顿酒店使宾至如归不再是口号。”丽思卡尔顿酒店澳大利亚地区品质训练负责人道出了丽思卡尔顿酒店成功的秘密：在丽思卡尔顿全球联网的电脑档案中，详细记载了超过24万名客户的个人资料。这是每一个顾客和丽思卡尔顿员工共同拥有的秘密，使顾客满意在他乡。

在“互联网＋”方面，酒店会向智慧化转型，打造智慧酒店。依托互联网、移动通信、云计算、大数据、人工智能等信息化技术，实施智慧营销、智慧管理、智慧服务。

人工智能正打开酒店行业的无限可能。机器人正在酒店行业大踏步前进，帮助酒店业把不可能变成可能。从创造个性化的顾客体验到识别潜在的创收机会，AI正在给现代酒店业带来一个个惊喜。

# 项目三 酒店服务质量的控制

现代酒店服务质量管理的方法，可以归结为流程分析与量化管理、过程控制与服务补救、定点超越与持续改进三大类别。

## 一、流程分析与量化管理

### (一) 流程分析

酒店企业要想提供较高水平的服务质量，必须理解影响顾客认知服务产品的各种因素，流程分析（又称蓝图技巧法）为酒店有效地分析和理解这些因素提供了便利。流程分析是指通过分析组织系统和架构，鉴别顾客同服务人员的接触点，并从这些接触点出发来控制企业服务质量的一种方法。

流程分析借助流程图来分析服务传递过程的各个方面，包括从前台服务到后台服务的全过程。它通常涉及以下四个步骤：

(1) 把服务的各项内容用流程图（见图 7-6）画出来，使得服务过程能够清楚、客观地展现出来。

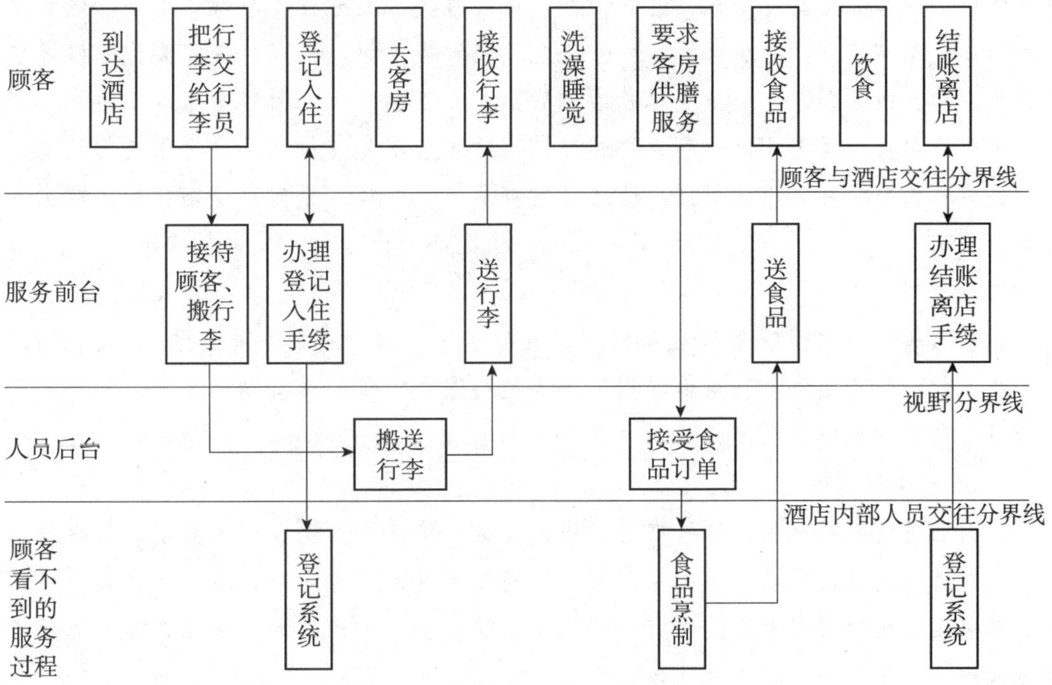


**图 7-6 酒店服务流程图**

(2) 把那些容易导致服务失败的点找出来。

(3) 确立执行标准和规范，这些标准和规范应体现酒店的服务质量标准。

(4) 找出顾客能够看得见的服务展示，每一个展示都将被视为酒店与顾客的服务接触点。

在运用流程分析的过程中，识别和管理这些服务接触点具有重要意义，因为在每一个接触点，服务人员都要向顾客提供不同的技术性质量和功能性质量。而在这一点上，顾客对服务质量的感知情况将影响他们对酒店服务质量的整体印象。

## 案例分析

### 某酒店餐饮部西餐服务流程

1. 餐前准备

每餐正式开餐前，保证餐厅整洁干净。台型设计美观，台面摆放整齐，横竖成行；餐具布置完好，整洁大方。环境舒适，有利于顾客就餐。

2. 顾客订座

顾客订餐、订座，服务热情，彬彬有礼。问候、操作语言运用准确、熟练、规范。询问顾客订餐、订座内容，要求用餐时间及复述顾客订餐内容具体明确，记录清楚，事先做好安排。无差错发生。

3. 迎接顾客

领位员熟知餐厅座位安排、经营风格、食品种类、服务程序与操作方法。顾客来到餐厅门口，微笑相迎，主动问好，称呼先生、太太或小姐，常客、贵宾要称呼姓名或姓氏后加尊称。引导顾客入座，先尊长后中青，先女士后男士，西餐座席以女主人（或主人）近侧为尊次，遵守礼仪顺序。订餐、订座顾客按事先安排引导，座位安排适当。老人、儿童、伤残顾客要照顾周到，让顾客有舒适感。顾客入座时，主动拉椅，交桌面服务员照顾。

4. 餐前服务

顾客入座后，桌面服务员主动问好。及时递送餐巾、香巾。询问顾客用何餐前酒、饮料或冰水，服务操作主动热情，斟酒、送饮料服务规范，没有滴洒现象。双手递送菜单及时，侍候顾客准备点菜。

5. 开单点菜

桌面服务员熟悉菜单，熟知产品种类、口味、价格、做法及营养价值，掌握服务技巧。能熟练运用英语提供桌面服务。顾客审视菜单并示意点菜时，服务员立即上前，询问顾客需求，核实或记录点菜内容，顾客所需饮料上桌准确及时，注意顾客所点菜肴与酒水匹配，善于主动推销，主动介绍产品风味、营养与做法。

6. 上菜服务

顾客点菜后，按面包、黄油、冷菜、汤类、主菜、甜点水果、咖啡、红茶顺序上菜。先上鸡尾酒或餐前饮料，20 分钟内送上第一道菜，90 分钟内菜点出齐。菜点需要增加制作时间时，告知顾客大致等候时间。各餐桌按顾客点菜先后次序上菜。上菜一律用托盘，热菜食品加保温盖。托盘上菜轻稳，姿态端正。菜点上桌介绍产品名称，摆放整齐，为顾客斟第一杯饮料，示意顾客就餐。上菜过程中，控制好上菜节奏、时间与顺序，无错上、漏上、过快、过慢现象发生。

7. 看台服务

顾客用餐过程中，照顾好每一张台面的顾客。顾客每用完一道菜，撤下餐盘刀叉，清理好台面，摆好与下一道菜相匹配的盘碟刀叉。服务操作快速、细致，符合西餐服务要求。每上一道菜，为顾客分菜、派菜主动、及时。分派操作熟练准确，斟酒及时，上顾客需要用手食用的菜点时，同时上洗手盅。顾客用餐过程中，随时注意台面整洁。及时撤换烟缸，烟缸内的烟头不超过 3 个。上甜点水果前，撤下西餐具，服务及时周到。

8. 结账清台

顾客用餐结束示意结账，账单准备妥当，账目记录清楚，用账单夹呈放在顾客面前，收款、结账准确无误。顾客结账后，表示感谢。顾客离座，主动拉椅，微笑送客，征求意见，欢迎再次光临。顾客离座后，清理台面快速轻稳，台布、口布、餐具按规定收好，重新铺台、摆放餐具，3 分钟内完成清台、摆台工作，准备迎接下一批顾客。

## （二）量化管理

量化管理，即对事务进行定量处理，从中找出可供比较、衡量、验证的量化标准和尺度。标准和尺度的精确度越高，管理也就越有效。在酒店服务过程中，对每一个服务程序都尽可能地确定一个量化标准，是稳定服务质量、进行服务质量控制的有效方法。服务过程的量化管理，一方面确保了酒店的服务质量，使员工的服务行为有了标准，另一方面也为酒店的服务绩效考核提供了依据。酒店量化管理的内容主要有：

1. 服务时间的量化

酒店的服务程序大部分可以用时间标准来规定。一般而言，服务质量越高的酒店，对服务时间的量化标准越精确。世界上不少先进的酒店集团，都对服务过程中的各项服务规范有时间要求。例如：客房登记手续在 3 分钟内完成；顾客步入餐厅 1 分钟后，必须把菜单送到顾客手里；电话总机接线员必须在铃响 3 秒钟内接起电话答话；顾客预订房内用餐服务后，30 分钟内饭菜送进客房等。

2. 服务空间的量化

在为顾客提供服务的过程中，为方便顾客的饮食起居，增加服务环境的舒适感，还需对长度、宽度、高度、厚度、间距等服务空间尺寸予以量化。如餐饮铺台要求四角相等，餐具放于各人座位正中，各种就餐器皿等距离摆放；西餐的刀、叉间距 12 英寸摆放，西餐面包每片大约 1 厘米厚；前厅行李员引领顾客到登记处办理住宿手续时，应站在顾客身后 1.5 米处等候；等等。

当然，在酒店服务过程中，度量的概念除了“时间”“空间”，还包含“温度”“湿度”“频度”“角度”“速度”等许多内容，如客房内空调装置的温控标准，客房热水供应的水温标准，每天清扫整理客房的次数规定，员工进入客房时的敲门次数规定等。酒店的服务质量与这些内容息息相关。

案例分析

### 珠海度假村酒店的量化管理

量化管理在珠海度假村酒店落实到了各个部门，从营业部门到后勤部门，从前台服务到后台管理。

服务方面：(1) 客房服务的“369”：办理入住手续时限为 3 分钟，办理标准房退房手续为 6 分钟，别墅退房手续为 9 分钟，超过这一时限，顾客只按净房价付费。顾客账单在离店后才送达的消费情况（如电话费、房内饮料费等）均由责任部门承担。(2) 餐饮服务的“双 15”：上第一道菜和店内送餐服务时限均为 15 分钟。

经营方面：规定康乐部每个季度举办两项赛事、两个培训班；餐饮部每个季节举办三个美食节，每月推出一个新菜式。

管理方面：采购必须货比三家，采购常规用品 2 天内到货，特殊用品 4 天内购回；会议记录在会后 16 小时内须发至相关部门，呈报文件 36 小时内必须答复。

## 二、过程控制与服务补救

### （一）过程控制

过程控制就是将相关的服务和活动作为过程进行管理，以更高效地达到酒店期望的服务质量结果。过程控制的基本点是：

(1) 识别和确定酒店服务质量管理体系所需的过程，实施过程的测量、监控、分析和改进；

(2) 对酒店服务产品的实现过程进行策划和控制；

(3) 对酒店服务的特殊过程进行识别和确认；

(4) 对满足顾客要求的实现过程进行测量和监控，并对每一过程持续满足顾客需求的能力予以确认。

如果说服务规范强调了“做什么”与“怎么做”，那么服务过程控制主要检查“有没有做到”。酒店服务过程控制要达到的目标是：对酒店服务的关键活动进行识别与控制，明确与服务质量控制活动有关的责任，配备服务质量控制所需的设施，满足对人员的技能和配置要求。

某客房送餐服务过程控制如图 7－7 所示。

### （二）服务补救

物质产品出现质量问题，可以通过售后服务解决，如退换、维修等。但酒店服务产品出现质量差错，则不能通过退换解决。顾客关注的服务质量属性中最重要的一点就是可靠性，但是酒店服务要做到百分之百的可靠是不现实的。当酒店服务传递系统出现故

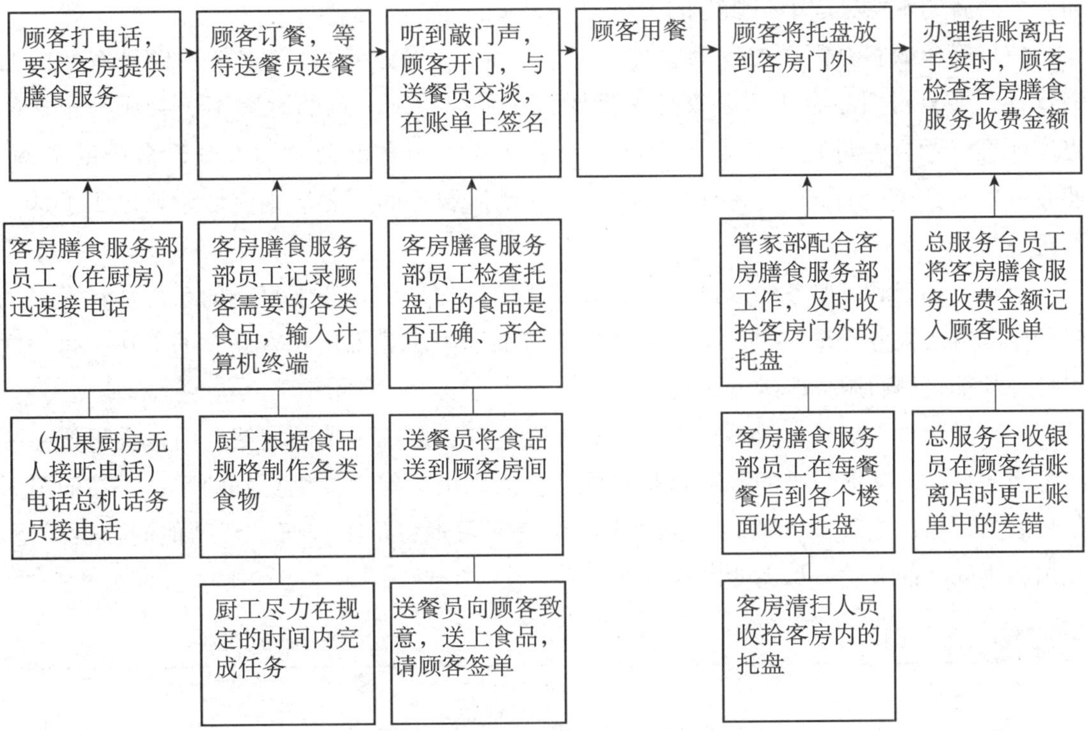


**图 7-7　客房送餐服务过程控制**

障时，服务补救就显得格外重要。

1. 服务补救的定义

服务补救是一种管理过程，它首先要发现服务失误，分析失误原因，然后在定量分析的基础上，对服务失误进行评估并采取恰当的管理措施予以解决。

服务补救与传统意义上的投诉处理不同。投诉处理关注的是内部效率，尽可能地以较低成本来解决顾客抱怨；服务补救则不同，它关注的是外部效率，着眼于与顾客建立长期的关系，而不是短期的成本节约。

2. 服务补救的好处

服务补救是酒店企业对服务失败或者顾客不满意所采取的应对行动，目的是让顾客重新评价服务质量，避免负面宣传，留住顾客。服务补救是服务业中一种新的管理哲学，它把赢得顾客满意从成本层面转变为价值层面。

服务补救给酒店企业带来的好处是：

（1）提高顾客的满意度。顾客遭遇服务失败是一件非常扫兴的事情，它破坏了顾客美好的消费体验，降低了其对服务质量的评价。从另一个角度审视问题，服务补救可以把坏事变成好事，重新给顾客一个惊喜。

（2）再次与顾客建立良好的关系。服务补救是酒店服务失败后与顾客的再一次沟通。服务补救体现了对顾客的尊重，重新向顾客做出承诺，不但不会破坏与顾客的关系，反而因为酒店的诚意巩固了与顾客的关系。

（3）避免顾客对酒店的反面宣传。对酒店而言，公众的口碑宣传不仅是有效的营销途径，而且对树立企业的形象至关重要。对服务特别满意的顾客不仅会成为企业的忠实顾客，而且会进行义务宣传。对服务不满意的顾客也会向别人倾诉自己的遭遇，使企业的形象遭受打击。“1＝10＝100”这一酒店服务的著名法则就形象地说明了这一道理。

（4）有利于酒店服务的改进。酒店服务传递过程是一个非常复杂的系统，经常会因各种原因造成服务质量问题。服务补救过程有助于酒店寻找让顾客满意的方法。每一次服务补救都是酒店服务改进的过程。

（5）激励员工提供卓越的服务。服务失败不仅会影响员工的情绪，而且会干扰下一次的服务活动。采取恰当的服务补救措施，会激励员工努力提供更好的服务。在丽思卡尔顿酒店，当员工服务失败时，管理者的职责不是责备员工，而是帮助他们分析问题，找出解决问题的方法，尽力使顾客满意。

案例分析

**丽思卡尔顿酒店的服务补救**

4名来自欧洲的MBA学员到位于美国亚利桑那州凤凰城的丽思卡尔顿酒店参加服务营销理论研讨会。他们想在即将离开酒店前往机场的那个晚上到酒店的游泳池里轻松地度过几个小时。但是，当他们下午来到游泳池时，却被礼貌地告知游泳池已经关闭了，原因是为了准备晚上的一个招待酒会。这些学员向招待员解释说，晚上他们即将回家，这是他们唯一可以利用的一点时间了。听完他们的解释后，这个招待员让他们稍微等候一下。过了一会儿，一个管理人员过来跟他们解释说，为了准备晚上的酒会，游泳池不得不关闭。但他接着又说，一辆豪华轿车正在大门外等待他们，他们的行李将被运到巴尔的摩酒店，那里的游泳池正在开放，他们可以到那里去游泳。至于轿车等的费用，全部由丽思卡尔顿酒店承担。

这4名学员感到非常高兴。这家酒店给他们留下了非常深刻的印象，也使得他们乐于到处传颂这一段服务佳话。

3. 服务补救的方式

丽思卡尔顿酒店曾创造了“1＝10＝100”的服务补救法则，认为出现服务失误后，当场补救可能会使企业支出1美元，第二天去补救时的费用会是10美元，以后再去补救的费用会上升到100美元，这是对服务补救经济意义的最好诠释。因此，酒店企业必须借助不间断的服务监控系统发现服务失误，及时、有效地解决服务失误，并从服务质量问题和服务补救中吸取经验教训。表7-5表明了顾客所期望的服务补救的方式。

表 7-5 酒店服务补救的方式

| 顾客期望 | 服务补救方式 |
|---|---|
| 道歉 | 亲自道歉，即使服务失误不是由酒店造成的；但要注意，在很多情况下，仅道歉是远远不够的 |
| 合理赔偿 | 由与顾客接触的员工当场对顾客做出合理的赔偿 |
| 善待顾客 | 真诚对待提出抱怨的顾客，主要是安抚遭遇不好服务体验的顾客的情绪 |
| 超值补偿 | 把顾客认为有价值的东西送给顾客，有些情况下合理补偿即可起到这种作用 |
| 遵守诺言 | 与顾客接触的员工对服务补救中所做出的承诺都要保证兑现 |

## 三、定点超越与持续改进

### (一) 定点超越

酒店提高服务质量的最终目的是在市场上获得竞争优势，而获得竞争优势的便捷方法就是向自己的竞争对手学习。定点超越是指企业将自己的产品、服务和市场营销过程等同市场上的竞争对手，尤其是最强的竞争对手的标准进行对比，在比较和检验的过程中逐步提高自身的水平。

尽管定点超越最初主要应用于生产型企业，但它在酒店行业中的作用也是显而易见的。酒店企业在运用这一方法时，可以从战略、经营和业务管理等方面着手。

*1. 在战略方面*

在战略方面，酒店应该将自身的市场战略同竞争对手成功的战略进行比较，寻找它们的相关关系。例如：竞争对手主要集中在哪些子市场？竞争对手追求的是低成本战略还是价值附加战略？竞争对手的投资水平如何以及投资是如何分配在产品、设备和市场开发等方面的？通过这一系列的比较和研究，酒店将会发现过去可能被忽略的成功的战略因素，从而制定出新的、符合市场条件和自身资源水平的战略。

*2. 在经营方面*

在经营方面，酒店主要集中于从降低竞争成本和增强竞争差异化的角度了解竞争对手的做法，并制定自己的经营战略。

*3. 在业务管理方面*

在业务管理方面，酒店应该根据竞争对手的做法，重新评估那些支持性职能部门对整个企业的作用。例如：在一些酒店企业中，与顾客相脱离的后台部门，缺乏应有的灵活性，无法同前台的服务质量管理相适应。学习竞争对手的经验，让二者步调一致无疑是酒店提高服务质量的重要保证。

### (二) 持续改进

持续改进是酒店提高服务质量的一个永恒目标。酒店可通过“PDCA”服务质量管理循环方法，促进酒店服务质量的持续改进。

“PDCA”服务质量管理循环包括策划（Plan）、实施（Do）、检查（Check）和处理（Action）四个阶段、八个步骤（见图7-8）。

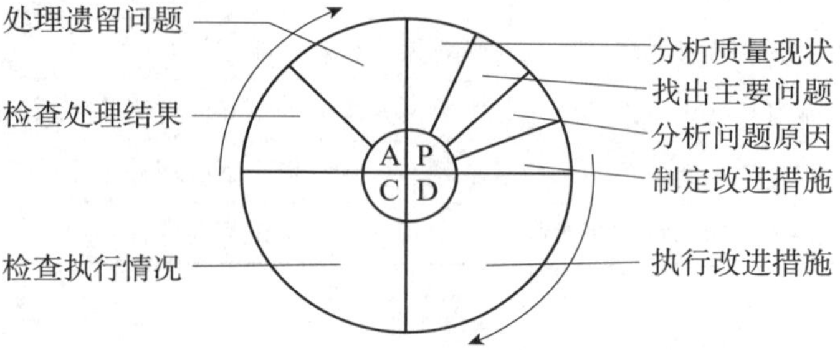


图7-8 “PDCA”服务质量管理循环

1. P——策划阶段

（1）分析质量现状。酒店可以从目标顾客的需求与酒店服务实绩的比较中寻找存在的问题。

（2）找出主要问题。酒店可以通过制定服务质量问题统计表（见表7-6）与绘制柏莱特曲线图（见图7-9）的方法来寻找存在的主要问题。

表7-6 服务质量问题统计表

| 质量问题 | 问题数量 | 比重（%） | 累计比重（%） |
|---|---|---|---|
| 菜肴质量 | 235 | 67.1 | 67.1 |
| 服务态度 | 62 | 17.7 | 84.8 |
| 外语水平 | 29 | 8.3 | 93.1 |
| 娱乐设施 | 17 | 4.9 | 98 |
| 其　他 | 7 | 2 | 100 |
| 合　计 | 350 | 100 | 100 |

（3）分析问题原因。酒店管理者可借助鱼刺图（见图7-10）这一管理工具来寻找服务质量问题产生的原因。

（4）制定改进措施。酒店应根据服务质量问题产生的原因，制定具体的、切实可行的改进措施。改进措施一般应包括What（做什么）、Who（谁去做）、Where（在何处）、When（何时做）、How（如何做）五个基本要素，简称“4W1H”法。

2. D——实施阶段

实施阶段即执行改进措施。这一步骤的工作要求是严格执行制定的改进措施。酒店可借助对策表（见表7-7）这一改进服务质量的工具，来控制改进措施的实施过程。

3. C——检查阶段

检查阶段即检查执行情况。在实施改进措施的过程中，要边实施边检查，注意做好各种原始记录，及时反馈改进措施执行过程中出现的各种情况。

4. A——处理阶段

（1）检查处理结果。

（2）处理遗留问题。根据遗留问题改进标准，转入下一循环。

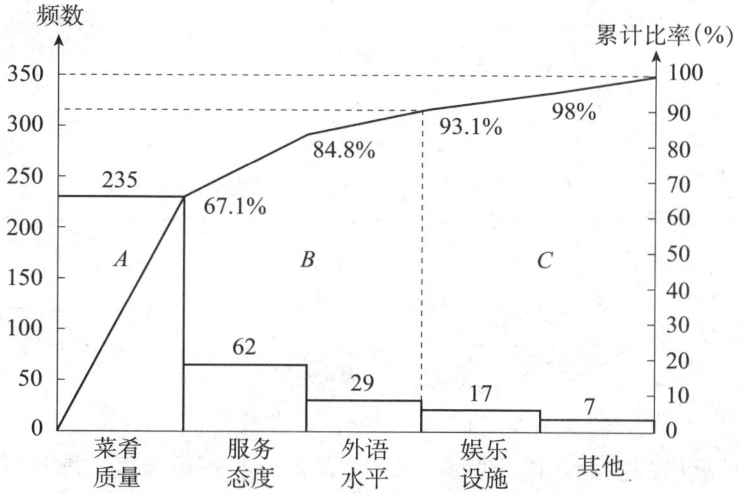


图 7-9　柏莱特曲线图（服务质量问题排列图）

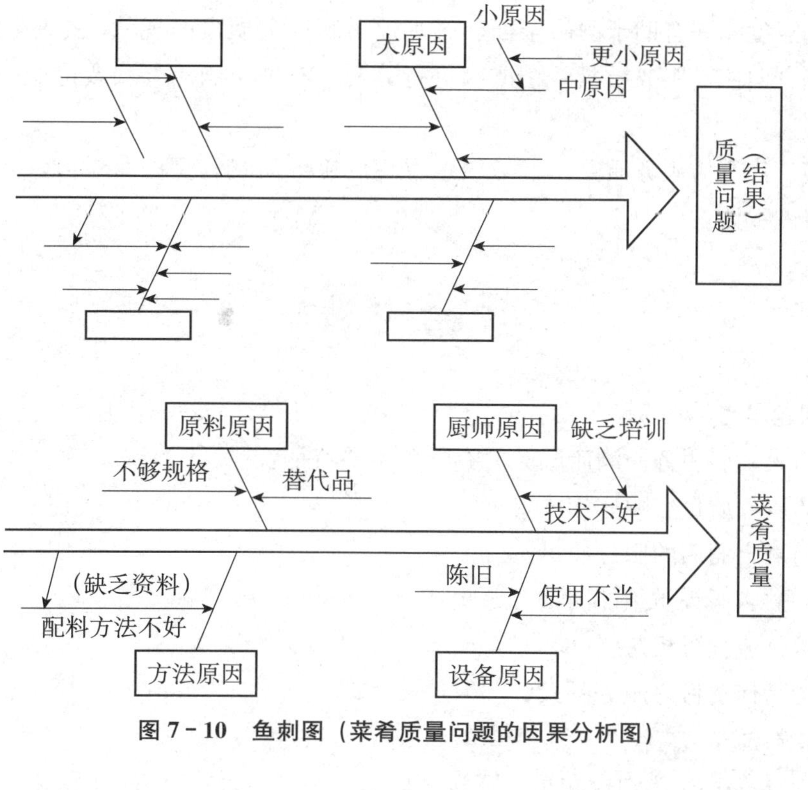


图 7-10　鱼刺图（菜肴质量问题的因果分析图）

表 7－7　提高菜肴质量对策表

| 序号 | 问题 | 现状 | 对策 | 负责人 | 进度 | | | | |
|---|---|---|---|---|---|---|---|---|---|
| | | | | | 5 | 10 | 15 | 20 | 25 |
| 1 | 原料不符合规格 | 菜肴外形不美观 | （1）制定采购规格标准<br>（2）严格办理原料入库手续 | 张×× | | | | | |
| 2 | 无标准菜谱 | 菜肴份额不均 | （1）制定标准菜谱<br>（2）增设厨房配菜员 | 李×× | | | | | |
| 3 | 技术水平低 | 菜肴花色单调 | （1）参加厨师等级培训考核<br>（2）聘请特级厨师现场指导 | 王×× | | | | | |

## 模块小结

服务质量是酒店的生命，优质服务是现代酒店企业赢得顾客、取得持久竞争优势的保证。对酒店服务特性的研究和酒店服务质量构成要素的解析，是酒店开展服务质量管理的出发点。

顾客满意度测评有助于酒店全面、客观地了解服务质量的现状，把握酒店服务质量控制的正确方向。对服务质量差距成因进行分析，有助于酒店寻找改进服务质量的有效途径。

要提高现代酒店服务质量，就必须掌握酒店服务质量管理的科学方法，应用赢得顾客忠诚的有效手段。

## 同步练习

**一、问题思考**

1. 什么是酒店服务？酒店服务具有哪些主要特征？
2. 酒店服务质量有哪些构成要素？
3. 如何测定酒店的服务质量？
4. 影响酒店服务质量的因素有哪些？
5. 什么是流程分析法？
6. 酒店为何要做好服务补救？

**二、课堂交流**

以 3～4 人的小组为研究单位，通过酒店实地调研，进行以下问题的研究，做出调研报告，编制 PPT 文件，在课堂上交流分享。

1. 分析影响酒店服务质量的因素。

2. 选择若干家酒店，进行一次服务质量的实地调研。

## 实例参考

### 世界最佳酒店的十条标准

1. 一流的服务员，一流的服务标准

最佳酒店一定要具有热情、认真、熟练和训练有素的服务员，他们能提供快速敏捷、热情周到的服务。美国乔治·希尔顿酒店是这样来评定最佳酒店的："一所最佳酒店，绝不是它的楼体设计、造型和陈设，也不是它的客房、床具和餐厅食品，而是那些精心、细心，使顾客有一种舒适、安全和宾至如归感的服务员。这是成为一所最佳酒店的秘密。"目前，酒店有两类优质服务的表现：第一类是认真服务——服务员训练有素、热情周到，但多半出于例行公事，比较拘谨，有时比较被动；第二类是最佳服务——是服务员发自内心的感情服务，是一种自然的、富有感情的、热情周到和快速敏捷技巧的综合服务。这两类服务的不同之处就在于服务员内心热情程度的差别。

2. 客房洁净、舒适，陈设高雅，环境怡人

这是最佳酒店的第二条标准。目前全球性的酒店在舒适、洁净、安全、怡人方面进行着激烈的竞争。客房服务是促使顾客再回头下榻酒店的关键因素。

3. 顾客有宾至如归感

宾至如归、顾客至上不仅是酒店的经营信条，而且是酒店形象的整体象征。国际酒店与餐馆协会曾指出："一所优质酒店应向宾客提供舒适、便捷的一流服务，还应营造宜人的环境与温馨居住空间，从入住到离店的全流程中，始终让顾客感受到宾至如归的体验。"

4. 设有多种服务项目

最佳酒店要包含所有酒店设施和服务项目，如各种等级的客房、套间，甚至豪华总统套房，中西餐厅、酒吧、咖啡厅、舞厅、音乐茶座，独具一格的豪华餐厅、风味餐厅、康乐中心、健身房、公共服务部、商品部，快速服务的电脑设备等，向顾客提供快速开房住宿、预订及办理结账离店手续。

5. 具有独特的菜系和地方佳肴

餐饮既是旅游者的最大需求之一，也是酒店的重点服务项目。作为最佳酒店，不仅要有当地的美味佳肴，而且要有独具一格的菜系和满足不同游客需求的家乡餐食。

6. 地理位置选择十分恰当

无论是商务酒店、度假型酒店还是会议型酒店，都要选择与自己酒店类型相符合的最好的地理位置。商务酒店应位于大中城市的繁华商务区，度假型酒店应位于景致秀丽的风景区。

7. 陈设与内装修应具有民族风格和地方特色

酒店应采用一种特殊的装修、陈列来表明自己风格和地方特色。我国大多数酒店在这方面都是十分突出的。有的酒店是西式的建筑风格，但内部装修和陈列却是典型的中国古典风格，既显得豪华，又给人高雅的感觉；还有的餐厅以色、香、味、形独特的珍奇食品而独具一格。

8. 注意微小的服务和装饰

最佳酒店不仅服务标准化、规范化，而且注意微小的服务和装饰。如显示各项服务的图示和文字指南，这是很多酒店注意不到的。又如：宾客办完住店手续后不易找到电梯在哪里，宾客开房后要在客房内久等行李员送来行李，卫生间洗澡用的淋浴喷头不能挂起来，要自己拿着等，这些都是细微之处，但却拉低了酒店的服务质量。

9. 有名人下榻和就餐

一流的酒店，特别是最佳酒店都把名人下榻作为酒店的象征。

10. 应是举办重要宴会的场所

如北京长城喜来登酒店，美国前总统里根、布什、卡特都曾在此举行记者招待会和答谢宴会，世界上一些知名人士也曾在此下榻过。因此，北京长城喜来登酒店在国际上也有一定的知名度。

# 模块八 酒店人力资源管理

学习目标

**知识目标**

- 知晓酒店人力资源规划的内容
- 熟悉酒店劳动定额与人员编制的技术
- 掌握酒店员工激励的方法

**能力目标**

- 能应用酒店劳动定额和人员编制的技术
- 能制订员工培训计划
- 能说明员工职业生涯管理的步骤和意义

**素养目标**

- 通过酒店人力资源管理知识学习，培育良好的职业操守
- 通过对酒店人力资源管理方法的学习，提升团队协作的能力

# 项目一　酒店人力资源规划

人力资源管理是现代酒店管理的核心，是现代酒店经营成功的重要保证。与传统人事管理不同，酒店人力资源管理力图将企业的目标与员工的个人目标结合起来，注重员工的能动性和他们内在潜能的开发。

## 一、酒店人力资源管理的过程和任务

### （一）酒店人力资源管理的过程

酒店人力资源管理是在企业特定环境中进行的一种以人为对象的，包括一系列活动步骤的专项或专业管理工作。其基本过程如图 8－1 所示。

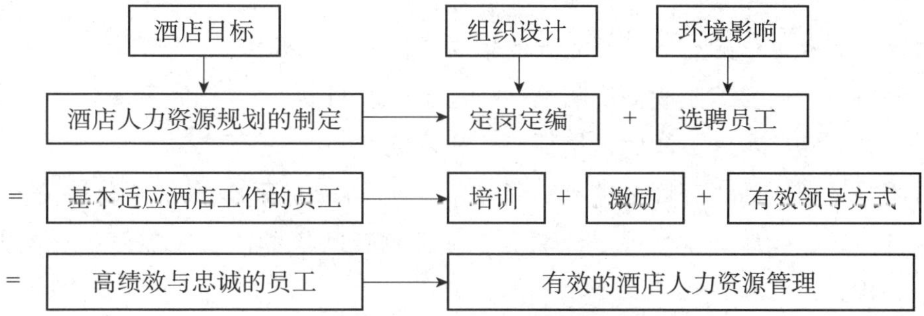


**图 8－1　酒店人力资源管理过程**

### （二）酒店人力资源管理的任务

酒店人力资源管理的核心任务是提升员工的满意度，培育员工的忠诚度。具体体现在两个方面：一是激发员工的奉献精神，二是培养和发展员工的能力。第一方面解决员工愿不愿意去做事的问题，第二方面解决员工能不能做事的问题。在竞争日趋激烈的现代社会，企业对员工工作积极性和工作能力的要求比以往任何时候都高。因此，酒店人力资源管理的任务就更加突出。

## 二、酒店人力资源规划的内容

酒店人力资源规划与酒店整体的经营管理是紧密联系在一起的。酒店企业通过制定人力资源规划，可以将目标和任务计划转换为需要哪些人员来实现这些目标和完成这些任务的人员配备计划。酒店人力资源规划一般包括以下四个步骤：

### （一）通过任务分析，确定人力资源需求计划

预计企业未来需要什么样的人力资源，这是制定人力资源规划的第一个步骤。人力资源规划应当从着眼于同酒店总体经营计划相匹配的角度来制定，这是各项计划要具有“外部一致性”的要求。因为任何企业对人力资源的需要，从根本上说，都是由企业落实其未来发展目标和战略的需要决定的。人力资源需求计划应是对企业未来经营状况的一种反映。基于对酒店发展目标和经营规模的估计，酒店管理者就可以估算出为达到预定的目标和经营规模所需要配备的人力资源的规模和素质状况。

### （二）通过职务分析，确定具体的职务空缺计划

职务分析又称职位分析、工作分析或岗位分析，旨在确定某项工作的任务和性质是什么，以及应寻找具备何种资格的人来承担这一工作。职务分析无论是由直线管理人员还是人力资源管理专业人员来做，都必须着眼于了解和规定以下几方面的信息：

（1）这一职务所包含的工作活动有哪些；

（2）工作中人的行为应该怎样；

（3）工作中使用什么机器、设备、工具及其他辅助用具；

（4）衡量工作的绩效标准是什么；

（5）这一职务工作的有效开展对人的素质条件有什么要求。

职务分析结束后要编制职务说明书（亦称工作说明书），以作为后面各阶段人力资源管理工作（如招聘、考评、激励、培训等）的依据。

一旦明确了酒店需要开展的工作，那么，将它与现有酒店的职务设计情况相比较，就可以制订出具体的职务空缺计划。职务空缺计划反映了酒店未来需要补充的人力资源的类别和结构。

### （三）制定满足未来人力资源需要的行动方案

通过职务分析，酒店管理者确定了各项工作的开展所需要的人员，然后，要分析酒店现有人力资源的供应情况，确定人力资源的供求差距。对于绝大多数企业来说，在计算机技术高度发达的年代，要形成一份准确、全面的人力资源调查报告不是一件困难的事。这份报告的数据来源于员工填写的调查表。调查表可开列姓名、最高学历、所受培训、就业经历、所会语种、能力和专长等栏目，分发给酒店中的每个员工填写。此项调查能帮助酒店管理者评价酒店中现有的人才与技能状况。

对未来人员需求和酒店现有人力资源情况做了以上评估以后，在正式制定人力资源规划之前，酒店管理者还要进行两方面的人员供给预测：一是内部候选人供给预测，二是外部候选人供给预测。在预测基础上，酒店管理者可以测算出未来人力资源短缺的情况和酒店中可能出现超员配置的部门，然后决定寻找合适人员填补空缺职位的途径。

### （四）制订有益于员工发展的职业管理计划

酒店人力资源规划的制定必须考虑员工职业生涯的发展阶段，并将两者结合起来统筹考虑，以帮助员工确认自己的职业兴趣并制订明确的职业发展计划。这是因为，任何个人都需要在相对稳定的职业生涯中发展自己的技能，并取得比较稳定的工作收入。

人力资源规划的制定不仅影响酒店的经营管理活动，而且直接关系到员工的前途。在越来越重视人力资源开发的现代企业中，采取措施帮助员工“成为他们能够成为的人”，促进员工在工作中不断成长与发展，这已经不仅是一个口号，而是日益成为可看得见的行动。

# 项目二 劳动定额与人员编制

确定劳动定额与人员编制，是酒店人力资源规划的基础工作，也为酒店人力资源的开发提供了依据。

## 一、劳动定额的确定

劳动定额是指在一定的物质技术设备和劳动组织下，在保证酒店服务质量和充分发挥员工积极性的基础上，制定出每个员工平均应达到的定额工作量标准。劳动定额的制定必须科学且符合实际，即从本酒店的实际出发，包括员工素质、经营效益、工作内外环境、设备设施、管理方法及运营机制等方面。它应来自酒店内部各部门、各岗位的工作实际，而不是管理人员纸上谈兵式地提出一些不符合实际的指标。

核定劳动定额是调动员工积极性和创造性，节约劳动成本，提高劳动效率的有力手段。采用劳动定额既有利于员工明确任务，有利于酒店各部门的管理者对员工进行考核、评估、奖惩等工作，也有利于酒店的正常运营。劳动定额的编制方法依据各部门的具体情况有所不同，通常有以下几种：

### （一）经验估工法

它是根据酒店员工的实际工作经验，综合分析影响劳动效果的各种有利和不利因素而制定劳动定额的方法，适用于酒店工作过程中随机性强的部门。它的特点是方法简便，易于掌握，能较好地反映员工的劳动效率，尤其适用于难以进行具体量化测定的工种和部门，如公关部、市场营销部等。

### （二）统计分析法

它是利用酒店经营多年的统计资料，在分析各类因素的基础上制定劳动定额的方法。这种方法适用于业务量变化不大的部门和工种，如客房部、商务部等。其计算公式为：

$$劳动定额=\frac{综合平均数+最优完成数}{2}$$

### （三）技术测定法

它是通过对生产技术、生产组织和劳动组织的劳动条件分析，在总结成功经验、挖掘生产潜力及实际操作合理化的基础上，采用观察测定和分析计算制定劳动定额的方法。这种方法的优点是有充分的科技数据，制定的劳动定额质量较高，定额水平易于达到平衡，比较适合于客房部清洁工作（见表8-1）的定额和餐饮部工作定额的确定。其计算公式为：

$$劳动定额=\frac{规定时间-（准备作业+结束时间）}{（基本作业+随机服务时间）\times（1+休息系数）}$$

**表8-1　酒店客房单项操作时间测定例表**

| 工作项目 | 项目序号 | 基本时间（分钟） | 间歇许可（%） | 意外耽搁（%） | 标准时间（分钟） |
|---|---|---|---|---|---|
| 整理一张床 | 1 | 1.80 | 22.0 | 10 | 2.38 |
| 重铺一张床 | 2 | 3.90 | 22.5 | 10 | 5.17 |
| 清洁一只脸盆 | 3 | 1.20 | 13.0 | 10 | 1.48 |
| 清洁一只浴缸 | 4 | 1.92 | 14.5 | 10 | 2.40 |
| 清洁一套淋浴器 | 5 | 1.00 | 13.0 | 10 | 1.23 |
| 清洁一只坐厕 | 6 | 0.94 | 16.0 | 10 | 1.18 |
| 擦净一张梳妆台 | 7 | 0.43 | 11.0 | 10 | 0.52 |
| 为一张梳妆台打蜡 | 8 | 0.85 | 13.0 | 10 | 1.05 |
| 清洁一只废纸桶 | 9 | 0.72 | 11.0 | 10 | 0.87 |
| 硬地吸尘 $10m^2$ | 10 | 0.80 | 12.5 | 10 | 2.22 |
| 地毯吸尘 $10m^2$ | 11 | 4.30 | 16.0 | 10 | 5.42 |
| 硬地推尘 $10m^2$ | 12 | 1.20 | 13.5 | 10 | 1.48 |
| 硬地湿拖 $10m^2$ | 13 | 2.40 | 16.0 | 10 | 3.02 |
| 人工洗地 $10m^2$ | 14 | 3.70 | 22.0 | 10 | 4.88 |
| 机器洗地 $10m^2$ | 15 | 2.30 | 13.0 | 10 | 2.83 |
| 机器抛光 $10m^2$ | 16 | 2.10 | 11.0 | 10 | 2.84 |
| 擦玻璃 $1m^2$ | 17 | 0.65 | 13.5 | 10 | 0.80 |

### （四）比较类推法

它是以过去达到的指标水平为基础，参照同类酒店同类工种先进的管理经验，然后结合本酒店实际，估算工时消耗（见表 8-2），从而制定劳动定额的一种方法。该方法简单易行，有较强的实用性，尤其有利于国内外同行的交流与学习，但资料必须准确可靠。

**表 8-2　国外酒店主要劳动生产率参照表**

| 岗位 | 标准 | 工时 |
|---|---|---|
| 客房服务员 | 16 间客房 | 8 小时 |
| 行李员 | 25 个服务次数 | 8 小时 |
| 咖啡厅服务员 | 30～40 客数 | 4 小时 |
| 餐厅服务员 | 20～25 客数 | 4 小时 |
| 厨师 | 90～100 客数 | 8 小时 |
| 洗碗工 | 150～200 客数 | 8 小时 |
| 酒吧服务员 | 500 美元营业收入 | 8 小时 |
| 楼层领班 | 90～100 间公用客房 | 8 小时 |
| 楼层应接员 | 100 应接次数 | 8 小时 |

## 二、人员编制的确定

### （一）人员编制的确定方法

定员工作直接关系到劳动力的使用和效率的提高，是人力资源管理的重要内容。由于酒店各部门、各环节的各类人员工作性质及特点各不相同，因此定员的具体方法也不相同。酒店确定人员编制的方法主要有以下几种：

1. *劳动效率定员法*

它是以劳动效率为基础，根据员工的工作量和出勤率来计算定员。凡是实行劳动定额管理并以手工操作为主的工种都可采用这种定员方法，如客房楼层班组和餐厅定员。该方法的计算公式为：

$$定员人数=\frac{每一轮应完成的工作量\times 每日轮班次数}{服务员的劳动效率\times 出勤率}$$

例如：某酒店有 500 间客房，预期出租率为 80%，日班清扫服务员的工作定额为 10 间，晚班清扫服务员的工作定额为 40 间，每周实行 5 天工作制（暂不考虑其他节假日），则客房部所需清扫服务员人数可由下式计算得出：

$$客房部所需清扫服务员人数=\frac{工作量预测}{工作定额\times 出勤率}$$

$$=日班清扫服务员人数+晚班清扫服务员人数$$

其中，

$$日班清扫服务员人数=\frac{500\times 80\%}{10\times 5/7}=56（人）$$

$$晚班清扫服务员人数=\frac{500\times 80\%}{40\times 5/7}=14（人）$$

所以，客房部所需清扫服务员共 70 人。

2. 设施定员法

它是以设备数量和实际工作量为基础进行定员的方法，主要适合于工程技术人员。其计算公式如下：

$$定员人数=\frac{发挥功能的设施数量\times 设施开动班次}{员工看管定额\times 出勤率}$$

3. 比例定员法

它是依据酒店的统一标准，根据酒店内部各类人员在数量上存在的一定比例关系进行人员编制。这种比例关系由酒店规模、星级、区位和生产率等因素确定（见表 8－3 和表 8－4）。

**表 8－3　酒店员工与客房比例参照表**

| 典型比例 | 员工：客房 | 典型比例 | 员工：客房 |
|---|---|---|---|
| 现代豪华胜地酒店 | 2：1 | 胜地酒店（中等标准） | 0.6：1 |
| 会议型酒店（高级） | 1：1 | 服务内容极少的酒店 | （0.1～0.25）：1 |
| 大城市中心酒店 | 0.8：1 | 公寓和共管公寓单元<br>（根据所提供的服务内容） | （0.05～0.1）：1 |

**表 8－4　1 000 间客房酒店人员分配参考表**

| 部门 | 人数 | 工号 | 比例 |
|---|---|---|---|
| 总经理办公室 | 9 | 00×× | 3.8% |
| 销售部 | 8 | 02×× | |
| 人事部 | 21 | 03×× | |
| 行政部 | 26 | 05×× | |
| 康乐部 | 25 | 08×× | 1.5% |
| 保卫部 | 60 | 10×× | 3.6% |
| 工程部 | 100 | 2××× | 6.4% |
| 总服务台 | 48 | 30××<br>31×× | 28.6% |
| 行李部 | 41 | 33×× | |
| 商务中心 | 8 | 35×× | |
| 电话总机 | 12 | 36×× | |
| 洗衣部 | 66 | 27×× | |
| 管家部 | 300 | 4××× | |

续表

| 部门 | 人数 | 工号 | 比例 |
|---|---|---|---|
| 厨房 | 224 | 6××× | 48.6% |
| 餐饮管理部 | 6 | 80×× | |
| 宴会部 | 93 | 81×× | |
| 中餐厅 | 34 | 82×× | |
| 法餐厅 | 24 | 83×× | |
| 英餐厅 | 26 | 83×× | |
| 咖啡厅 | 126 | 84××<br>85×× | |
| 客房送餐 | 45 | 85×× | |
| 酒吧 | 118 | 86××<br>87×× | |
| 管事部 | 114 | 88××<br>86×× | |
| 财务部 | 125 | 9××× | 7.5% |
| 总计 | 1 659 | | 100% |

4. 岗位定员法

它是根据酒店内部机构设置和各种服务设施、岗位职责与要求，再考虑各个岗位的工作量、工作班次和出勤率等因素来确定人员编制的方法。这种方法适合于酒店管理人员及门迎、行李员和综合服务设施服务人员的定员（见表 8－5）。

**表 8－5 酒店客房部员工岗位定员参考表**

| 岗位 \ 员工数 \ 房间数 | 200 间 | 400 间 | 600 间 | 800 间 |
|---|---|---|---|---|
| 房务主任 | 1 | 1 | 1 | 1 |
| 助理 | 1 | 1 | 2 | 2 |
| 秘书 | 0 | 1 | 1 | 1 |
| 夜班主任 | 0 | 1 | 1 | 1 |
| 布件间主管 | 1 | 1 | 1 | 1 |
| 客房服务员主管 | 0 | 1 | 1 | 1 |
| 公共区域主管 | 1 | 1 | 2 | 2 |
| 布件间/制服间服务员 | 2 | 3 | 4 | 4 |
| 缝纫房服务员 | 1 | 1 | 2 | 2 |
| 钥匙员 | 2 | 3 | 3 | 4 |

续表

| 岗位＼员工数＼房间数 | 200 间 | 400 间 | 600 间 | 800 间 |
|---|---|---|---|---|
| 楼层主管——日班 | 3 | 6 | 8 | 11 |
| 楼层主管——晚班 | 1 | 3 | 4 | 5 |
| 客房服务员——日班 | 20 | 40 | 60 | 80 |
| 客房服务员——晚班 | 6 | 11 | 17 | 22 |
| 楼层服务员 | 3 | 6 | 9 | 12 |
| 大厦服务员 | 5 | 8 | 9 | 12 |
| 服务员助手 | 1 | 1 | 2 | 2 |
| 总计 | 48 | 89 | 127 | 163 |
| 员工数与客房数比例 | 0.24 | 0.22 | 0.21 | 0.20 |

### （二）影响人员编制的因素及对策

1. 影响人员编制的因素

在酒店制定人员编制时，影响酒店按上述科学方法配备员工的因素主要表现在以下三方面：

（1）员工的病假与事假；

（2）员工的流动；

（3）市场需求变化与相应工作量的波动。

2. 消除干扰因素的对策

参照国际酒店业的经验，酒店消除这些干扰因素的对策有：

（1）适当安排员工的工作时间和休假时间。如全年带薪假期可安排在淡季或实习生进店顶岗的时候，适当安排上班时间，可根据工作需要采取灵活的上班时间制和分段工作时间制。

（2）对专业相近岗位的员工进行交叉培训。通过相近岗位员工的交叉培训，使他们在忙闲不均时能互相照应。这种互相照应既可以表现在正常工作时间内，又可以表现在业余时间做超额工作。

（3）建立一支后备员工队伍。建立一支来去灵活的后备员工队伍，既可以解决临时缺员的紧急问题，又可以适应不断补充正式员工的需要。除了有一支季节性后备员工队伍，酒店还可与旅游学校建立良好的关系。

# 项目三 酒店员工培训与激励

## 一、酒店员工的培训

开展员工培训是开发酒店人力资源、提高员工素质的重要手段。只有重视智力投资，加强员工培训，才能不断提高酒店企业的劳动生产率，从而为企业带来较高的经济效益。

### （一）员工培训的类型

根据实施培训的不同时间阶段，酒店员工培训可分为职前培训、在职培训和职外培训三种类型。

1. 职前培训

职前培训也称就业培训，即酒店员工上岗前的训练，它对酒店服务质量的提高和业务的发展起着至关重要的作用。职前培训目标是为酒店培养一支专业知识、业务技能与工作态度均符合要求的员工队伍。

职前培训因训练内容侧重不同，又可分为一般性职前培训与专业性职前培训。一般性职前培训是指对新员工就酒店行业知识、工作性质与特点、工作人员素质要求与职业道德、酒店情况介绍等常识性内容进行灌输，以增进新员工对酒店工作的了解与信心；专业性职前培训侧重于对新员工分部门、分工种进行专业针对性训练，要求员工在上岗前切实了解所在部门业务的原则、规范、程序、技术与方法，以便培训后能适应并胜任所分配的工作。

2. 在职培训

在职培训是指酒店员工在工作场所、在完成工作任务过程中所接受的培训。员工的在职培训是职前培训的继续，是从培训的初级阶段迈向培训的中级阶段。职前培训是为酒店员工做就业的准备，是每一个员工加入酒店行业的必由之路；而在职培训是职前培训的深化，它持续的时间远比职前培训要长。对一个注重培训的酒店企业来讲，在职培训会贯穿每一个员工就业的全过程。

酒店业的在职培训旨在不断提高员工队伍的素质水平，它将直接影响酒店的经营水平与服务质量。酒店在日常经营中会产生各种矛盾或问题，在职培训就是解决各种经营问题的有效手段之一；酒店在发展过程中要不断采用各种新技术、新设备，如果要使员工掌握这些新知识，就必须靠在职培训来实现；不同形式的在职培训也有助于改进酒店的服务方式，克服服务中的缺点，改善酒店盈利状况。

3. 职外培训

因酒店经营业务发展需要或员工因工种变更、职位提升等，需要接受某种专门训练，这种培训要求受训员工暂时或部分时间脱离岗位参加学习或进修，即称职外培训。

根据受训时间安排和受训员工脱产时间长短，职外培训可分为全日式培训、间日式培训与兼时式培训。受训员工以全天时间脱产参加培训为全日式培训；培训需数天以上的时间，但为避免影响工作，可采用间日式培训；兼时式培训为在职培训与职外培训均可采用的方式，为避免影响工作或培训安排需要，受训员工每天仅接受若干小时的训练，其余时间仍返回工作岗位，继续工作。

## （二）员工培训的内容

酒店员工培训的内容可以分为三个方面：职业态度（Attitude）、职业技术（Skill）和职业知识（Knowledge），简称“ASK”培训。职业态度是每一位员工都必须拥有的，职业技术与职业知识对不同的员工则有不同的要求。对员工和领班来说，关键是要掌握有关作业的知识与技术；对主管和部门经理来说，关键是要掌握有关本部门组织督导的知识与技术；对总经理和董事长来说，关键是要掌握经营管理的知识与技术。

处在酒店不同岗位层次的员工，所需掌握和使用的知识与技术的比率也是各不相同的。职业技术培训的主要对象是基层操作人员，职业知识培训的主要对象是管理人员（见图 8－2）。

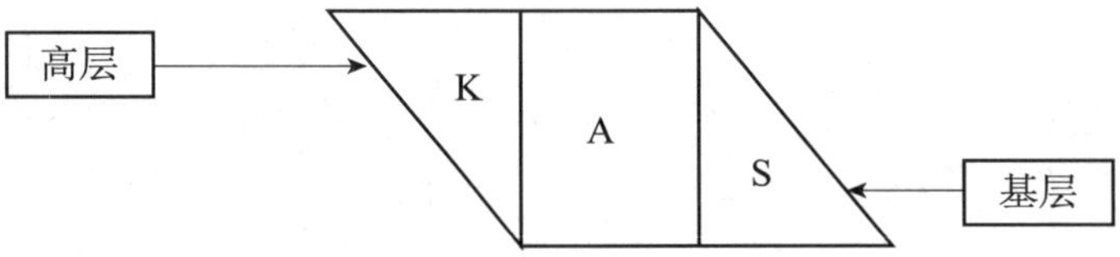


**图 8－2　培训内容与培训对象**

## （三）员工培训的实施

酒店员工的培训工作，可以按以下顺序进行：

1. 发现培训需求

发现培训需求既是酒店培训工作的开始，又是衡量培训工作效果，即培训是否满足了需求的主要依据。培训需求的产生主要有三个方面：

一是由于酒店经营环境（包括内部环境和外部环境）的变化，导致员工缺乏应具备的知识和技术而产生培训需求；二是由于酒店各部门工作中产生问题而产生培训需求；三是由于酒店员工流动而产生培训需求。

2. 制订培训计划

参照国际著名酒店管理的经验，制订培训计划的方法是：

(1) 先由酒店培训部发给各部门一份有关本部门业务的培训大纲。大纲包括三部分内容：第一部分是本部门培训大纲简介；第二部分是本部门培训的内容、要求达到的标准、培训的方法、培训的计划和每一项目培训的实际时间，学员及培训员的名单（签字）和日期与考试题；第三部分是对培训方法与手段的简单介绍。

(2) 培训部每年发两次“半年培训计划表”，请各部门进行填写。

(3) 各部门经理与各部门主管（培训协调员）要填写“每月培训计划表”。培训部接到此表后，要安排好培训场所、所需设备和用具，并帮助培训协调员研究培训活动的步骤、方法与考试内容等。

(4) 在每次培训活动结束后，要填写“培训活动报告表”。

3. 准备培训材料

培训材料应准备齐全，印刷要求整齐、清晰。在材料的编排上，尽可能考虑趣味性，深入浅出，易懂易记。应充分利用现代化的培训工具，采用视听材料，以增加员工的感性认识，激发员工认真练习的动力。特别是要准备好工作分析表，它是详细、系统说明某一岗位的工作具体做什么、如何做，要注意的问题及所使用的工具与资料等的实用培训教材。我们可以运用工作分析表来对员工进行实战性培训。

4. 具体实施培训

酒店培训的方法一般可以简单地概括为“TSFC”四步培训法。第一步是传授（Tell you），告诉员工如何去做；第二步是示范（Show you），演示给员工看；第三步是练习（Follow me），让员工跟着练；第四步是纠正（Check you），对员工所做的进行检查与纠正。

知识与技术的熟练掌握与运用，是以记忆为基础的。据调查，人通过不同器官实现记忆的有效率如下：通过阅读可记住 10%，通过听课可记住 20%，又看又听可记住 50%，自己复述一遍可记住 80%，一边复述一边动手做可记住 90%。因此我们应该尽量采取视听、研讨和角色扮演这些身临其境的培训方法，以增强培训效果。

5. 评估培训成效

培训成效评估包含两层意义：一是对培训工作本身的评价，二是对受训员工通过培训后所表现的行为是否反映出培训效果的评价。评估培训成效，可以使培训工作不断得到改善。

## 二、酒店员工的激励

激励是指由于需要、愿望、兴趣、感情等内外刺激的作用，使企业员工始终处于一种持续的兴奋状态中，即通常所说的调动人的积极性。员工的潜能是否能得到充分发挥，不仅取决于人力资源配置的客观情况是否合理，而且受员工积极性高低的影响。

调动酒店员工积极性的因素有很多，归纳起来大体有两类：一类是物质因素，一类是精神因素。这两类因素能够激励员工的行为，是与人具有自然属性和社会属性分不开的。现代心理学和行为科学的研究表明，人的劳动行为是有原因的，这种原因称为行为动机。行为动机的产生是为了满足人的某种需要。人的需要包括自然需要和社会需要两方面。自然需要是指人的衣、食、住、行等方面的需要，是维持人的生命存在和生理健康的自然性要求。社会需要是指人对友谊、交流、受尊重、自我实现（事业心）等方面的需要，是保持人的心理健康的社会性要求。

人的自然需要只能靠外在的物质生活资料来获得满足；人的社会需要则要通过与他人的交往，通过社会或他人对自己的评价和从工作成就中来获得满足。因此，适当的物质激励和精神激励，可以激发员工的劳动积极性，促使员工通过劳动来满足其各方面的需要。

### （一）物质激励的主要形式

目前，酒店企业常用的物质激励形式主要是工资、奖金和福利等。

酒店企业工资的表现形式多种多样，其实质仍然基于计时与计件两种工资形式。

#### 1. 计时工资

计时工资的优点，一是考核和计量简便，二是适用范围比较广泛。其具体形式包括小时工资制、日工资制和月工资制。计时工资的缺点是不能将员工的工作表现准确地与工资激励结合起来，因此，一些酒店在计时工资的基础上注入了新的形式，如结构工资、提成工资、全浮动工资等。其中，结构工资一般由四部分组成，包括基础工资、年功工资、职务或岗位工资和浮动工资等。

#### 2. 计件工资

计件工资是根据员工完成一定的工作量，以劳动定额为依据，按预先规定的计件单价来计算劳动报酬的工资形式，具有较大的激励作用。其具体形式有直接无限计件、超额计件、包工计件等。但无论何种形式，都要首先确定计件单价。计件工资有以下优点：（1）能够把员工的劳动报酬同他们的实际劳动贡献紧密联系起来，激励其工作积极性；（2）有利于员工的全面发展；（3）有利于促进企业劳动定额等基础管理工作。其局限性主要是只适用于能实行准确劳动定额的工作场合，如酒店客房打扫等。

工资是员工定额劳动的报酬，奖金是员工超额劳动的报酬。这两部分对于员工工作行为的激励作用都不可忽视。从能力的角度看，取得工资说明员工具备担任目前工作或职务的能力，取得奖金意味着员工具有超过担任目前工作或职务的能力。由于它们都会影响员工对自己能力的评价，因此它们又在一定程度上可以满足员工的精神需要。一般情况下，奖金比工资更具有灵活性、适应性，便于及时直接激励员工的劳动积极性。

除了工资和奖金，福利也是酒店企业中一项较重要的物质激励内容。福利问题解决不好，往往直接给员工带来后顾之忧，导致员工不能安心工作，妨碍员工工作后的休息。如果员工福利搞得好，就会对酒店的经营和发展起到重要的激励作用。

## （二）精神激励的主要形式

酒店管理者在调动员工积极性过程中所采用的精神激励形式主要有：

1. 目标激励

心理学家的研究表明：激发人的动机要有一个激励的目标。酒店管理者要把酒店企业的目标与员工个人的目标结合起来，形成目标链，从而对员工产生激励的作用。

酒店企业的目标应是能鼓舞和振奋人心、引导员工奋发向上的，但又必须是切实可行的。酒店企业要把总目标分解为各部门和每个人的具体目标，从而形成一个目标链，使每个员工都清楚自己在目标链中所处的位置，意识到自己的责任，发挥各自的积极性。

2. 情感激励

情感激励是针对人的行为最直接的激励方式。酒店管理者要用自己真诚的感情去打动和征服员工的感情，真正地尊重、信任和关心员工，从感情上赢得员工的信赖。

酒店管理者与被管理者之间在感情上的融洽能产生难以估量的激励力量，使员工保持高昂的工作积极性。

酒店管理者对员工进行情感激励要注意两点。首先，应真诚对待每一个被管理者，切忌因人而亲疏；管理者不仅要在工作上关心和鼓励员工，而且要关心员工的生活和事业发展。其次，管理者对员工的关心和帮助应表现为同志和朋友之间的友好感情，绝不能是一种居高临下式的恩赐或怜悯。

3. 参与激励

参与激励就是创造和提供各种机会和途径，使员工主动关心酒店企业的发展，参与酒店各个层次上的经营管理活动，激发员工当家做主的热情。

酒店管理层应通过职工大会的形式，实行民主管理，广泛地听取、收集员工对酒店经营管理和发展的建议；酒店各部门和班组管理者在日常管理中，遇事多和员工商量，多采纳员工的意见和建议。这样既增强了上下级之间的沟通，又调动了员工参与的积极性。承认员工的价值，可进一步激发员工的工作热情。

4. 榜样激励

榜样的力量是巨大的。在酒店中树立起实在的、生动的、让人信服的个人或集体榜样，能够给人以鼓舞和鞭策，激发起他人学习和追赶的愿望。

榜样激励也是一种竞争激励。对榜样本身来说，得到了他人的承认，荣誉感、成就感等自尊的需要得到了满足。为了维护这个荣誉，他必须做出更大的努力。对其他员工，尤其是对荣誉追求有较强欲望的年轻员工来说，在不甘落后于他人的心理支配下，必然想赶超榜样而努力工作，这就是榜样能产生的激励作用。

哈佛大学教授威廉·詹姆斯（William James）曾经指出，绝大多数的员工为了应付企业指派给他的全部工作，一般只需要付出自己能力的20%～30%，也就是说，员工为了“保住饭碗”，在工作中所发挥的效能只是其本身能力的很小部分。如果员工受到有效的激励，则将付出他们全部能力的80%～90%。由此可知，激励对员工潜在的工作表现和工作能力有相当大的推动力。酒店管理者必须了解各种不同激励方式的内涵，在管理过程中针对不同的对象灵活掌握和运用，有效地激发起每个员工的工作热情，从而达到调动员工工作积极性的目的。

## 三、员工职业生涯规划

做好员工职业生涯规划，是调动员工积极性、激发员工创造性、提升员工忠诚度的极其重要的工作。

### （一）员工职业生涯阶段的划分

研究表明，一个人的一生总要经历若干职业生涯阶段而最终退出其职业生活。酒店管理者要有针对性地开展人力资源管理工作，就必须了解员工的职业发展阶段，并制定合理的人力资源规划和政策。一般来说，一个人的职业生涯可划分为以下几个典型阶段：

1. 探索阶段

此阶段大约发生在一个人开始进入社会的早期，即青春期。在这一阶段，个人开始认真地探索各种可能的职业。个人最初可能会做出一些带有试验性质的较为宽泛的职业选择，然后根据对自己兴趣和能力的认识情况不断予以修正和重新界定。探索阶段的重要任务就是个人对自己的能力和天资形成一种现实性的评价。企业管理者在这一阶段的工作，主要是通过提供有关工作和企业的正面信息，帮助员工个人形成对职业工作的一种正确预期。

2. 确立阶段

此阶段大约发生在一个人的青年及中年时期。通常个人会在这一时期找到适合自己的职业，并全身心地投入到有助于自己在此职业中取得永久发展的各种活动中去。这一阶段可以分为尝试、稳定和职业中期危机几个分阶段。在尝试阶段，个人确定当前所选择的职业是否适合自己，如果不合适，他会考虑换一个职业。在稳定阶段，个人已经给自己确立了较为坚定的职业目标，并制订了较为明确的职业计划来确定自己晋升的潜力、工作调换的必要性和所需的教育培训等。到了40岁左右，个人可能会进入职业中期危机阶段。此时，他可能根据自己最初的理想和目标，对自己的职业选择做一次重新评价，如果发现不能朝着自己梦想的目标靠近，或者当初所梦想的并不是自己真正想要的东西，他可能会想开始一个新的职业选择，或者重新思考工作和职业到底在自己的全部生活中占据多少比例，据此调整今后努力的方向。

3. 维持阶段

这是职业生涯的后期阶段。此时，个人已经趋向于安心接受现有的工作，并为自己在工作领域中创下的一席之地感到愉悦。在这一时期，个人会将主要精力放在保有现有的位置上，而不再表现出先前的闯劲。此时，管理者工作的重点应集中于充分调动和利用这类人员的已有资源上。

4. 衰退阶段

这是临近退休前的人们通常不得不面临的艰难时期。对处于这一时期的员工，管理者需要帮助他们学会接受权力交接和责任减少的现实，学会接受使自己成为年轻人良师益友的新角色。

### （二）员工职业生涯规划的编制

酒店可以采取以下方式帮助员工编制职业生涯规划。

1. 工作研讨会

酒店可以组织系列的工作研讨会，以帮助员工加深对自己的了解，并了解企业需要的技能。在研讨会的前两周，酒店可发放给与会者一封资格确认函，并安排员工做一些在研讨会召开前必须完成的工作，包括技能清单、人生价值观、人生目标清单和一份职业选择表。通常，研讨会的目的是帮助员工在企业内获得职业发展。在研讨会上，每个人首先进行自我评估以明确自己的价值观、技能、职业动机和兴趣，然后进行环境评估，之后确定特定的职业目标，最后制定与企业需要相吻合的职业生涯规划。

2. 一对一辅导

这种辅导主要是帮助员工进行自我分析和做决策，一般由人力资源开发部门主管负责。在辅导中，员工与主管人员就职业生涯规划展开讨论，力求达成共识。讨论结束后，主管人员要提出一整套的行动计划方案。

3. 自我评估和发展手册

发展手册旨在帮助员工更好地了解自己、评估自己，并做出切合实际的职业生涯规划。内容包括用于自我评估的测验和问题，描述个人目标及考虑因素、个人优点、发展空间、可能出现的绊脚石、职业发展计划、下一个恰当的工作和时间，以及将自我评估转换成行动方案的方法。

4. 工作机会的信息传递

通过职位空缺公告、电子平台、出版物等形式，提供专门信息让员工了解目前企业内的职位空缺情况及争取该职位的申请手续。

### （三）员工职业生涯管理的步骤

企业对员工的职业生涯管理，是指企业通过考察分析员工个人的特点，了解员工成长和发展的方向及兴趣，分析决定个人职业生涯的企业因素和社会因素，制定协调个人职业发展目标与企业发展目标、促进企业和个人共同发展的战略设想与计划安排。职业生涯管理是一个相当复杂的过程，主要包括以下几个步骤：

1. 员工自我评估

员工自我评估是指员工为了确定合理的职业生涯发展路线和职业生涯目标，对自己的兴趣、能力、气质、性格以及职业发展方面的要求和目标等进行分析和评估（见表 8－6)。

**表 8－6　员工自我评估**

| 自我评估方法 | 含义 |
|---|---|
| 撰写自传 | 了解员工的个人背景，包括接触过的人、居住的地方和生活中发生的事情、已经进行过的工作转换以及未来的计划等 |
| 志趣考察 | 包括员工愿意从事的职业、喜欢的课程、喜欢的人的类型，将员工的志趣与成功者的志趣进行比较，得出员工的志趣形象 |
| 价值观研究 | 根据员工选择出的自己认为最有价值的事物来了解员工在理论、经济、审美、社会、政治等方面的价值观 |
| 24 小时日记 | 要求员工记录一个工作日和一个非工作日的活动，以从侧面了解员工 |
| 与两个“重要人物”面谈 | 员工与自己的朋友、配偶、同事或亲戚谈自己的想法，并将谈话录音 |
| 生活方式描写 | 员工用语言、照片等方式向他人描述自己的生活方式 |

员工自我评估离不开个人所具备的能力和从企业处所能够获得的支持。员工的自我评估是否准确合理，受员工个人的知识水平、道德观念以及所了解信息的制约。既可能自我评估过低，也可能自我评估过高，但不管什么情况，企业都应当为员工提供必要的帮助。例如：企业可以为员工提供关于如何进行自我评估的材料，还可以为员工制定一些针对员工具体情况的评估方法，以协助员工做好自我评估工作，等等。

2. 企业对员工的评估

在员工职业生涯管理的过程中，企业需要对员工的能力和潜力做出客观、公正的评估。企业评估是职业生涯管理的关键步骤。企业评估员工有多种方法可以选择，评价中心是一种很好的方法。它是由受过训练的观察者以被评估者在专门选定练习中的绩效为基础，对被评估者的各种性格特征进行的一种评估。

评价中心的一个关键因素是：确定成功员工的性格特征，即确定正在被评估的特定工作要有良好绩效，员工应当具备的性格特征。当某项特定工作成功员工的性格特征被确定以后，评估者就可以依据这些性格特征，在被评估者参与评价中心设计的某一活动时评估他们的表现。最经常采用的方法是绩效评估方法，还可以运用心理测验、体能测验等对员工职业素质进行评估。总之，企业要采用多种方法，尽可能获得关于员工的多种信息，通过比较、鉴别、核对和分析来客观准确地评估员工。

一般说来，企业对员工的评估应由人力资源部门与员工的直接管理者共同实施，员工的直接管理者担任辅助者。

3. 职业信息的传递

企业要及时为员工提供有关企业发展变化和员工个人方面的信息，包括职位升迁机会与条件限制、工作绩效评估结果、工作轮换及培训机会等，以增进员工对企业的了解，帮助员工建立自己的职业发展道路。

对企业所有空缺职位“公开、公正、公平”的做法，能够确保企业内部候选人的职业发展计划与企业内部的各种晋升机会的匹配。企业在传递职业信息时，必须注意公开、公正、公平地将有关员工职业发展的方向、途径，以及有关职位候选人在技能、知识等方面的要求，及时地利用企业内部报刊、局域网、公告等形式传递给广大员工，促进员工之间的公平竞争。

4. 职业发展通道引导

职业发展通道引导是指在企业内从一种职位发展到另一种职位的具体途径，即员工要获得另一种职位所具备的能力而必须进行的一系列开发活动，包括工作体验、正式与非正式教育和培训等。职业发展通道引导的基本步骤如下：

（1）确定或再次确认目标职位所必需的能力及最终行为。这项工作要随着时间的变化而变化。

（2）经常检查核实员工兴趣、技能、经验和职业目标等背景资料的准确性与完整性。

（3）和员工一起分析员工个人情况及目标职位，确定员工与其目标职位是否匹配。

（4）将员工的职业期望、发展需要及目标职位要求与企业的职位管理协调起来。

（5）明确员工为获得目标职位需要哪些工作、教育及培训经历。

（6）制定包含行动时间表的职业道路行动规划。

5. 职业咨询

职业咨询是指企业进行职业生涯管理的各项工作中，由管理者、人力资源管理人员提供的一系列指导、建议和帮助活动。

职业咨询的主要形式有：为员工提供必要的信息，帮助员工进行实事求是的客观分析，指导其依据自己的实际情况、工作分析资料和企业需要，确定职业目标；直接管理者与员工进行讨论沟通，充分交换意见，就职业计划和有关职业发展的活动达成共识；请人力资源管理专家、职业顾问和心理学家就员工的职业选择和职业发展问题，给予有效的指导、咨询与帮助；举办专题讨论会，向员工公布企业职业规划方案及实施办法，介绍可能的职务机会与发展途径。

职业咨询人员需要学习掌握一些人际关系方面的知识，积累一些咨询的经验和技巧。例如：要保守员工的秘密；要从员工的角度看问题，尽力与员工进行心灵沟通；学会做真诚的倾听者；帮助员工扩展思维，考虑多种选择等。

### （四）员工职业生涯管理的意义

员工个人的职业生涯是与企业的发展紧密相连的。一个优秀员工的职业生涯规划如不能在本企业内实现，那么他迟早会选择离开。重视员工职业生涯规划，对酒店人力资源的管理具有积极的作用。

1. 有利于提高工作满意度

能否做好员工职业生涯规划，不仅会影响员工个人的精神状态，而且会影响其生产率水平。实践表明，员工的精神状态与生产率具有正相关的关系。快乐的员工会倾向于表现出更高的生产率。

2. 有利于提高工作投入度

工作投入度是指员工认可自己的工作，主动参与工作的程度。工作投入度对生产率的影响要比工作满意度更为直接，且强度更大。

3. 有利于增强企业忠诚度

企业忠诚度是指员工对企业的忠诚、认可、关注及参与的程度。做好员工职业生涯规划，会使员工将企业当作自己的“家”，始终如一、不计较得失地为企业奉献自己的智慧和能力。

## 模块小结

人力资源管理是现代酒店管理的核心，是现代酒店经营成功的重要保证。与传统人事管理不同，酒店人力资源管理力图将企业的目标与员工个人的目标结合起来，注重员工的能动性和他们内在潜能的开发。提升员工满意度、培育员工忠诚度是现代酒店人力资源管理的核心。

通过制定人力资源规划，可以将酒店企业的目标和任务计划转换为需要哪些人员来实现这些目标和完成这些任务的人员配备计划。确定劳动定额和人员编制，是人力资源规划的一项基础性工作。

通过有效的员工激励，以及员工职业生涯规划和管理，企业可以塑造一支能长期保持高绩效并具有高忠诚度的员工队伍，这也是现代酒店人力资源管理的目标。

## 同步练习

**一、问题思考**

1. 酒店人力资源规划包括哪些主要内容？
2. 确定劳动定额和人员编制的方法有哪几种？
3. 酒店员工培训的内容和步骤有哪些？
4. 酒店员工精神激励的形式有哪几种？
5. 为何要做好员工的职业生涯规划？

**二、课堂交流**

以 3～4 人的小组为研究单位，通过互联网或实地考察酒店查找资料，进行以下问题的研究，做出调研报告，编制 PPT 文件，在课堂上交流分享。

1. 调研一家酒店，并绘制一份酒店各部门人员分配表。

2. 编制一份酒店员工的培训计划。

**实例参考**

## 香格里拉酒店员工培训项目与计划

**一、入职培训**

目标：

对新员工的培训是从他们加入香格里拉酒店的第一天开始的，也是他们同香格里拉酒店共同发展与成长的第一步。入职培训计划旨在传授给新员工与其工作相关的基本技能。

内容：

1. 对香格里拉酒店和度假村，以及香格里拉国际酒店管理公司的介绍

(1) 公司历史。

(2) 集团酒店与度假村的介绍。

(3) 香格里拉国际酒店管理集团总部管理人员的介绍。

2. 对公司文化的介绍

(1) 远景目标。

(2) 使命。

(3) 经营哲学：殷勤好客亚洲情。

(4) 指导原则。

(5) 殷勤好客亚洲情的五个核心部分。

(6) 自豪而不骄矜。

3. 香格里拉酒店的远景及战略计划

(1) 为什么要规划香格里拉酒店的远景及战略计划？

(2) 顾客忠诚度。

(3) 员工忠诚度。

(4) 进程改善与技术创新。

(5) 领导技能。

4. 对公司企业结构的介绍

5. 了解你的酒店

(1) 酒店知识。

(2) 酒店旅程。

6. 人力资源政策

（1）酒店规章。

（2）员工手册。

（3）工会。

（4）其他。

7. 安全与保卫

（1）安全程序。

（2）防火措施。

8. 个人仪表与卫生

（1）仪表标准。

（2）健康与卫生。

9. 香格里拉情

10. 金环计划

11. 使顾客无比愉悦

12. 员工之声

13. 接电话技巧

14. 团队精神

15. 酒店知识及服务意识测验

16. 部门培训人员介绍

（1）检测表。

（2）培训记录册。

培训时间：4 天。

培训员：人力资源部经理，培训部经理，“香格里拉情”培训大使。

培训对象：所有新员工。

## 二、“香格里拉情”标准 1：殷勤好客亚洲情

目标：

（1）本阶段培训工作的目的是建立员工对公司经营理念和指导原则的忠诚，以达到香格里拉酒店的远景目标，特别是在提高市场份额、维系顾客以及保持顾客忠诚方面。

（2）建立员工信心，使其能在每时每刻为所有顾客提供最好的“殷勤好客亚洲情”式的服务。

（3）在本阶段培训结束时，参加者将能够：

1）从顾客的角度理解顾客的期望。

2）理解顾客对我们的高度期望。

3）利用核心价值不断地超越顾客的期望。

4）理解自身在首次及每次为顾客提供“殷勤好客亚洲情”式的服务时的重要作用。

(4) 强化公司经营理念和指导原则的传播。

内容：

(1) 为什么需要“香格里拉情”？

(2) 什么是“殷勤好客亚洲情”？

(3)“殷勤好客亚洲情”的重要性。

(4) 顾客为什么选择香格里拉酒店？

(5) 顾客对香格里拉酒店的期望。

(6) 顾客如何评价我们：服务质量监测。

(7) 为顾客服务中的过失。

(8) 经营哲学、指导原则以及自身的角色。

(9) 核心价值：尊敬、谦恭、礼貌、助人、真诚。

(10)“殷勤好客亚洲情”的象征。

培训时间：1 天。

培训员：经集团认可的培训员和培训大使。

培训对象：所有员工。

## 三、“香格里拉情”标准 2：使顾客无比愉悦

目标：

(1) 完全了解战略计划的每个部分。

(2) 完全了解建立顾客忠诚度的重要性。

(3) 学习与演示使顾客愉悦的四个驱动力。

(4) 学习与演示对“金环计划”顾客的感激。

内容：

(1) 对“香格里拉情”标准 1 的扼要重述。

(2) 战略计划。

1) 战略计划的重要性。

2) 客户忠诚度。

3) 员工忠诚度。

4) 进程改善与技术创新。

5) 领导技能。

6) 经营结果。

(3) 使顾客愉悦的四个驱动力。

1) 认知。

2) 预见。

3) 灵活。

4) 补救。

(4) 金环计划。

培训时间：一天半。

培训员：经集团认可的培训员和培训大使。

培训对象：所有员工。

**四、战略计划——成为龙头企业之路**

目标：

使所有管理人员了解香格里拉酒店的远景计划。

内容：

(1) 香格里拉酒店的远景。

(2) 顾客忠诚度。

(3) 员工忠诚度。

(4) 进程的改善与技术创新。

(5) 领导技能。

培训时间：半天。

培训员：人力资源总监。

培训对象：三级以上员工。

**五、培训技能 1**

目标：

(1) 培训结束时，参加者能够为其他员工进行知识与技能的一对一培训。

(2) 以直接的方式肯定员工的成绩。

(3) 协助工作中的培训。

内容：

(1) 培训的重要性。

(2) 为什么要培训？

(3) 技能与知识的培训。

(4) 培训对象。

(5) 培训时间。

(6) 学习的原则。

(7) 开始、学习及贯彻技能培训的方法。

(8) 开始、传授和测验知识培训的方法。

(9) 提问技巧。

(10) 对成绩提高的反馈。

(11) 培训员的作用。

(12) 培训中的障碍。

(13) 部门培训的管理。

(14) 计划行动。

培训时间：3天。

培训员：经集团认可的培训技能讲师。

培训对象：所有可能的部门培训员。

## 六、培训技能 2

目标：

(1) 培训结束时，参加者能够安排小组培训，包括使用力破坚冰、集思广益、角色表演、小组讨论的技巧对18人以下的小组进行培训。

(2) 在各种学习环境下应对不同的参加者。

内容：

(1) 教授的原则。

(2) 教授的步骤。

(3) 培训方法（激励，向小组传授，培训目标的准备）。

(4) 头脑风暴。

(5) 指导讨论小组。

(6) 提问技巧。

(7) 指导短剧表演。

(8) 企业讨论。

(9) 指导不同的参加者。

(10) 培训辅助设备。

(11) 计划培训期。

(12) 评估培训结果。

(13) 安排日程。

培训时间：4天。

培训员：经集团认可的培训技能2教授员。

培训对象：所有可能的部门培训员。

对待不同情绪的人应注意的问题：

(1) 对待焦虑的人：

1) 站姿挺直，头部仰起。

2) 声音清晰，声调低沉。

3) 正常说话速度。

4) 保持礼貌的距离。

5) 使顾客放心，问题可以得到解决。

6) 经常了解进展情况，不断使顾客放心。

(2) 对待失望的人：

1）身姿低沉。

2）音调低沉，说话速度缓慢接近对方。

3）严肃/理解的表情倾听。

4）注视对方。

5）表示希望帮助对方的愿望。

（3）对待不耐烦的人：

1）说话快捷，不拐弯抹角。

2）行动迅速，采取果断行动。

3）减少目光注视。

4）不得同对方靠得很近。

（4）对待发怒的人：

1）倾听。

2）表示同意对方，道歉，低头垂目，将手抱在一起。

3）保持一定距离。

4）语调低沉、缓慢、柔和（同对话者的态度正相反）。

5）不断道歉，直至对方怒气全消。

6）使对方息怒后再提出解决方案（解决方案不可提得太早）。

香格里拉酒店培训部门按照培训对象的性格与心理特征将其分为不同的类型来提供有针对性的指导，以确保培训的效果。例如：酒店制定了让学员自己填写的学员类型调查表（见表8-7），并提出了对待不同情绪的人应注意的问题。

**表8-7　学员类型调查表**

| |
|---|
| "你是何种类型的学员？" |
| 在培训期间，你是否曾： |
| A. 感到很乏味＿＿＿＿ |
| B. 睡着了＿＿＿＿ |
| C. 问了很多问题＿＿＿＿ |
| D. 被禁止提问＿＿＿＿ |
| E. 与一位腼腆的人同桌＿＿＿＿ |
| F. 被表扬＿＿＿＿ |
| G. 参加了小组讨论＿＿＿＿ |
| H. 参加了集思广益讨论＿＿＿＿ |
| I. 希望培训课快点结束＿＿＿＿ |
| J. 希望多休息几次＿＿＿＿ |
| K. 听不懂培训员的话＿＿＿＿ |
| L. 迟到＿＿＿＿ |
| M. 被批评过＿＿＿＿ |
| N. 做了游戏＿＿＿＿ |

# 模块九 酒店绩效评价系统

学习目标

**知识目标**

- 知晓酒店绩效评价系统的要素和设计要求
- 熟悉酒店绩效评价的指标体系
- 了解酒店绩效评价指标的含义

**能力目标**

- 能说明平衡计分卡的四个基本问题
- 能解读酒店偿债能力、营运能力和获利能力三大指标的概念

**素养目标**

- 通过酒店绩效评价指标体系的分析，提升归纳和演绎的学习能力
- 通过酒店企业绩效的实地调研，培养发现和解决问题的创新能力

# 项目一　酒店绩效评价系统的建立

绩效评价是指根据确定的目的来测定对象系统的属性，并将这种属性变为客观定量的计值或者主观效用的行为。绩效评价是现代酒店经营管理的一项重要内容。开展酒店绩效评价，首先要确立绩效评价系统，确定绩效评价指标体系的要素，选择合适的绩效评价方法。

## 一、酒店绩效评价系统的要素

绩效评价系统作为酒店管理控制系统中一个相对独立的子系统，由以下几个基本要素构成：

### （一）评价目标

酒店绩效评价系统的目标是整个系统运行的指南和目的，它服从和服务于企业目标。绩效评价系统要处理好评价系统目标和企业目标之间的依存关系。企业目标的实现需要各方面的努力：建立合适的组织结构，建立管理控制系统，制定预算，设计绩效评价系统和激励系统等。

### （二）评价对象

绩效评价系统有两个评价对象，一是企业，二是企业管理者，两者既有联系又有区别。评价对象的确定非常重要。评价的结果对绩效评价对象必然会产生影响，关系到评价对象今后的命运问题。对企业的评价关系到企业是否扩张、维持、重组、收缩、转向或退出，对企业管理者的评价关系到其奖惩、职位升降等问题。

### （三）评价指标

绩效评价系统关心的是评价对象与企业目标相关的方面，即关键成功因素（Key Success Factors，KSFs）。这些关键成功因素具体表现在评价指标上。关键成功因素既有财务方面的，如投资报酬率、销售利润率、每股税后利润等；也有非财务方面的，如售后服务水平、产品质量、创新速度和能力等。因此，作为用来衡量绩效的指标也分为财务指标和非财务指标。如何将关键成功因素准确地体现在各具体指标上，是绩效评价系统设计的重要问题。

### （四）评价标准

绩效评价标准是指判断评价对象绩效优劣的基准。选择什么标准作为评价的基准，取决于评价的目的。在酒店绩效评价系统中，常用的三类标准分别为年度预算标准、资本预算标准及竞争对手标准。为了全面发挥绩效评价系统的功能，同一个系统中应同时使用这三类不同的标准。在具体选用标准时，应与评价对象密切联系。一般来讲，评价对象为企业管理者时，采用年度预算标准较恰当；而评价对象为企业时，最好采用资本预算标准和竞争对手标准。

### （五）分析报告

绩效评价分析报告是绩效评价系统的输出信息，也是绩效评价系统的结论性文件。绩效评价人员以评价对象为单位，通过会计信息系统及其他信息系统，获取与评价对象有关的信息，经过加工整理后得出评价对象的评价指标数值或状况，将该评价对象的评价指标数值或状况与预先确定的评价标准进行对比，通过差异分析，找出产生差异的原因、责任及影响，得出评价对象绩效优劣的结论，形成绩效评价分析报告。

上述五个要素共同组成一个完整的绩效评价系统，它们之间相互联系、相互影响。不同的评价目标决定了不同评价对象、评价指标和评价标准的选择，其分析报告的形式也不同。评价目标是绩效评价系统的中枢，没有明确的评价目标，整个绩效评价系统将处于混乱状态。

在酒店管理体系中，由于酒店是一个层级结构，绩效评价系统也就具有明显的层次结构。但无论这种层次有多少，无外乎两个基本层次：一是酒店所有者对酒店及其管理者的评价，二是酒店管理者对下属部门和下属人员的评价。

## 二、酒店绩效评价系统的设计要求

乔伊（Choi）、米勒（Muller）在《国际会计》中指出："一个设计得很好的绩效评价系统可以使高层管理者判断现有经营活动的获利性；发现尚未控制的领域；有效地配置企业有限的资源；评价管理业绩。"绩效评价系统应使企业管理者能够评价他们经营的经济实绩，常常是指对企业经营实绩的评价；评价企业管理者的业绩；追踪并监督企业目标（包括战略目标）的实现进程；帮助实现有效的资源配置。

一个绩效评价系统的设计，必须满足以下要求：

### （一）准确、及时和客观

若要确认实际绩效是否符合预期绩效，关于绩效的信息就必须是准确的。所以，在一个有效的绩效评价系统中，计量什么以及如何计量，必须是十分清楚的。

信息只有及时获得才是有用的。迟到的信息可能导致不适当的反应或根本就没有反应。因此，何时计量以及以多快的速度将计量结果予以报告，就成了一个有效的绩效评价系统的关键。

信息必须尽可能客观，而不是限于个人意见。个人意见可能是片面的，确保客观是有困难的。这是因为，感性的偏见很可能会影响即使看起来是客观的绩效计量。

### （二）可接受与可理解

一个绩效评价系统，只有当人去使用它时才会有作用。如果一个绩效评价系统不能为组织成员所接受，那么他们就会无视它的存在，或是不甚情愿地遵守它。这样，提供的信息很可能是不准确、不及时和不客观的。因此，一个好的绩效评价系统，必须尽可能地按使用者的需要设计。

信息只有当它是可理解的和能被用户恰当地解释时才是有用的，难以理解的信息会导致错误的行动。确保所提供信息的清晰，是设计有效的绩效评价系统的一个重要方面。

### （三）反映企业特性和成本效益

一个有效的绩效评价系统的设计，必须反映企业的特征。绩效评价系统的重要目的之一，就是评价组织成员的业绩。从控制论的观点出发，绩效评价系统的焦点通常集中于评价企业或下属机构经理的业绩，以确定该企业是否实现了预期的目标。

一个良好的绩效评价系统应能提供较其实施和维护成本更大的利益，这种利益包括基于绩效评价系统所提供的信息和所做的管理决策的改善。

### （四）目标一致性

有效的绩效评价系统，其评价指标应是战略目标计划的分解，评价指标的完成也就能保证战略目标计划的完成。

### （五）可控性和激励性

对管理者的评价必须将评价范围限制在他所能控制的范围内，他才能接受，才会感到公平。即使某评价指标与战略目标非常相关，只要管理者无法对其实施控制，他就无法对该指标的完成情况负责，用该指标来评价管理者的业绩就会引起抵触。非可控指标应尽量避免出现。此外，指标水平应是平均先进水平，这对管理者的工作具有一定的挑战性，可以激发其工作潜能。

### （六）良好的应变性

良好的绩效评价系统应对企业战略变化及内外部变化非常敏感，并且系统本身能较快做出反应，进行相应调整，以适应变化的要求。

## 三、酒店绩效评价的方法

酒店绩效评价一般采用综合评价的方法。综合评价（Comprehensive Evaluation，CE）是指对以多属性体系结构描述的对象系统做出全局性、整体性的评价，即根据所给的条件，采用一定的方法，给每个评价对象赋予一个评价值（又称评价指数），再据以择优选择或排序。

目前，国内外常用的综合评价方法可分为经济分析法、专家评价法和多目标决策法等。

### （一）经济分析法

这是一种以事先议定好的某个综合经济指标来评价不同对象的综合评价方法，常用的有：直接给出综合经济指标的计算公式或模型的方法、费用效益分析法等。该方法含义明确，便于不同对象的对比；不足之处是计算公式或模型不易建立，而且对于涉及较多因素的评价对象来说，往往很难给出一个统一的量化公式。

### （二）专家评价法

这是一种以专家的主观判断为基础，通常以“分数”“指数”“序数”“评语”等作为评价的标准，对评价对象做出总体评价的方法。常用的有：评分法、分等法、加权评分法及优序法等。该方法简单方便，易于使用，但主观性强。

### （三）多目标决策法

多目标决策（Multi-objective Decision Making，MODM）法包括很多具体的操作方法：一是化多为少法，即通过多种汇总的方法将多目标化成一个综合目标来评价，最常用的有加权和法、加权平方和法、乘除法及目标规划法；二是分层序列法，即将所有目标按重要性依次排列，重要的优先考虑；三是直接求所有非劣解的方法；四是重排次序法；五是对话法。多目标决策法较严谨，要求对评价对象描述清楚，评价者能明确表达自己的偏好，这给某些涉及模糊因素、评价者难以确切表达自己的偏好和判断的评价问题的求解带来了一定困难。

## 项目二 酒店绩效评价的指标体系

经营绩效，也称经营成果，是指经济实体在一定时期内利用其有限资源从事经营活动所取得的成果，一般表现为效果和效率两个方面。酒店经营绩效的表现形式是多方面的，如总产值、净产值、销售收入、净收益、产量、投资报酬率、销售利润率等。出资人投资企业的目的就在于取得令人满意的利润，因而，出资人评价企业经营绩效侧重于收入成果。同时，还有一些是取得收入成果必备的条件。一般，可从财务指标与非财务指标两方面来评价。

著名会计学家、哈佛大学商学院罗伯特·卡普兰（Robert S. Kaplan）教授和复兴全球公司总裁大卫·诺顿（David P. Norton）在20世纪90年代设计了平衡计分卡，从财务维度、顾客维度、内部业务流程维度、学习和成长维度四个方面全面评价企业的经营绩效（见图9-1）。我国的酒店业也可运用平衡计分卡来构建绩效评价的指标体系。

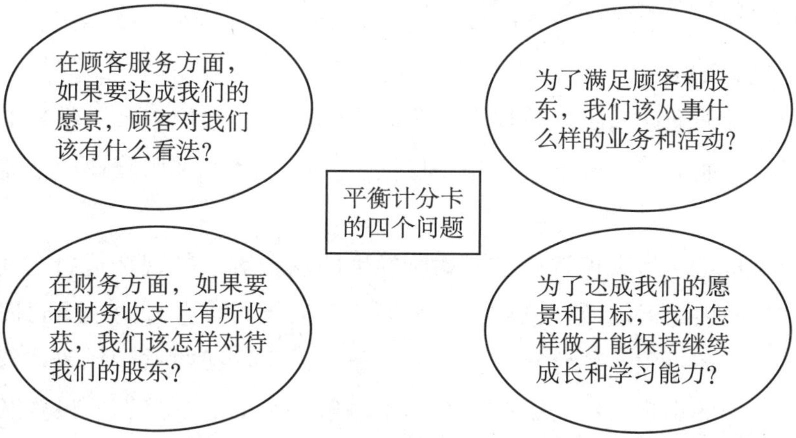


**图9-1 平衡计分卡的四个问题**

## 一、财务评价指标体系

### （一）净收益

净收益就是企业的净利润。在其他条件不变的情况下，酒店净收益越多，所做的贡献越大，成就也越显著，这正是企业的根本目的所在。从表面上看，它受收入和成本的影响。实际上，它还反映酒店产品产量及质量、品种结构、市场营销等方面的工作质量，因而在一定程度上反映了酒店的经营管理水平。

### （二）投资报酬率

投资报酬率是收益与投入资本之比，反映投资的有效性，是一个效率指标。投资报酬率把一个酒店赚得的收益和所使用的资产联系起来，评价酒店资产使用的效率水平，并且把与维持企业经营必要的资本密切联系的成本考虑在内。因此，投资报酬率是监控资产管理和经营策略有效性的有用工具。

当投资报酬率被用于计量一个酒店的绩效时，所用的净资产反映的是产生现金流量和收益的企业的历史成本。酒店投资基础可以是全部资产、使用的净资产（负债、递延项目及权益）或权益。

### （三）剩余收益

剩余收益的计算公式为：

剩余收益＝净收益－投资额×投资成本率

剩余收益是净收益之外的另一个可选用的指标，它确认资本成本，用货币数量代替投资收益率。从观念上看，投资收益率最大化告诉企业最大限度地提高投资收益率，而剩余收益最大化告诉企业最大限度地提高收益额，使之超过最低收益额。

以剩余收益作为评价酒店经营绩效的尺度的基本要求是：只要投资收益大于投资成本，该项投资便是可行的。因而，它避免了投资收益率的缺陷，使酒店能够选择既有利于自身又有利于总公司的投资机会。

### （四）营业现金流量

以上评价指标的会计基础均是权责发生制，在商业信用使用极为频繁的情形下，会计记录的收益与企业的实际现金收入相差极大。为此，也可采用营业现金流量来评价酒店的经营绩效。

营业现金流量是指酒店正常经营活动所发生的现金流入与现金流出之间的净额，它既可以用来评价酒店经营绩效，也可以用来评价酒店支付债务利息、支付股息的能力及偿付债务的能力，还可用于现金管理业绩的计量。由于同净收益相比较，营业现金流量受会计估算和分摊的影响较小，因此它有助于理解一个酒店的经营、投资及财务活动的动态。

### （五）市场价值

理论上，一个企业潜在未来收益的综合计量结果，是由市场所决定的。财务理论家们假设，在一个有序、有效的股票市场中，所有者的预期未来现金流量的变化是受企业的股票市场价格变化影响的，如果所有者来自股息和存货增值预期的未来利润是建立在企业真实价值或现金生产能力的基础上的，那么市场价格的变化也许是企业经营绩效的一个恰当的指示器。

市场价值比率指标主要有市盈率、净资产倍率等。

### （六）经济增加值

在经济术语中，企业经营绩效的主要计量方法是经济增加值。经济增加值是指从一个时期到另一时期，对企业所有者产生的预期未来现金流量的现值减去所有者的净投资后的差额。

贴现是指预计未来现金流量所得到的现值，常被用于评价企业经营活动，评价购置资产备选方案，确定资本投资决策。出于计量酒店企业经营绩效的目的，经济增加值是指在绩效计量期内，由于培训管理人员提高工作频率而使酒店增加的价值。

## 二、顾客评价指标体系

绩效评价系统中的顾客评价指标，使酒店企业能够把自己的核心顾客结果评价标准——满意、忠诚、回头率和获利能力，同其所选中的顾客群体和市场部分相衔接。顾客评价指标体系的一般评价指标有：

### （一）市场份额

在确定顾客群体或市场领域之后，就可直截了当地评价市场份额。酒店协会、贸易协会、政府及其他公共组织发布的统计数据，通常可用于估计市场的总体规模。

### （二）获客数量

酒店若想扩大自己的市场份额，就应制订一项在市场中扩大顾客来源的计划。争取顾客的工作既可通过新顾客的数量来评价，也可通过统计向这些新顾客销售的产品总额来评价。

### （三）顾客满意度

评价顾客满意度可以为酒店经营绩效提供反馈。研究表明，只有在顾客购买产品时完全满意或极为满意的情况下，酒店才能指望他们反复购买自己的产品。

### （四）顾客留存

显然，若想通过特定的顾客群体保持或增加市场份额，一种可取的方式是保持现有的顾客。除了留住顾客，许多酒店都希望通过同现有顾客进行的交易量来评价这些顾客的忠诚度。

### （五）从顾客处获取的利润

酒店不仅要评价同顾客达成的交易量，而且要评价这种交易是否有利可图，特别是在特定的顾客群体中，能否长期获利应成为决定保留或放弃顾客的关键。尽管目前在某些新顾客身上无利可图，但这些顾客仍然很重要，因为他们能给酒店带来业绩增长潜力。但是，同酒店保持多年关系的顾客如果仍无利可图，酒店就应放弃这类顾客。

通过对市场份额和能否从顾客处获取利润的评价，经营者可以得到有关其酒店市场战略效果的反馈信息。

## 三、内部业务流程评价指标体系

在酒店内部运作过程中，有三个主题推动着内部绩效的改进：收入的增长，降低成本和提高生产率，资产利用和投资战略。收入的增长是指增加产品和服务的提供、获得新的市场和顾客、调整产品和服务的构成以实现增值，以及重新确定产品和服务的价格。降低成本和提高生产率是指努力降低产品和服务的直接成本和间接成本，以及与其他经营单位分享共同的资源。对资产利用和投资战略主题来说，管理者要努力降低支撑业务的特定数量和构成所要求的运营资本水平；管理者还通过在新的业务中利用目前未加以利用的生产能力、提高资源的利用效率和清除市场价值盈利不足的资产，竭力提高对固定资产基础的利用水平。

### （一）收入的增长

对处于成长阶段和收获阶段的经营单位来说，最常用的收入增长评价方法是销售额增长率和市场份额。

1. 新产品

处于成长阶段的酒店通常注重扩大现有的产品种类或者提供全新的产品和服务。关于这一目标，常用的评价方法是计算一个具体期间（如 2～3 年）所推出的新产品和服务创造的收入所占的百分比。

2. 新的顾客和市场

诸如新的顾客、市场份额和地区的创收率这样的评价指标，注重对收入的来源进行调查。一家酒店在目标市场上所占的份额是一项常用的计量方法。这种方法还使酒店能够估计其市场份额的增加是来源于富有竞争力的供应改善，还是来源于市场总规模的扩大。销售额增加，但在市场上所占份额遭受损失，这可能表明酒店的战略或者其产品和服务存在问题。

3. 新产品和服务的构成

酒店可以选择通过改变其产品和服务的构成来增加收入。

4. 新的定价战略

利润增长计划，特别是那些成熟的或处在收获期的酒店企业的利润增长计划，可能是通过提高产品和服务的价格来实现的。一些酒店已经发现，可以提高一些特殊产品或根据顾客特殊要求定做的产品的价格，或取消价格优惠，以便在现有的无利可图的产品和顾客身上收回成本。产品的利润率或无利可图的产品和顾客所占的百分比，可反映过去所实行的定价战略成功与否。对于同类产品和服务项目来说，一个简单的定价公式，如每间客房的收入等，就可以反映出酒店企业的定价策略。

### （二）降低成本和提高生产率

除了建立收入的增长目标，酒店企业还可能要提高自己在成本费用和生产率方面的业绩。

1. 提高生产率

处于成长阶段的经营单位，其重点不大可能是降低成本费用。其生产率目标应当注重增加收入，如员工人均收入等，以促进向附加值较高的产品和服务转移，提高企业的实物竞争力和人力资源管理能力。

2. 降低单位成本

对处于维持阶段的企业来说，实现有竞争力的成本水平、提高经营利润、监测间接和辅助性开支水平，有助于提高获利能力和投资收益率。对产出比较单一的企业来说，降低单位成本这一简单目标就足够了。

3. 改善交易渠道

降低成本费用的重要方法就是把顾客和供应商从由人力来处理的高成本渠道转移到

低成本的电子渠道。企业若采用这一降低成本战略，就能够评价不同渠道交易所占的百分比。

4. 降低营业成本

许多酒店积极致力于降低销售开支、一般性开支和管理开支。这一工作是否成功可通过这些开支的绝对数量，或这些开支在总成本或利润总额中所占的百分比来评价。削减开支和费用的计划应与酒店绩效评价体系的其他手段综合使用，如顾客的反应、产品质量和工作表现等，这样，削减开支才不会影响重要的顾客计划和内部经营目标的顺利实施。酒店应对间接开支和后勤开支所产生的价值进行评估，不应局限于削减这些开支和减少后勤支持，而是应着眼于提高这些开支和后勤支持的效率，如发展更多的顾客、增加销售额、增加交易额、提供更多的新产品、改进服务技术等，同时提高后勤支持部门的工作效率，增加这些部门的投入和产出比例。以经营活动为基础的成本分析可以看出间接开支、后勤开支和管理开支同这些开支产生的经营活动和成果之间的联系。

### （三）资产利用和投资战略

酒店可利用资本收益率、投资收益率和经济附加值等指标对内部运作绩效进行总体评价。

## 四、学习和成长评价指标体系

现代企业绩效评价制度强调对未来进行投资的重要性。要实现长期的财务目标，企业必须对其基础设施——员工、信息系统和经营过程进行投资。酒店企业的学习和成长评价一般包括三大内容：员工能力，信息系统能力，积极性和创造能力。

### （一）员工能力

酒店企业要想超越现有的财务和顾客业绩，提高员工能力非常重要。

1. 对员工满意度的评价

员工感到满意是提高劳动生产率、反应速度和服务质量的一个必要前提。对本职工作满意的员工也能使酒店的顾客满意。所以，酒店要想使顾客感到满意，就应该使员工对本职工作感到满意，每年对顾客的满意度进行一次调查，或每月对员工的满意度进行一次抽查。使员工感到满意的因素一般有：

（1）参与决策；

（2）认为本职工作不错；

（3）在做好本职工作时得到肯定；

（4）主观能动性得到鼓励；

（5）后勤部门提供积极支持；

（6）对企业整体上感到满意。

员工可以通过参考上述标准给本人对酒店的满意度打分，非常满意可打最高分，不满意可打最低分。这样，可得出员工满意度的综合指数。

2. 对员工保留率的评价

企业保留那些在他们身上能获得长期利益的员工。酒店对员工进行长期投资，而员工的不辞而别将给酒店造成损失。长期聘用的、忠实的员工代表着企业的价值观念。

3. 对员工劳动生产率的评价

对员工劳动生产率的评价，是衡量其总体培训效果的一种方式。对员工的培训包括加强员工技能、改善工作态度、改进经营程序并使顾客感到满意，培训目的是使员工的劳动生产率同投入的员工数量成正比。评价员工劳动生产率最简单的标准是每位员工给酒店带来的收入。

### （二）信息系统能力

要想使员工在竞争环境中有效地发挥作用，就必须使他们获得足够的信息。

一线员工需要及时、准确、全面地了解每一位顾客同酒店的关系，这些信息可能包括成本和每位顾客可能给酒店带来的利润。一线员工必须得到的信息还包括应在多大程度上满足顾客的现有需要和未来需要。一线员工需要及时、准确地得到所生产的产品和所提供的服务的信息反馈，只有得到这些信息反馈，他们才能改进计划，有系统地消除弊端，并且在服务过程中降低成本、减少浪费。

良好的信息系统可以帮助员工不断地改进生产和服务过程。一些企业已制定了信息覆盖比率，用于评价现有的信息系统满足员工需要的能力。对信息系统的灵敏程度进行评估的标准包括反应时间、周期、成本反馈，以及直接面对顾客的员工接触信息系统的途径等。

### （三）积极性和创造能力

如果不激发员工的积极性，使他们以最好的方式为企业服务，不给他们以决策和采取行动的自由，那么即使向技术熟练的员工提供完美的信息途径也不能保证酒店获得成功。所以，酒店内部的学习和成长评价的第三大内容是营造企业内部环境，激发员工的积极性和创造能力。

1. 测定被采纳建议的数量并对改进结果进行评价

酒店企业可通过多种手段评价酒店是否已激发员工的积极性并向员工授予一定权力。一种被广泛采取的简单方法是，测定每个员工提出建议的数量。这一手段可评价员工对改善酒店绩效的参与程度。酒店企业还可采取其他措施对这一手段进行补充，包括测定被采纳或执行建议的数量，这一附加手段可评价员工提出建议的质量高低，同时可向其他员工表明，员工的建议受到酒店重视和认真考虑。对建议进行反馈并执行其中一些建议的做法会鼓励员工提出更多的建议。

2. 对个人及部门之间的协作进行评价

个人及部门之间能否实现联合，取决于个人、各部门和企业的目标是否有联系。在部门的较低层单位实行绩效评价制度有两个目的：(1) 使个人及部门的目标、报酬和认知程度同实现企业目标息息相关；(2) 对工作表现进行集体评估。

3. 对团队的表现进行评价

酒店企业越来越多地依赖团队合作来实现重要的经营程序——产品开发、为顾客提供服务及进行经营活动等。酒店企业需要一些目标和评估手段来鼓励团队建设，并评估团队所取得的业绩。

# 项目三 酒店绩效评价指标的分析

对酒店绩效评价指标进行分析有两大用途：一是确定企业的偿债能力，二是评价企业的经营业绩。通过对酒店绩效评价指标的分析，将反映过去的经营成果和财务状况的企业财务报表数据信息，转变为预计企业未来的有用信息，以体现传统酒店会计报表数据信息的真正价值。

## 一、酒店偿债能力分析

酒店偿债能力是指酒店偿还各种到期债务的能力。偿债能力分析包括短期偿债能力分析和长期偿债能力分析两个方面。

### (一) 短期偿债能力分析

短期偿债能力是指酒店以流动资产偿还流动负债的能力。酒店企业通过分析流动资产与流动负债的关系，即酒店资产的流动状况，可判断短期偿债能力。这类指标主要包括流动比率、速动比率、现金比率等。

1. 流动比率

流动比率是指流动资产总额与流动负债总额之比，表示每元流动负债可由多少元流动资产来偿还。其计算公式为：

$$流动比率=\frac{流动资产总额}{流动负债总额}$$

式中，流动资产是指货币资金、应收账款净额、应收票据、存货、预付货款、短期投资以及其他应收款和待摊费用。流动负债是指短期借款、应付账款、应付票据、应收货款、应付工资福利费、应付利润、应交税费等各种未交款、其他应付款、预提费用以及一年内到期的长期负债等。

流动比率反映了酒店的短期偿债能力。比率越高，表明偿债能力越强；反之，越弱。一般而言，流动比率能达到 2∶1 的水平，就表明该企业的财务状况是稳妥可靠的。因为此时企业的营运资金（流动资产减流动负债后的余额）等于流动负债，一方面使债权人的债务偿还有保证，另一方面又不至于使大量资金滞留在流动资产上。从另一个角度来看，在扣除了约占流动资产一半、变现能力最差的存货金额之后，剩下的一半流动性较大的流动资产至少要等于流动负债，企业的短期偿债能力才有保证。

但流动比率并非越大越好，因为流动比率大，可能是存货积压或滞销的结果，也可能是拥有过多的货币资金，未能很好地在经营中加以运用的缘故。所以，在评价流动比率时应注意：对债权人来说，流动比率越大越好，但对企业来说应该有一个上限。

2. 速动比率

速动比率是指企业的速动资产与流动负债的比率。速动资产是指那些可按其本身市值即时转换为现金、偿付流动负债的流动资产，它是流动资产中最具流动性的一部分。速动资产主要包括货币资金、应收账款、应收票据（扣除坏账准备）和可替代现金的短期投资以及其他应收款。速动资产不包括存货，这是因为：存货变现速度慢，要通过市场销售、应收账款才能转换为现金，并且其转换为现金的时间和数额都不好确定；部分存货可能已损失、报废或抵押出去而未作处理；由于计价方法的影响，存货的估价存在成本与市价的差距。

速动比率的计算公式为：

$$速动比率=\frac{速动资产}{流动负债}$$

速动比率比流动比率更足以表明企业的短期偿债能力。流动比率只能表明企业的流动资产总额与流动负债总额之间的关系，如果流动比率较高，而流动资产的流动性很低，其偿债能力仍然是不强的。因此，在不希望酒店用变现存货的办法来还债，而又想了解酒店当前的变现能力的情况下，可计算速动比率，因为它抛开了变现能力较差的存货。

速动资产的计算方法有两种：一是用减法，即流动资产减存货，或流动资产减存货、待摊费用和预付费用；二是用加法，从流动资产中去掉其他一些可能与当期现金流量无关的项目，即用现金、可上市短期有价证券、应收账款净额三项作为速动资产。用第二种方法计算的速动资产与流动负债的比率称为保守速动比率或超速动比率，这是因为：预付款只能减少未来的现金支出，不能转换为现金，不属于速动资产；待摊费用因缺乏市场价值而无变现价值可言，也不属于速动资产。

在企业面临财务危机或办理清算，存货、待摊费用、预付费用等无法立即变现的情况下，速动比率反映了企业以速动资产支付流动负债的能力，即企业应对财务危机的能力。速动比率越大，表明企业短期偿债能力越高，一般认为速动比率以 1∶1 为宜。当然，这个比率也不是绝对不变的，应视每个企业速动资产的构成等因素而定。如果速动资产过多，又可能使企业丧失良好的投资获利机会。

3. 现金比率

现金比率指把现金和可上市短期有价证券之和与流动负债进行对比。其计算公式为：

$$现金比率=\frac{现金+可上市短期有价证券}{流动负债}$$

这是衡量酒店短期偿债能力的一个保守的指标，反映酒店的即刻变现能力。它表明酒店在财务状况最坏的情况下随时可以还债的短期偿债能力。

在企业把应收账款和存货都抵押出去或者已有证据可以肯定应收账款和存货的变现能力存在严重问题的情况下，可用现金比率分析企业的短期偿债能力。

过高的现金比率说明企业的资金闲置或尚未充分利用现金资源，应投入经营赚取更多利润；过低的现金比率则可能反映企业当前付款存在困难。

## （二）长期偿债能力分析

对酒店长期偿债能力的分析主要是为了确定该酒店偿还债务本金与支付债务利息的能力。这种分析可从资产负债表反映的资本结构的合理性和利润表反映的偿还借款本息的能力两方面进行。前者用资产负债率表示，后者用利息保障倍数反映。这两个指标也称资本结构比率或杠杆比率。其用途一是提供偿债能力指标，二是提供所有者所负风险程度的指数。这些指标可以分析权益与资产的关系、权益之间的关系和权益与收益之间的关系，从而最终评定企业资本结构的合理性，评价企业的长期偿债能力。

杠杆比率是衡量 个企业在与债权人提供的贷款相比之下的由所有者供给的资金。其含义是：

第一，债权人提供贷款的安全程度，将由所有者提供的资金来保证。如果所有者提供的资金在资本总额中只占很小的比例，企业的风险将主要由债权人承担。

第二，通过举债筹资，所有者可以得到用有限的投资保持企业的控制权的利益。

第三，如果企业所获得的利润多于所支付的借款利息，所有者的利润就随之扩大。

1. 资产负债率

它是企业负债总额与资产总额之比，反映在总资产中有多大的比例是通过举债筹资的，也表明债权人债权的保障程度。其计算公式为：

$$资产负债率=\frac{负债总额}{资产总额}$$

酒店的负债控制在什么水平比较有利，主要取决于酒店的投资收益率与借款利率的比较：当投资收益率高于借款利率时，资产负债率越高，企业的资金成本越低，利润越多，对企业越有利，股东所得利润也相应增加；当投资收益率低于借款利率时，资产负债率越高，利润越少，对企业越不利，股东所得利润也相应减少。如果企业的经营收益少于应付的利息，则企业将发生亏损，甚至因此面临破产的危险。

从股东的立场来看，企业的借入资本与股本在经营中发挥的作用是相同的。股东所关心的是借入资本的计价，当企业所得的投资收益率超过借款利率时，股东所得的利润将随之扩大。这样，股东的好处一方面是获得较高的投资收益，另一方面是参与甚至控制企业的管理。

因此，当经济衰退时，资产负债率低的企业风险较小，但其预期的利润也较少；当经济繁荣时，资产负债率高的企业风险较大，但有赚取较多利润的机会。所以，资产负债率反映了企业理财决策的效果和举债经营的能力。

从债权人的立场来看，债权人权益比率（负债比率）反映了债权人提供的资本占全部资本的比率，这个比率的大小反映了债权人提供贷款的安全程度。如果这个比率很大，则说明企业的风险将主要由债权人承担，这当然不是债权人所希望的。

但从经营者的角度来看，这个比率又反映了企业的魄力和能力。举债经营是所冒风险和所获利润的较量，实质是权益上的衡量。

如果企业发生清理的话，与债权人相比，所有者则可能由于要扩大利润或筹措新的资金而放弃某种程度的企业控制权，去寻求更高的杠杆。如果负债比率过高，可能会产生鼓励所有者对企业经营不负责任的危险动作，因为他们对企业只承担以其股本额为限的经济责任。他们可能铤而走险从事投机活动，成功了，他们会获得巨额利润；失败了，他们的损失却很少，因为他们投入的很少。

下面是资产负债率反映资本结构的衍生指标：

（1）产权比率，也称股东权益比率或净资产比率，是指股东投入的资金与资产总额的比率。它反映了股东投入资本在全部资本中所占的比重，即股东权益在权益中所占的比重。它与债权人权益比率是一个相配合的比率，两者相加之和应为100%。其计算公式为：

$$产权比率=\frac{股东权益}{资产总额}$$

（2）负债与股东权益比率，是指负债总额与股东权益的比率，表示债权人提供的资金与股东提供资金的相对关系，表明企业财务结构的强弱以及债权人的资本受到股东权益的保障程度。其计算公式为：

$$负债与股东权益比率=\frac{负债总额}{股东权益}$$

（3）负债与有形净值比率。有形净值是指股东权益减去无形资产，即账面上股东具有所有权的有形资产的价值。负债与有形净值比率是更为保守和谨慎地衡量企业长期偿债能力的指标，也反映在企业清算时保护债权人利益的程度，且比率越低越好。

由于无形资产不一定能用来还债，出于谨慎考虑，在净资产（股东权益）中将其扣除之后再计算。负债与有形净值比率的计算公式为：

$$负债与有形净值比率=\frac{负债总额}{股东权益-无形资产}$$

2. 利息保障倍数

反映企业长期偿债能力的另一个指标是利息保障倍数，即从债务中获得的收益是所需支付的债务利息的多少倍。只要收益赚取倍数足够大，企业无力偿债的可能性就很小，如果企业在支付利息方面不存在困难，通常也将有能力再借款用于归还到期的债务本金。当然，关键是企业的信誉。

举债的目的是获得必要的经营资本，但前提是所付利息必须少于借款所赚取的利润，即所谓举债经营。利率越高，借入资本的盈利少于利息的风险就越大。这种风险的程度可用利息保障倍数指标来衡量。其计算公式为：

$$利息保障倍数=\frac{息税前利润}{利息费用}$$

其中，

$$\begin{aligned}息税前利润&=税后净利润+利息费用+所得税\\&=利润总额+利息费用\end{aligned}$$

之所以用息税前利润，是因为所得税和利息费用也是以借款赚取的，且本身不影响利息的支付。利息资本化导致把那些本该按费用支付出去的利息加到了固定资产价值上去，这部分利息也应该包括在上述公式中的利息费用中。

由于企业支付的利息计入当前费用后直接影响当前利润，所以，在其他因素不变的前提下，利息负担越重，利润越低；反之，就越高。因此，利息保障倍数高，表示负债尚未形成企业负担，债务的安全性就大，企业的长期偿债能力也就越强；如果利息保障倍数接近1，表示该企业的利息负担过重，债务的安全性就差。

从长远来看，一个酒店的利息保障倍数至少要大于1，否则就不能举债经营。但短期内，酒店可能在利息保障倍数低于1的情况下，仍有能力支付利息，这是因为有些减少利润的费用项目不需要当前支付现金，如折旧、摊销等。一般来说，债权人和所有者都希望利息保障倍数越高越好。

## 二、酒店营运能力分析

反映酒店资金周转和营运能力的比率指标，主要包括应收账款周转率、存货周转率、营业周期、客房收益、营运资金周转率、总资产周转率。

### (一) 应收账款周转率

它是指商品销售收入与应收账款平均余额之比，表现为以下三个指标：

$$应收账款周转次数=\frac{商品销售收入}{应收账款平均余额}$$

$$收回应收账款平均天数=\frac{365}{应收账款周转次数}$$

$$应收账款周转天数=\frac{应收账款平均余额}{商品销售收入}\times 365$$

计算这些指标时，应收账款应是扣除坏账损失后的净额，且包括应收票据。应收账款平均余额的计算公式为：

$$应收账款平均余额=\frac{期初余额+期末余额}{2}$$

在上述应收账款周转率的三个指标中，应收账款周转次数是计算期内应收账款转换为现金的平均次数；应收账款周转天数则是酒店从取得应收账款的权利到收回款项转换为现金所需要的时间，即应收账款周转一次所需的天数。周转次数越多，周转天数越少（平均收款期越短），则应收账款周转率越高，说明应收账款的收回越快，可以减少坏账损失，增强企业资产的流动性和短期偿债能力，避免营运资金过多地长时间滞留在应收账款上，一定程度上可以弥补流动比率低的不利影响。收回应收账款平均天数则越少越好。但是，如果应收账款周转率过高，则可能是付款条件过于苛刻的严格信用政策所致，这可能会影响企业销售量的扩大而制约企业的盈利水平；如果企业的应收账款周转率过低，说明企业的收账效率太低，信用政策太宽松而影响资金的周转和利用。

### （二）存货周转率

存货周转率是指商品销售成本与存货平均余额之比，说明企业的存货量是否适当及销售能力的强弱，表现为以下两个指标：

$$存货周转次数=\frac{商品销售成本}{存货平均余额}$$

$$存货周转天数=\frac{存货平均余额}{商品销售成本}\times 365$$

$$=\frac{365}{存货周转次数}$$

存货周转次数表示计算期内存货转换为现金或应收账款的次数；存货周转天数表示存货转换为现金或应收账款一次所需的天数，即存货额相当于多少天的销售额（成本）。存货周转次数越多，周转天数越少，则存货周转率越高，说明存货的流动性越好，在利润率不变的条件下，利润就越多，或利润不变，存货资金占用量就越少。因此，存货周转率是衡量酒店销售能力强弱和存货过量或短缺的指标，它与酒店的获利能力有着直接的联系。

当然，也不能绝对地认为存货周转率越高，效率就越高。库存少，存货周转率肯定高，但订货次数多会使订货成本增加且不能享受数量折扣，还会带来不能按时交货的风险。因此，必须寻求最佳存货批量。另外，企业经营方针的调整、存货计价方法的变更等都会影响存货周转率。

### （三）营业周期

营业周期是指从取得存货开始到销售存货并收回现金为止的这段时间。其计算公式为：

营业周期＝应收账款周转天数＋存货周转天数

营业周期表示的是需要多长时间才能把期末存货全部转换为现金。营业周期的长短说明资金周转速度的快慢。

### （四）客房收益

酒店传统的经营指标是客房出租率和平均房价。传统经营指标的缺陷是没有考虑房价与出租率的关系。单独考量，这些指标都无法正确判断酒店的经营效果。收益管理的理论及其衡量指标则有效地避免了上述局限。酒店收益管理的主要衡量指标是客房收益（Revenue Per Available Room，RevPAR）。客房收益是指每间可供出租客房产生的平均实际营业收入。其计算公式为：

$$\text{客房收益}=\frac{\text{实际客房营业额}}{\text{可出租客房数}}$$

$$=\text{实际平均房价}\times\text{客房出租率}$$

由于酒店客房产品的不可存储性，将客房出租率和平均房价结合起来，能更好地分析酒店的经营绩效，寻找客房出租率和平均房价的最佳结合点，从而实现客房收益最大化的目标。诚如希尔顿酒店集团市场营销总监所言："收益是'希尔顿'的生命，平均房价和客房出租率早已被收益所取代。"

例如：A酒店有客房200间，公布房价为200元/间。某日出租客房100间，房费收入为16 000元。则：

$$\text{客房收益}=\frac{\text{实际客房营业额}}{\text{可出租客房数}}$$

$$=16\ 000\div 200=80\text{（元/间）}$$

或

$$\text{客房收益}=\text{实际平均房价}\times\text{实际出租率}$$

$$=（16\ 000\div 100）\times（100\div 200）$$

$$=160\times 50\%=80\text{（元/间）}$$

### （五）营运资金周转率

营运资金周转率是指商品销售收入与营运资金平均余额之比。其计算公式为：

$$\text{营运资金周转率}=\frac{\text{商品销售收入}}{\text{营运资金平均余额}}$$

营运资金周转率表明酒店所拥有的平均每元营运资金能实现多少元商品销售收入。

### （六）总资产周转率

总资产周转率又称总资产利用率，是指销售收入净额与平均资产总额之比。其计算公式为：

$$\text{总资产周转率}=\frac{\text{销售收入净额}}{\text{平均资产总额}}$$

其中，

$$平均资产总额=\frac{期初资产总额+期末资产总额}{2}$$

该比率反映酒店全部资产的使用效率，衡量酒店运用全部资产创造销售收入的能力。它的高低会影响企业的获利能力，应采取措施提高销售收入和降低资产占用。

## 三、酒店获利能力分析

酒店资本增值获利能力是指酒店企业以成本赚取利润、以资本获得增值的能力，它是酒店企业生存和发展的根本。

资本增值获利能力是资金周转营运能力的结果，是资金流动偿债能力的基础，具有综合性和核心性。

表示酒店资本增值获利能力的指标较多，主要有销售利润率、客房收益率、资产收益率、资本保值增值率和市场价值率五个方面。

### （一）销售利润率

销售利润率是指利润与销售收入净额之比，主要有毛利率和净利率两个指标。

1. 毛利率

毛利率表示每元销售收入有多少可以用于各项期间费用和形成税前利润。其计算公式为：

$$毛利率=\frac{毛利润}{销售收入}$$

其中，毛利润仅指销售收入扣除销售成本（包括流转税）后的余额。

毛利率的作用在于：(1) 揭示企业销售产品的主营业务的获利能力；(2) 反映占企业费用支出最主要部分的销售成本对企业当前利润的直接影响；(3) 可以看出售价、流转税对企业获利能力的影响；(4) 估计企业承担销售费用、管理费用、财务费用等期间费用的能力。

2. 净利率

净利率反映每元销售收入带来多少元税后净利润。其计算公式为：

$$净利率=\frac{净利润}{销售收入}$$

其中，净利润是指扣除所得税后的利润。

净利率受行业特点影响较大。竞争方式、经济条件、筹资方法、资本结构及营业特点等因素，都会使不同企业的净利率不一致。

### （二）客房收益率

客房收益率是反映酒店客房经营成果的指标，是酒店实际实现的销售收入与潜在的销售收入的比值。其计算公式为：

$$客房收益率=\frac{实际客房销售收入}{潜在客房销售收入}\times100\%$$

$$=\frac{实际租出客房数}{客房总数}\times\frac{日平均实际房价}{日平均潜在房价}$$

$$=客房出租率\times房价实现率$$

其中，

实际客房销售收入＝实际租出客房数×日平均实际房价

潜在客房销售收入＝客房总数×日平均潜在房价

$$日平均实际房价=\frac{客房总销售额}{客房总销售数}$$

$$房价实现率=\frac{日平均实际房价}{日平均潜在房价}\times100\%$$

客房收益率指标兼顾了客房出租率与房价两大要素，为了解酒店企业的客房获利能力提供了一种全面、客观的评估手段。

### （三）资产收益率

资产收益率包括总资产收益率和净资产收益率。

#### 1. 总资产收益率

总资产收益率是指酒店税后净利润加利息支出之和与平均资产总额的比率。总资产收益率用于衡量酒店运用全部资产（投资总额）产生利润的能力，反映酒店全部资产使用的综合效果和全面经营效率。其计算公式为：

$$总资产收益率=\frac{税后净利润+利息支出}{平均资产总额}$$

其中，

$$平均资产总额=\frac{期初资产总额+期末资产总额}{2}$$

总资产收益率一方面反映了所有者和债权人提供资本的获利能力（即投入产出能力），另一方面反映了酒店管理资产、利用资源的效率。这个指标的高低与酒店的资产存量、资产结构、资产增量密切相关，综合体现了酒店的经营管理水平。

#### 2. 净资产收益率

净资产收益率也称所有者权益报酬率，是指净利润与所有者权益之比，是所有者投资的投资利润率。其计算公式为：

$$净资产收益率=\frac{净利润}{平均所有者权益}$$

其中，平均所有者权益是指资产总额减去负债总额后的净资产的期初、期末平均数。

净资产收益率反映了所有者投资的收益水平。

### （四）资本保值增值率

资本保值增值率是在不考虑货币时间价值和物价变动因素影响的情况下，期末所有者权益与期初所有者权益的比率。其计算公式为：

$$资本保值增值率=\frac{期末所有者权益}{期初所有者权益}$$

资本保值增值率指标反映了酒店的资本保值和资本增值，等于 1 为保值，大于 1 为增值。

### （五）市场价值率

市场价值率是反映上市公司财务状况、股票价格和盈利能力的重要指标。上市公司是指股票经过批准已公开挂牌上市交易的股份有限公司。市场价值率主要包括每股收益率、市盈率、市净率和股利支付率。

1. 每股收益率

每股收益率的计算公式为：

$$每股收益率=\frac{净利润-优先股股利}{流通在外的普通股股数}$$

2. 市盈率

市盈率是指每股市价与每股净利润之比。其计算公式为：

$$市盈率=\frac{每股市价}{每股净利润}$$

该指标表示投资者对每赚一元税后利润所愿支付的股票价格。该指标的倒数是以股票市价计算的股东投资报酬率。因此，市盈率越高，表示股东所要求的投资报酬率越低。股东如果愿意接受目前较低的投资报酬率，可能是公司预期股票会增值或税后利润会增加，而愿冒此投资风险。

一般认为市盈率以 10～20 为正常。市盈率小说明股价低，风险小；市盈率大说明股价高，风险大。发展前景较好的企业通常都有较高的市盈率，发展前景不佳的企业市盈率也就较低。

3. 市净率

市净率又称净资产倍率，是指普通股每股市场价格与每股账面价值的比率。其计算公式为：

$$市净率=\frac{每股市场价格}{每股账面价值}$$

$$每股账面价值=\frac{所有者权益总额-优先股权益}{流通在外的普通股股数}$$

市净率反映了普通股票本身价值的大小，市净率越大，股票的价值越高。因此，该指标反映了企业潜在的发展能力。

4. 股利支付率

股利支付率是每股股利与每股收益的比率，也可以表示为分配的现金股利总额与税后净利润总额的比率，即当前净利润中有多少用于支付股利。其计算公式为：

$$股利支付率=\frac{每股股利}{每股收益}\times100\%$$

$$=\frac{分配的现金股利总额}{税后净利润总额}\times100\%$$

其中，

$$每股股利=\frac{分配的现金股利总额}{流通在外的普通股股数}$$

股利支付率表示属于普通股东的收益中，已经以现金支付部分所占的比例，其高低只取决于企业的股利政策，即在实现的净利润中，留归企业发展和向股东发放股利的分配关系。这种股利政策往往会影响股票价格。股东有时以每股股利除以每股市价来衡量其投资收益率的大小，以取得股利收入为主要目标的长线投资股东，尤其重视这一现金报酬率或股息率。

## 模块小结

效益是根本，现代酒店开展经营管理活动的主要目的就是取得良好的经营绩效。酒店经营绩效的分析与评价，为酒店经营者了解经营现状，分析经营中产生问题的原因，以及改进经营绩效的决策活动，提供了有益的帮助。

绩效评价是指根据确定的目的来测定对象系统的属性，并将这种属性变为客观定量的计值或者主观效用的行为。酒店绩效评价可从财务指标与非财务指标两方面进行，采用国际流行的平衡计分卡方法，从财务维度、顾客维度、内部业务流程维度、学习和成长维度四个方面，构建酒店绩效评价的指标体系。

酒店绩效评价指标的分析，主要针对偿债能力、营运能力和获利能力三个方面。通过上述分析，确定酒店企业的偿债能力和经营业绩，将反映过去的经营成果和财务状况的企业财务报表数据信息，转变成预计企业未来的有用信息。

## 同步练习

### 一、问题思考

1. 酒店绩效评价系统由哪些要素构成？
2. 什么叫平衡计分卡？它的核心思想是什么？
3. 酒店偿债能力分析的指标有哪些？
4. 从哪些方面可以了解酒店的营运能力？

5. 反映酒店获利能力的指标有哪些？

**二、课堂交流**

以3～4人的小组为研究单位，通过互联网查找资料，进行以下问题的研究，做出调研报告，编制PPT文件，在课堂上交流分享。

1. 中国酒店运营能力指标的解析。

2. 解读以下实例参考——2024年度中国酒店业经营情况分析。

**实例参考**

## 2024年度中国酒店业经营情况分析

2024年，中国酒店业在复杂的市场环境中持续发展，经历了供需结构调整、市场竞争加剧等挑战，同时也呈现出一些新的变化和趋势。通过对相关数据的深入分析，可以清晰地了解这一年酒店业的经营状况。

**一、规模与结构**

1. 整体规模扩张

中国饭店协会发布的《2025中国酒店业发展报告》显示，截至2024年12月31日，中国住宿业设施总数为57.0万家，客房总规模达1 927.8万间。其中，酒店业设施为34.87万家，客房总数为1 764万间，均创历史新高，全国规模酒店总量净增长近3万家，成为近五年增长最快的一年。

2. 档次结构变化

从档次分布来看，2024年中国经济型（二星级及以下）酒店仍占据较大比重，设施数约为27.1万家，占比为77.80%，客房数约为961.2万间，占比为54.48%。但从2018—2024年的动态变化来看，经济型酒店占比逐渐下降。与此同时，中档（三星级）、高档（四星级）酒店占比提升明显，其中中档酒店设施数为5.1万家，占比为14.58%，客房数约为398.5万间，占比为22.59%；高档酒店设施数为2.1万家，占比为6.07%，客房数约为269.3万间，占比为15.26%。这反映出国内消费市场对住宿需求的升级。

3. 连锁化发展

中国酒店客房总数中连锁客房数约为707万间，客房连锁化率为40.09%，较2023年略有回落。不过，头部酒店集团增长较快，2024年度中国规模前50家酒店集团营业客房数和营业门店数分别同比增长13.17%和14.03%。经济型客房连锁化率由上年的32.49%下滑至29.96%，而中端客房连锁化率由上年的43.35%提升至44.70%，高端客房连锁化率由上年的55.07%提升至55.33%。

## 二、经营指标

1. 出租率与房价

2024 年，国内酒店的整体平均可出租客房收入（RevPAR）为 118 元，同比下降 9.7%；入住率为 58.8%，同比下降 2.5%；平均房价为 200 元，同比下降 5.8%。从不同档次酒店来看，五星级酒店全国 826 家平均房价为 667.59 元，平均出租率为 62.08%，RevPAR 为 414.44 元，同比上升 5.21%；50 个城市 576 家五星级酒店平均房价为 710.09 元，平均出租率为 64.50%，RevPAR 为 458.01 元，同比上升 1.19%。四星级酒店全国 2 372 家平均房价为 332.31 元，平均出租率为 55.84%，RevPAR 为 185.56 元，同比下降 6.38%；50 个城市 1 079 家四星级酒店平均房价为 380.95 元，平均出租率为 59.67%，RevPAR 为 227.31 元，同比下降 4.72%。三星级酒店全国 4 225 家平均房价为 229.78 元，平均出租率为 55.09%，RevPAR 为 126.59 元，同比上升 8.74%；50 个城市 1 387 家三星级酒店平均房价为 277.17 元，平均出租率为 59.39%，RevPAR 为 164.61 元，同比上升 3.04%。以锦江集团和如家集团属下酒店为例，中端和经济型酒店的平均房价、平均出租率和 RevPAR 大多呈现下降态势。如 2024 年锦江集团属下中端酒店平均房价为 263.19 元，下降了 1.86%，平均出租率为 81.13%，下降了 3.87%，RevPAR 为 213.53 元，下降了 5.66%。

2. 营收与利润

据澎湃新闻不完全统计，6 家主要上市酒店企业的营业收入有 3 家录得同比增长、3 家录得同比下滑；归母净利润方面 2 家录得同比增长、4 家录得同比下滑。华住集团以约 238.91 亿元的营业收入遥遥领先境内其他酒店企业，同比增长 9.18%。营业收入规模位列第二的锦江酒店 2024 年营业收入约 140.63 亿元，同比减少 4%。亚朵集团 2024 年营业收入约 72.48 亿元，同比增长 55.34%；归母净利润约为 12.75 亿元，同比增长 73.01%，是 6 家酒店中营收和净利润增速最高的。而华天酒店录得约 1.26 亿元的亏损，同比增亏 44.34%，归母净利润降幅最大。

## 三、市场竞争与发展策略

1. 竞争加剧与“价格战”

随着酒店数量的快速增长，市场逐渐呈现供大于求的局面。2024 年，各酒店集团新开业的酒店数量较多，如锦江酒店新开业 1 515 家、首旅酒店新开业 1 353 家、亚朵集团新开业 471 家。市场竞争愈发激烈，降价竞争成为常见手段，进一步导致酒店利润下降，经营指标下滑。在酒店同质化的情况下，当周边酒店采取降价策略时，同业者往往被迫跟进以争夺客源，导致房价体系陷入无序竞争，整体市场“内卷化”严重。

2. 寻找新增长点

面对主营业务承压的情况，各酒店集团纷纷寻找新的增长点。亚朵集团的零售业务发展迅速，2024 年集团零售业务商品交易总额（GMV）达到 25.92 亿元，同比增长 127.7%，零售业务成为其重要的增量。首旅酒店则成立全资子公司“诺金国际酒店管理有限公司”，全面统筹集团旗下高端奢华品牌，逆势加码高端赛道。

2024 年中国酒店业在规模扩张的同时，面临着经营指标下滑、市场竞争激烈等挑战。消费升级推动了酒店档次结构的调整，中高端酒店发展态势良好。各酒店集团在竞争中积极探索新的发展策略，以应对市场变化。未来，随着经济持续回暖和国家相关政策的落地，以及国际入境旅游的持续扩容，酒店行业有望迎来新的发展机遇，但也需要在市场竞争中不断提升自身的竞争力和服务质量，以实现可持续发展。

# 模块十 酒店业的数字化发展

学习目标

**知识目标**

- 了解中国酒店业数字化发展的历程
- 熟悉数字化对酒店业产生的影响
- 掌握数字技术在酒店业应用的主要体现

**能力目标**

- 能对酒店业数字化发展提出自己的见解
- 能对酒店业数字化发展的特点进行归纳分析
- 能说明酒店业数字化发展对行业的意义

**素养目标**

- 通过酒店业数字化转型趋势的调研，培养思考和解决问题的创新能力
- 通过现代信息技术手段的应用，提高寻找、阅读酒店资料的学习能力

# 项目一 中国酒店业数字化发展历程

中国著名的酒店科技公司“石基”发布了《中国酒店业数字化转型趋势报告》，报告在对中国酒店业数字化发展历程、转型路径等进行梳理的基础上，分析了当前酒店业数字化转型的趋势。根据《中国数字经济发展研究报告（2023年）》，2022年中国服务业数字经济渗透率已达44.7%，高于农业和工业。酒店业作为传统服务行业，数字化水平尚未成熟，但是发展趋势不可阻挡。

显然，中国酒店业数字化的推进是一个逐渐深入的过程。1998年，携程旅行网成立，开启了中国酒店业电子商务的发展之路，酒店业也成为最早拥抱互联网的行业之一。之后，随着酒店营销渠道多样化程度加剧、移动互联网技术的成熟以及短视频等模式的落地，酒店业数字化发展的内涵和外延也变得越来越丰富。从整体来看，中国酒店业数字化的发展经历了两个大的时代，即信息化时代和数字化时代。

## 一、信息化与数字化

信息技术和数字技术在过去二十多年的时间里经历了蓬勃的发展，也形成了较为成熟的模式。数字化是信息化的高级阶段，数字技术是信息技术发展的必然产物，数字技术是对数据进行存储、清洗、加工、分析、挖掘，从数据中发现规律的技术。在信息时代早期，数字技术泛指信息处理能力，但随着大数据、云计算技术的普及，数字技术不仅包括信息系统，还包括数据处理和对数据进行应用。

2011年，Gartner公司对数字化提出了明确的定义：数字化是开发数字技术和支持功能以创建强大的新数字业务模型的过程。简而言之，数字化会带来颠覆性的创新，数字技术让人类能够借助计算机的信息处理能力认知这个世界，在提升人类认知的同时，影响人类的思考、帮助人类决策。

信息化和数字化的差异可以通过表10-1体现。

**表10-1 信息化和数字化的差异**

| 区别 | 信息化 | 数字化 |
| --- | --- | --- |
| 理念不同 | 管理信息化提供参考 | 数字化提供决策 |

续表

| 区别 | 信息化 | 数字化 |
| --- | --- | --- |
| 方法不同 | IT系统出发点是流程，着眼于提升流程效率 | 数据直接驱动经营和管理运营 |
| 应用范围 | 信息化通常是IT部门的作业，极少有跨部门的融合，其价值主要在于提升工作效率 | 数字化是跨部门系统融合，强调数据为业务赋能，精准洞悉营销管理和运营决策 |
| 效果不同 | 信息化提升企业效率，但是没有改变业务模式 | 数字化改变企业商业模式，改变企业获得利润的方法 |

## 二、酒店业数字化发展阶段

目前，中国酒店业信息化、数字化发展已有二十多年，在整个发展历程中，许多时间节点和大事件值得人们关注，这也是中国酒店业数字化发展史上比较重要的几个里程碑，对酒店业发展影响深远。

中国酒店行业数字化发展大致可分为三个阶段：

### （一）信息化发展阶段（1999—2017）

1999—2015年，在互联网浪潮的席卷下，酒店业营销开始大量从传统的线下转移到线上。在这个阶段，以携程网为代表的OTA（Online Travel Agency，在线旅行社）等电子商务企业，是酒店获得散客的主要渠道。因此，网上预订已成为酒店最基本的信息化步骤和渠道发展策略。

2015年，酒店信息技术发展迈入关键时期，行业的数据意识开始崛起。线上化、移动化、无线技术和大数据是这一发展阶段的主要内容。在这个时期，酒店业信息化建设基本完成，但数据效能还未被激发，行业对数字化转型认知也不够充分。

这个阶段的标志性事件如下：

1999年，携程旅行网成立，开启了中国酒店业电子商务的发展之路。

2006年，以携程为代表的OTA收购或投资PMS厂商，抢占数据入口。

2013年，PMS厂商纷纷开启云转型。

2015年，微信开始发力酒店行业、飞猪推出信用住。

2017年，酒店自助机和酒店服务机器人开始面向行业推广。

### （二）数据化及平台化阶段（2018—2021）

2018年，酒店行业迎来技术应用爆发期。人工智能、大数据、物联网等新技术加速落地，在此背景下，石基等科技公司凭借云服务、系统集成等创新方案，深度赋能酒店数字化升级，推动行业数字化转型进程加速。

2018年，由阿里巴巴集团打造的全国首家未来酒店菲住布渴开门迎客，这是行业内里程碑式的大事件。通过物联网与智能技术的应用，该酒店实现了 AI 智能服务与全场景身份识别。“去前台化”的概念也在酒店行业开始逐渐深入。

在这一发展阶段，行业的营销环境发生了剧变，经历了从交易类电商、内容类电商到短视频电商的迭代。酒店也在积极布局新零售场景，打造差异化竞争优势。与此同时，由于受外部环境的影响，这个阶段酒店业在数字化变革上更为积极和开放。从直播带货营销，到拥抱“无接触服务”，传统意义上的酒店形象开始逐渐被“颠覆”。

这个阶段的标志性事件如下：

2018 年，阿里巴巴“无人酒店”菲住布渴开业，百度发布 DuerOS 行业解决方案。

2019 年，石基联手中旅集团，落地行业首个高星级酒店管理集团企业数据平台。

2021 年，万达推出了自研的微信小程序订房平台、微信商城等营销工具，并为市场营销部门配备了 IT 开发人员以支持酒店板块业务的营销系统运维和迭代。

### （三）数智化阶段（2022 年至今）

2021 年，携程首个官方品牌“星球号”正式开通，聚合品牌产品、内容和活动；抖音正式加入文旅产业，重点发力酒旅市场；航旅纵横在原有航空服务基础上也增添了酒店预订业务……在这个阶段，整个酒店行业的营销数字化进一步提升，线上产品内容进一步多样化，品牌化建设和营销成为酒旅行业新的发展趋势。

与此同时，随着各大连锁酒店集团数字化转型战略的进一步渗透，数据价值在酒店营销、管理、服务中的优势也进一步凸显，将在未来更多赋能酒店服务和管理，提升行业整体发展水平。

# 项目二　数字化对酒店业的影响

数字化赋能已经成为传统酒店发展的重要驱动力，酒店通过数字化转型，将数字技术运用于酒店运营管理和服务的各个环节，可以让酒店的成本控制更有效，服务更精细，服务流程更顺畅，整体收益更加可持续，从而让酒店业实现高质量发展。

## 一、酒店数字化转型

酒店数字化转型需要从顾客、运营、产品、组织和战略五大层面进行，最终使酒店在顾客、运营、产品、组织和战略这五个方面都实现效能提升，优化酒店经营决策。

### （一）顾客方面

酒店需要了解顾客的需求、偏好、行为和反馈，这些都可以利用信息技术和数字技术更便捷地获取和实现，从而帮助酒店为顾客提供个性化、便捷化、智能化和安全化的服务体验，提升顾客满意度和忠诚度。

### （二）运营方面

酒店需要利用数据、连接和智能等技术手段，实现对客房设备、服务流程、员工行为等方面的可视化管理和优化，降低运营成本，提高服务质量，增强管理水平。

### （三）产品方面

酒店需要利用数字技术打造更多差异化和创新性的产品和服务，满足顾客多元化和个性化的需求，提升产品价值和竞争力。

### （四）组织方面

酒店需要调整组织结构、流程、文化和人才等方面，适应数字化转型带来的变革，提升组织效率和协同能力。

### （五）战略方面

酒店需要利用数据分析和智能决策，发现市场机会和潜在风险，制定更合理有效的战略规划，提升酒店的竞争力和盈利能力。

## 二、数字化对酒店业的影响

数字化对酒店业的影响主要体现在营销数字化、服务数字化和运营数字化三个方面。

### （一）酒店营销数字化

我国酒店业在经历了传统营销时期、互联网营销时期后进入当前的数字化营销时期，很多连锁酒店倾向于使用各种来自不同技术服务商的系统来进行营销和获客，如 CRM（Customer Ralationship Management，客户关系系统）、网站管理、SEO（Search Engine Optimization，搜索引擎优化）、SEM（Search Engine Marketing，搜索引擎营销）等。这些数字技术在提升酒店营销效率上起到了至关重要的作用。

尽管传统 OTA 平台仍然是消费者预订的主要渠道之一，但是微信、支付宝、抖音、小红书等平台已逐渐被消费者接受和喜爱，成为当前移动互联网时代帮助酒店获客和构建私域流量的重要平台。

《中国高星级酒店数字化营销创新发展趋势报告》显示，近年来，中国酒店数字化产品和数字化渠道服务会员均实现了两位数增长。此外，随着酒店数字化营销水平的提升，高星级酒店消费客单价达到 1 023 元，是自 2016 年以来的最高值。从高星级酒店消费者分层数据来看，每年消费金额在1 000元以下的会员在减少，每年消费金额在1 000元以上的会员在增加，其中，每年消费超过1万元的高消费者增幅最大。

酒店通过深化与线上渠道及社交媒体的合作，开拓直销渠道，打通线上线下会员体系，提供更多的差异化会员权益，激励顾客持续使用酒店的服务和产品，利用数字化技术进行内容营销，提升顾客留存率和客单价。

### （二）酒店服务数字化

数字化服务也可以使酒店更好地了解顾客的需求和习惯，为顾客提供更加个性化、专业化的服务。如前所述，酒店倾向于使用各种来自不同技术服务商的系统来进行营销和获客，这些数字技术不仅提升了酒店营销效率，还为提升酒店服务质量和顾客满意度提供了技术支撑。酒店通过整合这些营销系统的数据，了解过往最有价值的客户最近一次消费情况、消费频率，明确他们的个人偏好、入住和预订行为，进而可以实现个性化精细服务。

在服务流程中，酒店服务数字化主要体现在顾客便捷预订、酒店智能前台对客服务和智慧客房提升入住体验这三个高频场景。

#### 1. 顾客便捷预订

顾客通过移动应用程序、智能终端、人工智能等技术手段，可以更加方便、快捷地进行酒店预订及获取当地旅游信息。

#### 2. 酒店智能前台对客服务

酒店通过无人化前台，实现入住、退房、发卡、开发票等全程顾客自助服务功能，优化顾客入住流程，缩短顾客入住办理时间，提升顾客满意度。

#### 3. 智慧客房提升入住体验

酒店通过智能设备和手机小程序，实现客房的温度、灯光、娱乐等方面的智能控制和个性化定制，有利于提升顾客住宿体验和忠诚度。

### （三）酒店运营数字化

酒店利用数字技术手段，实现对客房设备、服务流程、员工行为等方面的可视化管理和优化，大大降低了酒店运营成本，提升了管理水平。

在运营数字化方面，酒店主要通过设备管理平台和数据管理系统进行。

（1）设备管理平台：酒店通过设备管理平台，实现酒店客房设备的可视化管理，并提供实时监测和预检修服务，降低设备故障率和运维成本，提高设备利用率和安全性。

（2）数据管理平台：酒店通过数据管理平台，实现用户数据、成本数据等的收集、分析和展示，在用户行为分析、能耗管理、用工管理等方面能精细化和高效运营。

# 项目三　数字技术在酒店业的应用

数字技术在酒店业的应用主要体现为：数字化的设施设备、数字化营销推广及智慧酒店的出现。

## 一、数字化的设施设备

酒店数字化设施设备主要体现在酒店智慧客房和酒店数字化支付及发票系统。

客房作为酒店设施设备最主要的产品和设备的载体，在酒店数字技术应用过程中成为酒店企业和顾客关注的重点。

### （一）酒店智慧客房

智慧客房是酒店设施设备数字化的典型呈现，其智慧化程度也和顾客满意度直接关联。酒店智慧客房将先进的物联网技术与传统酒店服务相结合，为顾客提供一种全新的住宿体验。智慧客房不仅具备传统客房的基本功能，如床铺、卫生间等，还拥有一系列智能化的服务设施，如智能门锁、语音助手、空气净化管理系统、灯光能源管理、机器人服务等。这些设施的出现，使顾客在入住期间能够享受到更为便捷、舒适的服务。其中，智慧门锁是当前酒店智慧客房的典型设施，也是顾客感受智慧客房的起点。

20 世纪 90 年代初，中国极少数几家五星级酒店使用进口的磁卡门锁。2000 年后，酒店陆续开始使用电子门锁系统，这是一种基于计算机加密技术，在传统机械门锁的基础上加装电子模块的门锁系统，解决了传统门锁的缺陷，不仅可以通过后台查询门锁的操作数据，还可以设置多种房卡类型（见表 10－2），便于酒店统一管理，其优越性得到了酒店的公认。

**表 10－2　电子门锁系统常见房卡类型**

| 房卡类型 | 主要功能 | 主要使用人 | 使用场景 |
|---|---|---|---|
| 普通卡 | 控制一把门锁的开启 | 入住顾客 | 日常入住使用 |
| 楼层卡 | 控制一批门锁的开启 | 楼层服务员 | 日常工作使用 |
| 经理卡 | 控制所有门锁的开启，不可开启反锁房 | 客房经理 | 日常管理使用 |
| 总控卡 | 控制所有门锁的开启，可开启反锁房，无法开启没电的门锁 | 管理人妥善保管 | 用于应急事件，如顾客醉酒、伤亡等 |

续表

| 房卡类型 | 主要功能 | 主要使用人 | 使用场景 |
|---|---|---|---|
| 机械钥匙 | 控制所有门锁的开启，可开启反锁房，可开启没电的门锁 | 管理人妥善保管 | 用于应急事件，如顾客醉酒、伤亡等，开启应急门锁 |
| 数据卡 | 可读取门锁的操作数据 | 妥善存于前厅部 | 特殊卡，读取数据 |

随着移动互联网技术的发展，酒店电子门锁出现了创新形式——智慧门锁，如智能手机开锁、微信小程序开锁、智能手表开锁和人脸识别开锁的方式。这些智慧门锁的创新方式解决了酒店电子锁门卡磁条消磁、住客遗忘或者丢失房卡的尴尬，是酒店设施设备智慧化、数字化的典型呈现方式。

### （二）酒店数字化支付及发票系统

1. 数字化支付系统

（1）二维码支付。

酒店使用二维码支付，给顾客提供了很大的方便，但对酒店而言，其管理和控制难度加大。但是将酒店管理系统和支付系统整合，可以大幅度提高收银和财务管控效率。

二维码支付常用的两种方式有顾客扫描酒店二维码支付和酒店用扫码枪和扫码盒扫描顾客二维码进行收款，这两种方式都使得酒店收款效率大幅提高。

（2）聚合营销支付体系。

在移动支付逐渐普及后，企业将支付系统与营销整合在一起，被称为聚合营销或聚合支付营销，是在支付的基础上融合会员卡、优惠券、积分、储值等功能，在便捷支付的同时提升酒店营销效率。

2. 酒店数字化发票系统

酒店数字化发票系统能优化财务管理，提升顾客体验，是酒店驱动经营最为重要的数据源头之一，主要体现为电子发票和二维码发票辅助系统。

（1）电子发票。

电子发票是信息时代的产物，同普通发票一样，采用税务局统一发放的样式给商家使用，发票号码为全国统一编码，采用统一防伪技术，分配给商家，电子发票附有电子税务局的签名机制。

（2）二维码发票辅助系统。

发票开具非常重要，但输入发票信息费时费力、出错率高，是一种烦琐和耗时的重复劳动，尤其是为顾客第一次开具发票时，所有信息都需要输入，开具发票时间经常超过办理结账退房的时间。

为了简化发票开具流程，2021 年后酒店开始陆续使用扫码开票辅助系统，如微信发票助手、支付宝发票管家等。使用方法是顾客扫描二维码，将开票信息传送给酒店发票系统，酒店可以实现发票“秒开”。这种方式是使用网络传输信息代替语言传输，效率和准确性大幅提升。

阅读资料

## 华住集团开出酒店行业第一张电子专票

2021 年 1 月 18 日，华住集团旗下的杭州汉庭四季青门店成功开出了行业首张电子专票，充分体现了华住作为一家技术驱动的酒店管理公司在产业互联网或数字化转型中所充当的引领示范作用。

电子发票作为新时代的大基建，能优化财务管理，提升顾客体验，其票面要素包括众多“鲜活”的信息，本身就是酒店顾客画像、驱动经营最为重要的数据源头之一。为了让数字化管理完成全链路闭环，华住集团选择了百望云的数字化解决方案，以发票数字化为杠杆，推动自身数字化管理系统的深化。

华住集团成立于 2005 年，经过 20 年的发展，旗下已拥有多个酒店品牌。截至 2025 年第一季度末，华住经营酒店数量为 11 685 家，拥有 1142 158 间在营客房。根据 2023 年美国《HOTELS》杂志公布的“全球酒店集团 325 强”（HOTELS 325）的最新排名，华住集团位列第 6，并在酒店管理公司 Top 10 榜单上名列榜首。作为酒店行业龙头企业，坚持为行业树立标杆是华住集团的隐性责任之一，积极响应国家政策自然也是当仁不让的选择。

2020 年，我国发票电子化改革进入关键阶段。12 月 21 日，宁波作为首个试点城市，成功开具全国首张增值税电子专用发票，标志着电子专票正式投入使用。同月 20 日，国家税务总局发布 2020 年第 22 号公告，明确自 12 月 21 日起，将天津、上海等 11 个地区纳入电子专票试点范围。2021 年 1 月 21 日，试点范围进一步扩大至北京、大连等 25 个地区。政策的规范与引导是所有企业财税数字化的敲门砖，而数字化运营的战略实施则是另一重推动华住集团的动力。以数据驱动业务增长，华住集团特别注重利用创新技术来实现酒店高水平的运营。在场景落地、顾客体验方面，华住集团有切身的观察，而百望云是商业数字化领域的专家，双方选择联手优化华住集团的发票数字化管理流程。

百望云通过梳理华住集团的系统架构，从开具发票的入口开始，统筹规划进、销项管理，建立业财税数据统一处理模式，完成数据的自动化匹配，以及财务报销、财务审核的在线流程，健全发票数字化的全生命周期管理，在降本增效的同时，也减少了税务风险。进项管理层面实现了增值税专用发票的批量查验、集中认证和高效抵扣，以及海量报销票据的在线审验，整体提升了财务端的处理效率。在前端建立的一键开票、纸电一体化操作方式，解放了多种应用场景下的生产力，最为直接地提升了酒店顾客的体验。

在销项管理层面，华住集团的业务系统和百望云的销项系统集中对接，实现了全集团销项数据的统一管控，各分店既可实现消费者自助申请，及时获票，集团总部也能实现对各网点开具数据的监控，降低涉税风险。发票数据实时上传，与业务数据、财务数据产生联动，形成更高维度的数据分析，助力企业消除开具发票过程中可能存在的错开、漏开等问题。

通过对发票系统进行数字化的变革，华住集团联手百望云共建了一个完善的发票数字化生态，加强了对发票整个流程的控制，标准化、简洁的操作方式节省了大量的人力物力，降低了税务风险。

## 二、数字化营销推广

数字化赋能在酒店营销推广的应用上主要体现为建设数字化直销渠道和酒店新媒体推广两大模块。

### （一）建设数字化直销渠道

1. 直销渠道的新发展

对于酒店直销而言，销售的主体是酒店，既可以是单体酒店本身，也可以是酒店集团。在互联网技术发展之前，直销是酒店最基本的销售方式，尤其面向协议公司、团队、宴会销售时，直销能发挥酒店本地化的优势。只有在散客市场，酒店会借助旅行社、呼叫中心等拓展异地市场。当然，在特别重要的异地市场，酒店也会建立跨城市的区域办公室来拓展业务。

互联网的出现进一步拓展了酒店直销的工具，最初是建立酒店官方网站。1995 年，凯悦酒店集团率先建立了酒店官方网站；1995 年，万豪旗下的万怡酒店率先推出了真正意义上的在线预订功能。

随着信息技术和移动互联网的发展，酒店直销渠道从官网拓展到移动端，如微信公众号和小程序、抖音直播平台、小红书等，也包括在京东、天猫、飞猪等平台开设旗舰店，酒店直销与分销之间的界限越来越模糊。例如：酒店集团在飞猪、京东等电子商务平台开设集团旗舰店，或者运用微信公众号、抖音号、今日头条等社交媒体平台提供预订服务，如果账号的主体是酒店或酒店集团，尽管酒店需要向平台方支付费用或者佣金，但依然属于直销范畴。

酒店直销的判断标准是：酒店是否对产品的价格、数量有最终控制权和自由定价权；酒店是否对顾客的会员和预订等信息拥有所有权。

2. 酒店直销渠道和分销渠道

由于分销商佣金太高，多年来酒店直销一直热度不减，试图打造直销体系摆脱对分销的依赖。从历史角度来看，酒店直销和分销将在很长一段时间中继续共存。

首先，酒店直销模式历史悠久，网络分销则是直销发展与技术迭代的产物。从全球视角来看，作为行业先驱的SABRE（原名为美国航空内部预订系统“半自动化商务研究环境”），最初仅是美国航空用于航班预订与座位管理的直销工具。随着业务规模扩张与技术成熟，SABRE于1976年独立运营，逐步发展为服务全球的旅游分销系统（GDS），印证了直销向分销模式演进的历程。在国内，以铂涛集团、华住集团、开元集团为代表的酒店企业，即便已凭借成熟的直销体系实现稳健运营，仍积极拥抱分销渠道。它们通过与OTA等分销机构建立合作，整合双方资源优势，在扩大客源覆盖、提升品牌曝光的同时，也为消费者提供了多元便捷的预订选择，实现企业与分销机构的互利共赢，共同推动酒店行业生态的繁荣发展。

其次，各大酒店、连锁集团试图通过联盟、合作的形式对抗分销渠道，从全球角度看并没有成功的先例。例如：2005年，万豪、洲际、希尔顿、喜达屋、凯悦等行业巨头为对抗Expedia等预订网站，联合推出Travelweb. com并提供最低的客房价格，但最终依然难以抵挡OTA的竞争。2012年，精品国际、希尔顿、凯悦、洲际、万豪和温德姆联手推出新的酒店垂直搜索工具RoomKey，初衷是聚合品牌官网库存以提升直销比例。但在2020年正式关停。在国内，2015年华天、城市名人、开元、纽宾凯、曙光和粤海成立酒店联盟体对抗分销机构，但这些机构最后都无疾而终。

在信息化飞速发展的今天，酒店业要正确看待网络分销渠道，利用好数字化赋能直销渠道的建设，实现直销、分销的平衡发展，才是符合行业发展趋势的长久之策。

案例分析

**A酒店为何直销难？**

A酒店是一家位于海南三亚的知名五星级酒店，该酒店服务质量优异，顾客满意度极高，重复消费的顾客占绝大多数，住过酒店的顾客纷纷表示以后不但自己会来，还要带家人来、推荐朋友来。

但该酒店的OTA分销占比很高，顾客不但在第一次预订时使用分销渠道，在后续预订时依然选择分销渠道。据调查，顾客预订时有很大比重在携程小程序或者App上直接进行，还有很大比重在百度上搜索“A酒店”，并在搜索结果中的某些链接网站中进行预订。

经研究发现，这些搜索结果都是OTA分销机构的网站，还有两个搜索结果伪装成酒店的官方网站，而真正的酒店官方网站在搜索结果的第二页才能被找到。所有这些都导致A酒店直销比例很低。

### （二）酒店新媒体推广

1. 新媒体推广的概念

新媒体推广是指企业运用新媒体进行宣传、推广以获取用户流量的行为，它包括品牌宣传（广告）、公关、促销等一系列的营销行为。

新媒体并不是一个新名词，而是一个相对的词汇。传统媒体时代，广告传播主要依靠报纸、期刊、广播、电视等，广告的定价依据是频道、频率、时间、版面等，媒体覆盖的广度就是广告传播效果的评价指标。新媒体是利用数字技术，通过计算机网络、无线通信网等媒介，依托计算机、手机、数字电视等终端设备，向用户提供信息和服务的传播形态。在新媒体时代，广告发生了很大的变化。新媒体的不断涌现为酒店提供了直接面向受众和消费者传播信息的新渠道，社交化传播效应又可以让新媒体推广的效果倍增。

在酒店业，新媒体推广是运用互联网，尤其是移动互联网技术，传播和推广酒店企业品牌、产品等信息，最终实现企业营销的利器。从本质上看，新媒体推广只是一种获取流量的手段，并不属于直销或者分销。如果是酒店企业或者酒店集团使用新媒体获取流量并实现了转换，就属于直销；如果是分销机构使用新媒体获得流量，则归类为分销。

2. 新媒体推广的主要方式

当前最主要的新媒体推广方式为搜索引擎推广和社交媒体推广。

（1）搜索引擎推广。

搜索引擎是指根据一定的策略从互联网上采集信息，将检索的相关信息展示给用户的系统，如百度、搜搜、谷歌等。酒店搜索引擎推广就是基于搜索引擎平台的网络推广，利用顾客对搜索引擎的依赖和使用习惯，在其检索信息的时候将酒店的客房等产品信息传递给目标顾客。

搜索引擎的本质是建立顾客想法（关键词）和网络信息（网址）之间的关联信息，其搜索结果对顾客影响很大，广告效果非常明显，是酒店、OTA 获取流量的最主要阵地之一。自 2000 年起的十多年时间里，搜索引擎一直是顾客搜索信息的主要手段，也是互联网世界里最重要的存在之一。而在众多搜索引擎类网站排名中，百度位列中国第一。2013 年，百度广告收入超过中央电视台，成为中国广告收入最多的企业。

在移动互联网时代，App 和社交媒体成为最重要的应用场景，网站类搜索引擎推广的重要性和作用逐渐降低。自 2016 年起，百度的广告收入占比持续下降，搜索引擎的风头逐渐被大数据和人工智能推荐取代。

（2）社交媒体推广。

社交媒体也称为社会化媒体，指允许人们撰写、分享、评价、讨论、相互沟通的网站和技术。2004 年，马克·扎克伯格创建了 Facebook 网站，定位是“校园社交平台”。最初该网站只限于哈佛大学的学生注册，后来逐渐扩展到波士顿大学的学生也能使用，Facebook 被看作社交媒体的发端。目前国外社交软件有 Facebook、Instagram等；中国社交媒体经过多年的发展，目前典型社交媒体有微信、微博、小红书、抖音等。

社交媒体推广的意义在于企业可以借助这些社交媒体去倾听顾客的声音，宣传企业的产品，在潜移默化中影响顾客。与普通广告、搜索引擎等其他网络推广相比，社交媒体推广以信任为基础的传播机制以及用户的高主动参与性，更能影响用户的消费决策，并且为品牌提供了大量被传播的机会。

社交媒体推广的市场仍在不断扩大，成为一种全新的酒店营销模式。其用户黏性和稳定性高，定位明确，可以为酒店提供更细分的目标群体。目前酒店进行社交媒体推广的主要类型包括微博推广、微信推广、小红书推广、短视频推广和直播推广等。

## 三、智慧酒店的出现

随着“90后”“00后”逐渐登上历史舞台，消费主体的代际更迭带来的是对住宿过程中各消费场景的科技体验的追求，这就对酒店管理和服务提出了更高的要求。以互联网、大数据和人工智能等新兴技术为支撑的智慧酒店以其高效、智慧化的管理服务，满足了这个群体对高科技智能住宿的需求。可以说，智慧酒店是酒店数字化发展最终服务消费者的终端应用。

### （一）智慧酒店的概念

智慧酒店主要是指具备较为完善的智能系统，并且利用数字化技术完成酒店管理和服务信息化的酒店模式。智慧酒店管理模式主要依赖于数字化网络平台系统，开发相关的酒店管理系统，以实现酒店管理的高效化和信息化，是一种全新的酒店管理模式，不仅可以减少酒店管理的资金和人力投入，而且有利于开发客户群体，为客户提供更加优质、个性化的服务。

智慧酒店以信息化为手段，以数字化、智能化生态系统的搭建为载体，以客户为中心，以效益为目标，是大数据时代酒店业的新兴业态。

### （二）智慧酒店的特点

智慧酒店是迎合消费者和资本市场的双重利器，既是新概念的产生，同时也是提升酒店行业整体发展水平的主力军，更贴合《国务院关于进一步扩大和升级信息消费持续释放内需潜力的指导意见》的文件精神，具有以下三个方面的特点：

#### 1. 智慧酒店的设施设备数字化

智慧酒店通过设施设备数字化，提升酒店管理服务和运营的效能。

设施设备数字化包括硬件设施数字化，如通过智能门锁、智能家居、智能传感器等来实现房间的灯光、窗帘和电视等的智能控制。

设施设备数字化也包括软件平台，如PMS系统、数字发票及支付系统、数字化预订系统、数字化客房管理系统等。如PMS系统不仅要完成客户的预订、入住、退房等常规的业务办理操作，还要和其他的酒店进行系统对接工作。

#### 2. 智慧酒店的服务智能化

智慧酒店以顾客需求为中心，通过物联网、大数据等技术手段，实现酒店的服务智能化。从客房到前台，通过人脸识别、语音识别、机器人送物及自动感应等技术，提升服务效率，甚至可以实现用无接触或者低接触服务来完成顾客从入住到退房的全消费过程。如自主入住和退房系统能够识别和登记顾客的身份信息，让顾客自主选择房间和配套服务，完成付款后会自动发放房卡。在退房时，该系统会给顾客授予退房权限，当提交退房申请后，自动进行费用结算，顾客可以自主打印发票。

智慧酒店的智能化不仅体现在各个服务环节，还体现在酒店可以利用大数据分析顾客的消费习惯等信息，实现对顾客需求和行为的预测和推荐，进而实现个性化服务。如酒店可以根据历史消费记录（数据信息）分析顾客的喜好、消费习惯来预测顾客的需求和偏好，提供定制化的房间布置、餐饮选择和娱乐活动等，提高顾客的满意度和忠诚度。

3. 智慧酒店的管理智慧化

智慧酒店将信息技术与酒店管理系统相结合，使酒店管理变得更加智慧化。

智慧酒店还体现在管理系统的智慧化。智慧酒店的管理系统主要有企业资源计划（ERP）系统、物业管理系统（PMS）、客户关系管理（CRM）系统以及智能客房控制系统等。其中，ERP 系统主要对人力、财力、物力等方面进行管理；CRM 系统一方面要进行客户的满意程度调查、信息的获取和建立、投诉建议问题的处理等工作，另一方面还要通过大数据、互联网技术来引导客户的消费，同时为客户提供个性化的在线预订服务。

酒店能耗作为酒店经营成本中的一项重要支出，其管理效率对酒店经营利润有较大影响。智慧酒店在能耗管理方面有较大优势。酒店可以通过能耗监控和管理系统对酒店的能耗进行监测和控制，从而达到节能降耗的目的。通过智能系统实现客房的温度、灯光、能耗等智能控制，通过物联网技术实现房间的信息监控和房态管理，大大提升经营效能。

作为重庆率先打造的“无接触服务”的酒店，重庆两江假日丽呈华廷酒店于 2021 年起对外推出了 60 间智慧客房。这些客房结合了人脸识别、语音控制、智能感应等全新技术，通过客房智能控制系统、无接触服务等方式了解宾客的需求和偏好。顾客只需要在线上进行预订，从入住到退房的全过程均能实现“无接触”。

当下，大部分酒店数字化及智能化依然停留在体验层面，从深层次来看，其单模块体验不能形成酒店数字化发展的闭环，距离真正意义上的智慧酒店还有一定的距离。在此背景下，酒店数字化发展最终的价值，需从客户端的单模块体验转化为酒店运营端多模块协同应用的综合价值，以实现真正的智慧化。

## 模块小结

数字化时代，以云计算、大数据、人工智能、物联网等为代表的新技术在酒店行业不断创新运用，给酒店发展带来了新的机遇与挑战。如何在数字化条件下不断创新发展酒店内涵和价值，更好地提升酒店服务品质，一直是酒店业深入探讨的话题。从整体来看，中国酒店业数字化的发展是一个逐渐深入的过程，主要经历了信息化和数字化两个时代和三个发展阶段。

数字化赋能已经成为传统酒店发展的重要驱动力，酒店通过数字化转型，将数字技术运用于酒店运营管理和服务的各个环节，使成本控制更有效、服务更精细、服务流程更顺畅、整体收益更加可持续。

数字技术在酒店业的应用主要体现为三个方面：数字化的设施设备，包括智慧客房和数字化支付及发票系统；以新媒体为主要载体的数字化营销推广；智慧酒店。

## 同步练习

**一、问题思考**

1. 谈谈中国酒店数字化发展历程中的重要事件及其影响。
2. 数字化对酒店产业的影响主要体现在哪些方面？
3. 数字技术在酒店业的应用主要体现在哪些方面？
4. 你认为酒店业数字化发展的未来趋势如何？

**二、课堂交流**

以 3～4 人的研究小组为单位，通过互联网查找资料，进行以下问题的研究，做出调研报告，编制 PPT 文件，在课堂上交流分享。

1. 数字化发展对中国酒店业打造新质生产力有何重要作用？
2. 解读以下实例参考。

## 实例参考

### 希尔顿欢朋的数字化发展之路

希尔顿欢朋是希尔顿集团旗下规模最大的国际连锁酒店品牌。在 2025 年度全球最有价值的 10 个酒店品牌排名中，欢朋以 31.13 亿美元的品牌价值仅次于希尔顿、凯悦和万豪，位列全球第四。希尔顿欢朋于 2014 年进入中国，目前已成为中国规模较大的中高端国际连锁酒店品牌之一。希尔顿欢朋酒店的团队成员将保证宾客的愉悦体验作为首要目标。2021 年 4 月，希尔顿欢朋酒店集团的智慧前台项目顺利落地，体现了其致力于用数字化运营提升宾客的入住体验。

自 2023 年 4 月落地智慧前台以来，欢朋已经完成了旗下 90 多家门店的切换。未来，智慧前台系统也将成为希尔顿欢朋旗下新开业门店的标配。在智慧前台项目的加持下，希尔顿欢朋酒店自助机订单处理率平均达到了90%，每年为每家酒店平均减少15万元以上的人力成本。这主要得益于项目负责人对酒店运营流程痛点和需求的深入洞察。例如：起初，自助机在酒店并没有得到充分的利用，原因在于顾客使用自助机的过程中一旦出现问题，就会带着情绪找前台的员工，这导致前台员工不愿意引导顾客使用自助机。

发现了这一问题后，希尔顿欢朋酒店立刻着手对前台工作流程进行调整。顾客在使用自助机过程中最常见的问题就是查找不到订单。为了能够让订单更为标准化、自助机使用体验更加顺畅，希尔顿欢朋酒店打破了前台员工不论职位高低，都去做check in/out工作的模式和固定流程，对前台部门的员工职责进行了重新划分，对流程进行了重新梳理，将对客服务划分为入住前、入住中、入住后三个阶段。

入住前业务由主管负责。主管沟通能力更强，他们需要在顾客入住前致电顾客，确认预订信息。这一方面确保了自助机订单及时同步和标准化，另一方面也提升了顾客的体验感。

入住中业务由前台普通员工负责，主要是顾客的迎接和招待。

入住后的发票、夜审的业务则可以由主管和前台员工排班轮流完成。

经过一系列的调整，即便是新开业的酒店，自助机使用率也能够在短短几个月之内实现快速提升，这一数字化设备的落地不仅提升了顾客入住体验感，还降低了酒店人工成本的支出。

# 参考文献


［1］朱承强，童俊，刘欣欣．现代饭店管理［M］．5版．北京：高等教育出版社，2024.

［2］曾琳，朱承强．现代酒店营销实务［M］．2版．武汉：华中科技大学出版社，2021.

［3］朱承强．饭店管理实证研究：从投资决策到经营管理［M］．上海：上海交通大学出版社，2013.

［4］童俊．酒店管理概论［M］．北京：中国旅游出版社，2024.

［5］祖长胜．饭店收益管理［M］．3版．北京：中国旅游出版社，2024.

［6］携程大住宿团队．酒店OTA平台运营增长指南［M］．北京：人民邮电出版社，2020.

［7］尹基跃．可复制的私域流量：私域流量实战指南［M］．北京：机械工业出版社，2020.

［8］张川，郭庆．以客户为中心：服务重塑酒店竞争力［M］．北京：人民邮电出版社，2020.

［9］哈尔·R. 范里安．微观经济分析［M］．3版．王文举，滕飞，王方军，等译．北京：中国人民大学出版社，2024.

［10］中国旅游研究院．中国旅游住宿业发展报告2023［M］．北京：中国旅游出版社，2023.